广西抗战研究丛书

广西抗战文化研究概述

● 李建平 编著

广西人民出版社

图书在版编目（CIP）数据

广西抗战文化研究概述 / 李建平编著 . — 南宁：广西人民出版社，2024.3

（广西抗战研究丛书）

ISBN 978-7-219-11612-8

Ⅰ．①广… Ⅱ．①李… Ⅲ．①抗日战争—文化史—研究—广西 Ⅳ．① K265.03

中国国家版本馆 CIP 数据核字（2023）第 154744 号

策划编辑　严　颖
责任编辑　蓝雅琳
责任校对　寇晓旸
美术编辑　陈晓蕾

出版发行	广西人民出版社
社　　址	广西南宁市桂春路 6 号
邮　　编	530021
印　　刷	广西雅图盛印务有限公司
开　　本	787mm×1092mm　1/16
印　　张	14.75
字　　数	289 千字
版　　次	2024 年 3 月　第 1 版
印　　次	2024 年 3 月　第 1 次印刷
书　　号	ISBN 978-7-219-11612-8
定　　价	56.00 元

版权所有　翻印必究

序　言

广西抗战文化研究已经历了43年，随着历史慢慢地远去，有许多往事在人们的记忆中也慢慢地被淡忘了。李建平同志的新著《广西抗战文化研究概述》一书，对1979年以来开展广西抗战文化研究43年的历史作了回顾和总结，是及时的也是必要的。本书客观地记述了广西抗战文化研究的发展历史过程，在论述研究起源和社会价值的基础上，介绍了相关活动、研究成果和相关专家、学者，反映了主要学术团体——广西抗战文化研究会的组织机构与活动内容，分析论述了广西抗战文化研究的作用与社会影响。通过研究，反映出43年来广西和全国各地抗战文化研究的专家、学者的学术努力和独特贡献，硕果累累，成绩喜人。

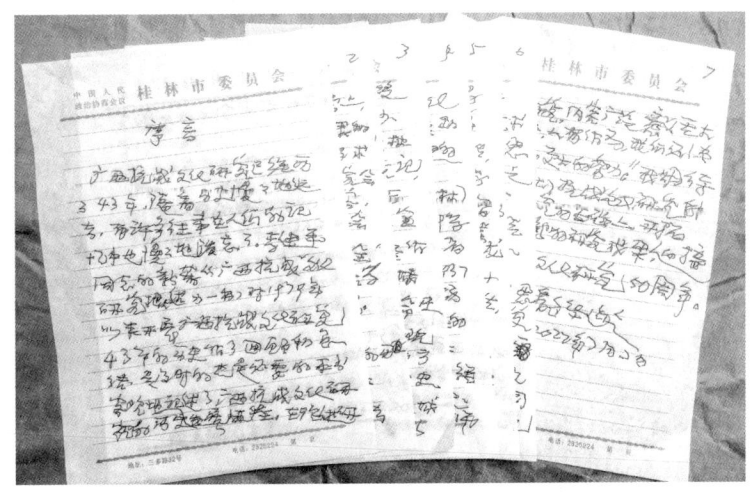

百岁老人、广西抗战文化研究开拓者和领军人魏华龄先生为本书所写的《序言》手稿

著名杂文家、桂林文化城历史的见证人秦似教授生前说:"现在回过头看,又已将过去了半个世纪了。桂林文化城这一段历史,对今天的许多青年人已是陌生得很的事情。但是,我们不能忘记,今天五六十岁的人,不少曾在不同程度上受到过桂林文化城的影响;我们更不能忘记,桂林文化城对于在抗日大后方宣传抗日,宣传团结进步,宣传中国的历史必由之路曾经作出过巨大的贡献。桂林文化城这一段历史,同中国现代革命史、中国现代思想文化史、中国现代文学史,都是紧密相关,有着多方面的联系的,是占有着一定历史地位的。"(秦似:《桂林文化城史话》序,1985年元旦)秦似这段话,对广西抗战文化的内涵、影响、历史地位和作用,都作了客观和实事求是的评述。

我们不应忘记,广西抗战文化是从哲学社会科学起步的,具体一点说是从广西省立师范专科学校(1932—1936年)起步的。当时的广西师专,在杨东莼校长、陈此生校务主任的主持下,设置的课程主要有世界形势、哲学概论、政治经济学、农村经济、社会进化史、自然辩证法等,杨东莼办师专的意图是要培养一批信仰马克思主义的革命青年。五年间广西师专共毕业了近500名学生,他们被分配到广西各中学担任教师或校长,有的还主管了教育行政部门。广西师专学生较集中在桂林师范、柳州龙城中学、贺县(今贺州)临江中学、柳州中学等学校,他们培养出来的学生,许多人成为革命的骨干。在桂林文化城时期,广西师专学生不仅在广西撒播了革命文化的火种,也是宣传抗日救亡、传播抗战文化的一支重要力量。

我们更不能忘记,广西在1938年至1944年桂林文化城时期,不仅文学艺术获得空前的繁荣,而且马克思主义和毛泽东思想也得到广泛的传播,著作品种之多,读者之众以及影响之深远,在广西的文化史上都是罕见的。

可惜的是,43年来,我们对这段时期史料的挖掘整理和研究工作,还赶不上客观形势的要求,这里面蕴藏着抗战文化中的精品——红色文化。我同意作者所说:"广西抗战文化研究,内容广泛,意义重大,任务艰巨,大有可为,我们必须为此做出更大的努力。"我期待广西抗战文化研究能在43年研究的基础上,开拓创新,以新的研究成果迎接广西抗战文化研究50周年。

魏华龄

2022年7月2日

作者简介:魏华龄,1918年生,曾任桂林市政协副主席,广西抗战文化研究会副会长、桂林抗战文化研究会会长,现任广西抗战文化研究会名誉会长。系广西抗战文化研究的开拓者和领军人。著作有《桂林文化城史话》《桂林抗战文化史》《桂林抗战文化综论》等。

传承抗战精神是中华民族的重大工程
（代前言）

这本《广西抗战文化研究概述》，是对1979年开展广西抗战文化研究以来45年历史作总结和介绍的书，也可以说是对"广西抗战文化研究"这个新兴的学科（专题）作研究之书。

在研究之初的20世纪80年代初期，最先提出的概念是"桂林文化城研究"，之后又渐渐使用"桂林抗战文化研究"这个概念，并逐步替代"文化城"，因为"文化城"属于带形象性的历史概念，"桂林抗战文化研究"属于学科概念，更理性化也更规范一些。很明显，这两个概念基本是同义的。随着研究的深入，特别是1988年广西抗战文艺研究会（1996年改名广西抗战文化研究会）的成立，"广西抗战文化研究"这一概念也随之提出并渐渐使用多了起来。这可以说是研究视域在扩展，研究对象在扩大所致，由研究桂林一地的文化现象扩展到研究广西各地的文化现象，这也是很正常的发展过程。但从广西抗战文化的历史呈现和现实权重来看，桂林抗战文化在广西抗战文化中是占到极其庞大的体量和极坚沉的一份权重的，甚至有学者提出："现在我们所讲的广西抗战文化，实质上就是桂林抗战文

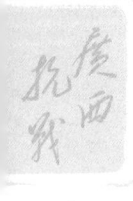

化。"①从这一角度观察,广西抗战文化与桂林抗战文化两个概念有时是可以混用的。桂林抗战文化可以代表广西抗战文化,广西抗战文化可以特指桂林抗战文化。这两个概念,可以在具体论述环境里分别使用。

广西抗战文化研究45年的学术史,是凭借抗日战争时期发生在桂林和广西其他地区的轰轰烈烈的抗日救亡文化运动的辉煌业绩,以及融入其间的深邃内涵所生成和发展起来的。这段历史的精彩和重要之处,在本书《绪论:研究要旨》的第一节"研究缘起"里作了简略介绍,大量的史实在已存世的《桂林文化城史话》《桂林抗战文艺概观》《桂林抗战文化史》《广西抗战文化史》《桂林抗战艺术史》等著作中可以阅读到。这里只从当年创造和参与这段辉煌历史的几位文化名人的言论中做点简略介绍。全国人大常委会原副委员长胡愈之根据桂林当时集中了国内大批著名的进步文化人、文艺创作空前繁荣、文化出版物丰富多彩、文化团体众多而活跃等现象,提出:桂林是"国民党统治下大后方的唯一抗日文化中心"②。曾任文化部副部长的夏衍也说:"当时的桂林,在大后方被叫作'文化城'。"③文艺理论家周钢鸣说:在武汉、广州沦陷后,"桂林,逐渐成为抗战后方文化中心,有中国大西南'文化城'之称"④。他们三人都是亲历那段历史、创造桂林文化城业绩的抗战文化人,上述所说又都是在历史沉淀了几十年后的20世纪80年代前后说的,应该是相当准确的。

对于这样一段文化现象极为丰富的历史,当年在桂林受到强烈的爱国主义思想熏陶和进步文化滋养的文学青年、新中国成立后成长为中国社会科学院文学研究所所长的许觉民(笔名洁泯)这样评论说:桂林"在某种程度上说,较之当时大后方政治中心的重庆,文化的繁荣景象有过之而无不及……这是一个独特的历史现象,然而这现象却记载着中国现代文化史上十分灿烂的一页"⑤。

广西抗战文化研究的发生和发展,就是在这种"独特的历史现象""十分灿烂的一页"的文化感召下形成的。抢救、整理和总结这一段历史,发掘其深邃

---

① 潘琦:《牢记历史 振兴中华——在广西抗战文化研讨会上的讲话》,《桂林抗战文化研究文集(四)》,广西师范大学出版社,1997。
② 胡愈之:《忆长江同志》,《人民日报》1978年11月23日。
③ 夏衍:《记〈救亡日报〉在桂林》,原载《新闻研究资料》1981年第2辑,转引自《桂林文化城纪事》,漓江出版社,1984,第220页。
④ 周钢鸣:《桂林文化城的政治基础及其盛况》,《学术论坛》1981年第2期。
⑤ 洁泯:《桂林抗战文学史·序》,载蔡定国、杨益群、李建平《桂林抗战文学史》,广西教育出版社,1994,第1页。

内涵和独特要义，成了一代学人的共同认识和追求。在当年参与桂林文化城创建的文化前辈林焕平、秦似、魏华龄等人的引领下，一群有识之士逐渐聚拢了起来，开展了研究。我那时也被前辈文人的抗战文化业绩和丰硕文化成果深深吸引，从收集桂林抗战文艺期刊资料、撰写资料长文《"桂林文化城"期刊简介》和大学毕业论文《论桂林文化城在国统区抗日文艺运动中的地位和作用》入手，开始了我的广西抗战文化研究。真的是弹指一挥间，我沉浸在抗战文化史料和研究之中，到如今竟有45年了。我庆幸能跟随学界前辈一道，共同促成了广西社会科学研究的一门特色学科（专题）——桂林抗战文化研究的诞生和成长。广西抗战文化研究从最初的五六人做起，如今已发展成为有一百多名学者参与（还有一批作此专题研究的硕士、博士研究生正在成为后备力量）、有上百部研究成果问世的新中国成立后广西社会科学界的一个特色优长学科（专题）①，打造了一个在全国学术界有影响的学术品牌。

这段学术史，为广西地方文献库发掘了新的文化资源，为中国现代文艺史和现代思想文化史提供了独特视野和新鲜史料，为传承中华民族优秀文化和民族精神提供了新内容。在研究中，我们深深认识到：抗日战争对现代中国的影响极大，对其开展深度研究的价值日益清晰。一方面，抗战精神深深影响着中华民族，抗战文化重要的成果——《义勇军进行曲》已成为我们伟大祖国的国歌，"起来！不愿做奴隶的人们！把我们的血肉，筑成我们新的长城……"的旋律已成为我们民族基因中重要的元素，整合成了中国的国魂。研究抗战文化，传承抗战精神，是我们中华民族的重大工程。中华民族在未来的发展进程中，必须深刻认识和把握抗战精神，永远弘扬抗战精神。另一方面，由于日本右翼分子及其政府中的右翼力量顽固坚持右翼立场，不仅不对第二次世界大战期间侵略中国和亚洲其他国家的罪恶行径作出深刻反省和道歉，反而频频以参拜靖国神社和修改教科书等错误活动破坏亚洲和平和世界安宁。在这样的大背景下，有关抗日战争的研究，自然不会随着历史慢慢远去而陈旧，反而日益增添了其当代性意义和世界性价值。我们所编辑的学术集刊《抗战文化研究》能够发行到世界各国重要的机构和图书馆，就是由于其具有这种世界性意义而受到关注。

---

① 在广西社科联主编的《广西社会科学年鉴·2003》里，肯定了壮学、瑶学、太平天国研究、中法战争研究、桂林抗战文化研究和东南亚研究6个"研究成绩较为突出，引起国内同行的重视"的地方特色学科或项目。详见《广西社会科学年鉴·2003》，方志出版社，2003，第66—67页。

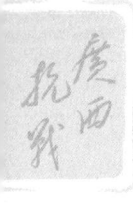

由此可以看到，广西抗战文化研究，内容广泛，意义重大，任务艰巨，大有作为。我们必须为此作更大的努力。

本书客观记述广西抗战文化研究的发展历史过程，在论述研究缘起和社会价值的基础上，叙述了45年的研究过程，介绍了相关活动、研究成果和相关专家学者，反映了主要学术团体——广西抗战文化研究会的组织机构和活动内容，最后分析论述了广西抗战文化研究的作用与社会影响。期望以这本学术史小书，反映广西社会科学工作者创建广西特色优长学科（专题）的追求与经历，反映他们在这一领域作出的学术努力和独特贡献，为抗日战争史研究提供借鉴，为后来者提供立此存照的学术参考。

李建平

2023年6月26日

目 录
CONTENTS

绪论　研究要旨 　001
　　一、研究缘起 　002
　　二、研究内容 　005
　　三、研究价值 　007

第一章　研究过程 　009
　　一、1979—1989年：资料整理工作和队伍建设夯实研究基础 　011
　　二、1990—1999年：研究成果涌现并形成影响 　016
　　三、2000—2023年：由文学扩展到文化、多领域发展的研究突破 　019

第二章　活动内容与方式 　023
　　一、资料收集整理和课题研究 　024
　　二、召开学术研讨会或座谈会 　025
　　三、开展田野调查 　027
　　四、编辑《桂林抗战文化研究文集》和《抗战文化研究》 　030
　　五、举办图片展览 　031
　　六、参与制作影视作品 　033
　　七、举办新西南剧展演出 　034
　　八、博物馆收藏与展示 　034

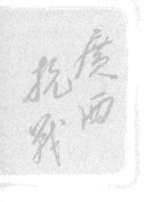

第三章　资料收集整理成果　　　　　　　　　　　　　　037

一、系统性资料成果"抗战时期桂林文化运动资料丛书"的编撰出版　038

二、《桂林文化大事记（1937—1949）》《桂林抗战文艺辞典》等成果的编撰出版　041

三、《桂林文史资料》《广西文史资料》等选编资料成果　044

四、《抗战桂林文化城史料汇编》15卷的编撰　048

五、抗战遗址和文物资料集　052

六、《广西通志》《广西大百科全书》等志书收录资料　054

第四章　学术研究成果　　　　　　　　　　　　　　071

一、20世纪八九十年代的几本专著　072

二、马克思主义传播史和中国共产党与抗战文化研究成果　074

三、《桂林抗战文化史》等桂林文化城研究成果　075

四、"广西抗战文化研究丛书"的编撰　078

五、文化艺术研究成果　081

六、新闻、教育、社团和人物研究成果　082

七、抗战文化遗产研究成果　085

八、研究文集　087

九、论文概况　090

十、获国家社科基金立项项目　103

第五章　广西抗战文化研究会的成立与活动　　　　　　　　　　　　　　105

一、广西抗战文化研究会的简历与宗旨　106

二、广西抗战文化研究会历届会员大会　106

三、历届理事会概况　　112
　　四、广西抗战文化研究会的主要活动　　116

第六章　主要专家学者　　131
　　一、抗战文化研究专家　　133
　　二、抗日战争史研究专家　　161

第七章　社会作用与影响　　171
　　一、社会作用　　172
　　二、获奖与荣誉　　174
　　三、社会影响　　177

结语　进一步开展广西抗战文化研究的思考　　182

附录　广西抗战文化研究大事记（1979—2023）　　184

后　记　　219

绪论　**研究要旨**

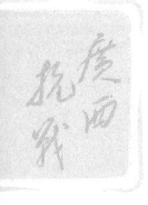

新中国成立以来,广西社会科学事业催生了一批富于地方特色并取得丰硕成果的学科或专题,广西抗战文化研究即是其中之一①。抗日战争时期,桂林以繁盛的抗日救亡文化活动影响着西南大后方,被誉为抗日"文化城"②。以研究桂林文化城为中心的广西抗战文化研究主要是对抗日战争时期广西地区抗日救亡文化活动和文化艺术成果的研究。在1979年以前,广西曾开展过短暂的资料收集工作,正式研究是自1979年底开始的,至今已40多年了。

一、研究缘起

(一)厚重的历史内容构成研究的基础

1938年10月,武汉、广州被日军攻占,相继失陷。由于武汉、广州和江浙一带撤往西南大后方的数百家内迁机构、工厂和数十万流亡百姓的涌入,当时的广西省会桂林,从抗战前仅七八万人口的小城市,竟转眼成为具有三四十万人口、数十家报刊社、近万名文化人③聚集的重要文化城,并在一个时期里成了中国南方抗日进步文化的中心,被称为抗日"文化城"。

具体说来,那是一种怎样的文化繁盛的景象呢?人们以"文人荟萃,书店林立,新作迭出,好戏连台"加以概括,并赞之为"繁花竞秀,盛极一时"④。

---

① 在广西社科联主编的《广西社会科学年鉴·2003》里,肯定了壮学、瑶学、太平天国研究、中法战争研究、桂林抗战文化研究和东南亚研究6个"研究成绩较为突出,引起国内同行的重视"的地方特色学科或项目。详见《广西社会科学年鉴·2003》,方志出版社,2003,第66—67页。
② 称抗战时期的桂林为"文化城",有多位文化名人作了表述。参见本书《传承抗战精神是中华民族的重大工程——代前言》引用的胡愈之、夏衍、周钢鸣等人的言论。
③ 关于抗战时期留桂工作的文化人的数量,有1000多人和近万人两说。千人说起源于20世纪80年代。当时研究重点在文艺界人士,统计大约1000人。2014年,李建平在《桂林抗战艺术史》中首次提出万人说,其依据是陶行知在《广西日报》1938年12月8日发表的《岩洞教育的建议》中说的:"桂林本地及外省来的知识分子估计有一万人。"这就包括了文艺界、新闻出版界、教育界、科技界和党政机关里的文化人等,人数在万人左右,应是符合实际的。
④ 周钢鸣:《桂林文化城的政治基础及其盛况》,《学术论坛》1981年第2期。

当时先后在桂林活动的知名作家、艺术家和学者有郭沫若、茅盾、巴金、夏衍、柳亚子、何香凝、田汉、欧阳予倩、熊佛西、胡愈之、邵荃麟、艾青、盛成、胡风、贺绿汀、张曙、吴晓邦、戴爱莲、范长江、王鲁彦、艾芜、端木蕻良、司马文森、宋云彬、聂绀弩、穆木天、黄药眠、陶行知、梁漱溟、马君武、陈望道、邓初民、沈志远、薛暮桥、雷沛鸿、白鹏飞、张志让、千家驹、金仲华、李四光、高士其等。大批美术家也相继来到桂林，先后在桂林活动的美术家有徐悲鸿、李桦、丰子恺、张安治、张在民、马万里、关山月、尹瘦石、阳太阳、刘建庵、黄新波、赖少其、廖冰兄、刘元、刘仑、黄茅、黄尧、叶浅予、沈同衡、冯法祀、帅立学、帅础坚、龙潜、龙廷坝、周令钊、王羽仪、徐杰民、王渔父、王德威、卢汉宗、卢巨川、张大千、叶侣梅、蔡迪支、丁聪、方元士、力夫、万昊、万籁天、万籁鸣、朱乃文、孙福熙、孙多慈、阳建德、沈樾、沈士庄、沈逸千、汪子美、李白凤、李铁夫、李铭德、李漫涛、李毅士、杨讷维、杨秋人、余所亚、林半觉、林仰峥、盛此君、盛特伟、温涛、余武章、张一尊、张大林、张正宇、张光宇、张家瑶、陆田、吕枚石、陆地、陆志庠、陆其清、陈公哲、陈仲纲、陈更新、陈雨田、陈海鹰、陈烟桥、邵一萍、郑可、郑克基、林恒之、郁风、易琼、罗鼎华、周千秋、周公理、周鼐、襧海松、赵少昂、赵延年、胡冰、钟惠若、唐英伟、倪少迁、徐德华、梁中铭、梁永泰、梁灿缨、梁岵庐、梁鼎铭、黄超、黄苗子、黄荣灿、黄独峰、黄显之、黄养辉、曹若、曹佩圻、曹墨侣、龚绍焜、符罗飞、野夫、滑田友、谢曼萍、傅天仇、傅思达、滕白也、黎冰鸿、黎雄才等。许多重要的作品在这里创作而出，许多重要的剧作在这里首次上演和发表；出版和发行的书刊数量，在全国堪称第一。著名出版家赵家璧曾说：抗战时期国统区的书刊，有80%是桂林出版的[①]。桂林在一个时期里成为西南大后方木刻运动的中心，国画、漫画等其他美术形式也很活跃，美术评论、美术刊物出版等活动也开展得蓬勃热烈。1944年2—5月举办的西南五省戏剧展览会，更是聚集了南方数省近千名戏剧工作者和文化工作者参加，演出剧目126个，造就了中国现代戏剧史上的空前盛举，影响及至海外。当时在我国西南考察的美国戏剧评论家爱金生在《纽约时报》撰文介绍西南剧展时说："如此宏大规模的剧展会，有史以来，除古罗马时代曾经举行外，尚属仅见。中国处在极度艰困条件下，而戏剧工作者以百折不挠之努力，为保卫文化，拥护民主而战，给予法西斯侵略者以打击，厥功至伟。此次聚中国西南八省戏剧工作者于

---

① 赵家璧：《忆桂林——战时的"出版城"》，《大公报》1947年5月18日。

一堂，检讨既往，共策将来，对当前国际反法西斯战争，实具有重大贡献。"① 这是对中国的进步文化事业的最好赞誉，对桂林文化城文化业绩的充分肯定。

在大自然之手所创造的"甲天下"的自然景观之侧，我们的前辈以对国家对民族的忠贞与赤诚，创造出了动人的文化景观；以自己的爱国情感和思想智慧，构筑成了我们民族永远不败的文化遗产，永远屹立于世界的民族长城。

（二）20世纪60年代的初步整理

桂林抗战文化研究的起源，最早可追溯至60年代初。魏华龄在《桂林抗战文化研究20年》里介绍了当时的工作情况：

> 当时，一些有识之士在《广西日报》副刊开辟《桂林文化城忆旧》专栏，先后发表夏衍、司马文森、周钢鸣、秦似、李任仁、林路、汪巩、洁泯等当年在桂林工作和战斗过的文化人的回忆文章，准备对桂林抗战文化资料进行征集和整理；与此同时，广西师范学院中文系还专门组成了"抗战时期桂林文学研究组"，对桂林抗战文学史料进行搜集和整理，并编成《抗日战争时期桂林文艺史料》初稿，内容有抗日战争时期的文艺运动、文艺理论与作家作品研究、桂林抗日战争时期文艺界活动大事记、桂林抗日战争时期文艺刊物介绍等，收郭沫若、茅盾、邵荃麟、夏衍、田汉、熊佛西、焦菊隐等六七十位作家的文章，共100多篇，四五十万字，开始呈现了一个好的势头，但这本文艺史料还没有来得及付印，"文化大革命"就开始了。②

1978年12月，党的十一届三中全会召开，中国进入改革开放新时期。解放思想、实事求是的思想路线的贯彻落实，促进了社会科学春天的到来。1979年，林焕平、魏华龄两位经历过抗战时期桂林文化城斗争的文化老人，开始写作文章宣传介绍桂林文化城，并带动了一批专家学者参与到桂林抗战文化城研究之中。经过40多年的努力，以桂林抗战文化研究为重心的广西抗战文化研究取得许多成果。对此项研究作一番描述和总结将是本书的目标，其内容将在后续各章详细展开。

---

① 《爱金生赞扬西南剧展》，《新华日报》1944年5月19日，转引自丘振声等编选《西南剧展（上下册）》，漓江出版社，1984，第159页。
② 魏华龄：《桂林抗战文化研究20年》，载《桂林抗战文化研究文集（六）》，漓江出版社，2001。

二、研究内容

本研究是研究之研究，即研究广西抗战文化研究的缘起（上节作了表述）、过程、活动、成果、作用与影响，以及作用于这一研究的科学力量——团队和人才（专家学者）。

（一）过程描述

1. 时间过程

以桂林抗战文化研究为重心的广西抗战文化研究，一直受到学术界的关注和评介。此前，已有过1988年李建平（以笔名"曾祁"）发文介绍桂林抗战文化研究10年情况，1995年魏华龄发文介绍桂林抗战文化研究15年情况，2001年魏华龄发文介绍桂林抗战文化研究20年情况，2008年魏华龄发文介绍桂林抗战文化研究30年情况，2015年李建平发文介绍广西抗战文化研究35年情况[①]。本研究综合了上述文章的叙述脉络和相关资料，研究对象延伸至2023年，即对1979年12月至2023年6月共45年广西抗战文化研究情况的研究。

2. 内容过程

广西抗战文化研究在45年的研究时间里，逐步形成了研究内容的丰富和扩展，形成了纵横扩张的球型膨胀过程。

历史时间的纵线扩张：由研究桂林文化城6年到研究"抗战8年"，再到研究"抗战14年"。

地域平面的横向扩张：由研究桂林一地的抗战文化到研究广西各地的抗战文化。

学术视域的横向扩张：由研究文学艺术到研究新闻出版、教育、群众文化、中共党史、文化遗产保护等。

---

① 此处5篇文章的发表情况是，李建平（署名：曾祁）：《桂林抗战文化研究述评》，《社会科学探索》1988年第5期；魏华龄：《党的十一届三中全会以来桂林抗战文化研究述评》，《桂林抗战文化研究文集（二）》，广西师范大学出版社，1995；魏华龄：《桂林抗战文化研究20年》，《桂林抗战文化研究文集（六）》，广西师范大学出版社，2001；魏华龄：《桂林抗战文化研究30年》，《桂林师范高等专科学校学报》2008年第3期；李建平：《广西抗战文化研究35年综述》，《学术论坛》2015年第8期。

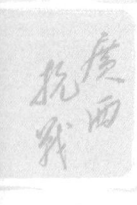

（二）活动介绍

本研究对广西抗战文化研究的各类活动情况作详细介绍。

一是史料收集。史料收集是学术研究特别是历史研究的基础。广西抗战文化研究的史料收集整理工作延续时间长、工作量大、成果丰硕。

二是课题运作和著作出版。广西学者对于抗战文化研究课题运作主要体现在申报国家社科基金项目和广西哲学社会科学研究规划课题，以及一些厅局级（如广西社会科学院、广西社科联、中共广西区委党校、中共广西区委党史研究室）课题立项、结项方面。同时撰写出版了一批学术专著。

三是会议研讨。广西开展抗战文化研究以来，召开学术座谈会、研讨会数十次，仅广西抗战文化研究会主办、承办、协办的会议就有36次（桂林抗战文化研究会召开的会议未统计），议题宽泛、讨论深入、成果丰硕，是本书反映的重要内容之一。

四是田野调查。21世纪以来，广西抗战文化研究由书斋扩展到田野，在抗战遗址田野调查方面做了大量工作，在国家社科基金项目和广西哲学社会科学规划课题都有立项，积累了不少经验，取得较大成果，获得学界的较大关注。

五是集刊编辑。广西抗战文化研究会创办《抗战文化研究》集刊已15年，集成400多篇学术成果，传播到海内外多个国家和地区的图书馆和研究机构，创出一个学术品牌。其经验值得总结。

六是展览呈现。广西抗战文化研究工作成果的形式主要是出版书刊和发表论文。在参与社科普及工作的过程中，也做了一些图片展览和成果展陈工作。本书也对此作了介绍。

七是影视剧制作。广西文化人和社科界学者注意到了运用现代影像技术反映抗战历史，积极宣传抗战精神的方式，开展与影视单位的合作，拍摄电视纪录片《桂林文化城》和《方舟——桂林抗战文化城记事》，是广西抗战文化研究的一项特殊工作和收获。

八是博物馆收藏和展陈。这里包括两方面的内容：一方面是抗战文化研究学者在负责筹建"广西师范大学桂学博物馆"中，设立"抗战桂林文化城专题馆"，收集相关文物、史料，陈列展出；另一方面是广西学者以学术思想和研究成果参与相关博物馆的项目策划、展陈设计、文物鉴定等工作。

以上内容，在本书相关章节和附录"广西抗战文化研究大事记"作了介绍。

（三）成果评介

对广西抗战文化研究成果作比较全面的展示和介绍，分为资料成果、著作（含专著、论文集和工具书等）成果和论文成果三部分介绍。

(四) 研究团队概况

1988年成立的广西抗战文艺研究会和1993年成立的桂林抗战文化研究会在凝聚队伍、组织会议、策划课题研究、编辑出版文集和集刊、对外交流宣传、培养学术新人等方面做了大量的工作,起到了很好的作用。本书重点介绍在该项研究中举办大量活动、起到重要作用、形成较大影响的学术团体——广西抗战文化研究会。关于桂林抗战文化研究会的活动情况,将在附录中以魏华龄的《桂林抗战文化研究30年》作一定的反映。

(五) 研究专家介绍

"科学家群体是科学学的重要研究对象之一"[①]。科学研究,除了成果研究之外,不应缺少科学家研究。因此,本书设置了介绍专家学者的专章,既反映该项研究的人才概貌和梯队结构等情况,也能反映该项研究中相关专家的努力与贡献。

(六) 作用与影响评析

本书还对广西抗战文化研究在学科建设和当今社会文化发展等方面所起的作用作了初步总结和基本评价,对其在学界和社会上所产生的积极影响作了一定的介绍。目的是引导该项研究更好地发挥学术积累和参与当下文化建设的理论与应用作用,引发社会各界对抗日战争史和抗战文化的高度关注与重视,倡导在中华民族发展进程中更好地继承熔铸中华民族"国魂"的抗战精神。

三、研究价值

本项研究具有一定的学术价值和应用价值,表现在以下方面:

(一) 整理一批中华民族优秀文化遗产

广西抗战文化研究是整理中华民族优秀文化遗产的重要学术工作。在40多年的时间里,广西学者发掘整理了大量尘封于故纸旧书中的宝贵历史资料,以资料集、方志、工具书、专著、论文集、展览、电视纪录片等形式,贡献给社会,贡献给传

[①] 李江:《什么是科学学?》,载李江主编《科学家修炼指南·2》,科学出版社,2021,第143页。

承中华民族优秀文化的重大文化工程之中。记录这一重要的文化遗产整理工作的历史，总结其成果、成就和经验，有助于当今社会主义文化建设事业。

（二）总结中国共产党领导文化运动的特殊经验

在发掘整理广西抗战文化遗产的过程中，研究发现，推动广西抗战文化运动蓬勃发展、形成桂林抗战文化城的原因，离不开中国共产党的领导这一重要因素。研究广西抗战文化研究的历史，有利于总结中国共产党领导文化运动的历史经验，能给今天的文化建设提供良好的借鉴。

（三）积累广西地方志文化资料

广西抗战文化研究形成的大量成果，对于广西地方历史文化资料库而言，无疑是新发现、新资料、新积累。它为广西地方文化建设增添了新类型，提供了借鉴新思路，形成了发展中的新亮点。总结广西抗战文化研究的历史，对于广西地方史志工作有着直接的应用价值。

（四）提升广西学术界和广西人民的文化自觉

抗战时期，广西人民为中国抗日战争作出了巨大牺牲，也作出了重大贡献。出兵支援抗日前线和固守后方形成桂林抗战文化城，是在文与武两个方面作出的贡献。广西抗战文化研究把桂林抗战文化城的历史和文化贡献发掘整理出来，是对广西精神和广西贡献的最好宣传，是弘扬抗战精神和广西精神的文化自觉和实际行动。开展广西抗战文化研究，总结广西抗战文化研究的历史、成就和贡献，对于提升广西人民的文化自信、文化自觉，无疑有着积极而重要的宣传意义、教育意义和传承价值。

鉴于此，本书对从事中国抗日战争史和抗战文化研究、中国现代文学、艺术史研究、中国现当代作家作品研究、中国现代文化史、中共党史以及广西地方史研究的专家、科研人员及有关单位和大专院校文科教师、学生，均有参考价值。

第一章 研究过程

抗日战争时期，伴随着抗战文艺创作的兴盛，爱国进步文艺家也开展了相应的抗战文艺评论活动，推介抗战文艺新作，分析抗战文艺发展趋向和特征，批判错误或有害的文艺倾向和作品，推动了抗战文艺运动的发展。旅桂文艺家茅盾、林焕平和广西本土作家周钢鸣等就曾写了大量文艺评论，林焕平还撰写《抗战文艺评论集》，1939年由民革出版社出版，收录了林焕平1937—1939年所写的评论文章10余篇，较系统地论述了抗战文艺运动和创作的基本问题。西南剧展期间，田汉、周钢鸣、秦似等组成的"十人评论团"观看演出后，也写了大量戏剧评论。这些评论活动和评论成果构成了抗战文化研究的最初源头。

但文艺评论不等于学术研究。前者是对即时的文艺现象的推介与评价，还不是经过时间沉淀后的科学分析与评判，往往带有较强的主观性和即时近距离的局限性。社会科学研究，特别是社会科学历史研究，一般要脱离当事人所处的时代，要有一定的时间间隔，为的是摆脱当事人的主观干扰和观察视角的逼仄，使学术研究具有客观性和科学性。

广西抗战文化研究，可以说是在历史间隔了20年左右的时候提出的。20世纪60年代初，当时，《广西日报》副刊专门开辟《桂林文化城忆旧》专栏，先后发表了夏衍、司马文森、周钢鸣、秦似、李任仁、林路、汪巩、洁泯等当年在桂林工作和战斗过的文化人的回忆文章。与此同时，广西师范学院（今广西师范大学）中文系专门组成了"抗战时期桂林文学研究组"，对桂林抗战文学史料进行收集和整理，并开始编写《抗日战争时期桂林文艺史料》初稿，可惜，该项工作刚刚起步，文艺史料尚未完成系统整理和编写，"文化大革命"便开始了，桂林抗战文艺的研究工作刚起了个头，就中止了。

正式启动广西抗战文化研究是在党的十一届三中全会召开后的1979年。思想解放运动进一步解放了人们的思想。对抗战时期发生在桂林的轰轰烈烈的抗日救亡文艺运动，人们的研究热情又被重新激起。1979年，林焕平、魏华龄、万一知开始写作有关广西抗战文化的论文和资料长文。自1979年12月起，相关论文和资料相继发表。1979年12月23日《广西日报》发表魏华龄的论文《欧阳予倩与桂林剧运》，可以视为广西抗战文化研究的第一篇论文。以桂林文化城研究为突破口和研究重心的广西抗战文化研究，自此时正式启动，并在20世纪80年代里形成高潮，延续至今。

40多年来,广西抗战文化研究经历了三个阶段:

一是20世纪80年代的资料整理工作和队伍建设。

二是20世纪90年代研究成果涌现和形成影响。

三是21世纪以来由文学艺术扩展到文化、多学科并进的研究突破。

一、1979—1989年:资料整理工作和队伍建设夯实研究基础

20世纪80年代的10年,是广西抗战文化研究的第一个时期,即资料收集整理时期。研究者通过各种渠道去调查访问,收集有关资料,并召开各种形式的交流会、座谈会,在此基础上选编资料专集,编撰各种索引、年谱、大事记、词典,撰写论文、专著等。1984年3月,中国戏剧家协会、广西壮族自治区文化局、中国戏剧家协会广西分会联合召开纪念西南剧展40周年座谈会。60多位当年曾参加西南剧展、被田汉誉为"壮绝神州戏剧兵"的老戏剧家,重聚在抗战时期的文化名城桂林市。这既是一次隆重的纪念活动,又是一次有关桂林抗战文化的学术会议。会议就中国共产党的领导、西南剧展的历史作用和历史地位、戏剧与民族救亡、戏剧与人民以及戏剧在整个文化运动中的作用等问题进行了回忆和探索,扩大了桂林抗战文化运动的影响,推动了广西抗战文化研究的开展。1988年12月,广西抗战文艺研究会成立,聚集了研究力量,形成了较稳定的研究团队,为广西抗战文化研究打下坚实基础。

(一)资料收集整理工作的推进

1. 研究初期出现的几篇奠基性资料成果

1979年12月23日魏华龄在《广西日报》发表的《欧阳予倩与桂林剧运》是现今发现的第一篇广西抗战文化研究的论文,具有破题和引领的开拓性意义。随即在1980—1982年这最初的3年里出现的几篇资料长文,可以看作是夯实广西抗战文化研究基础的奠基性资料成果。

一是林焕平的《抗战时期的"桂林文化城"》,该作1979年5月1日写成于桂林,1980年发表于广西人民出版社出版的《叠彩》第2期。该文是对桂林抗战文化城的全面介绍。第一部分:《救亡日报》;第二部分:书店、出版社;第三部分:杂志;第四部分:大批文化人云集桂林;第五部分:中国戏剧史上的空前盛会——西

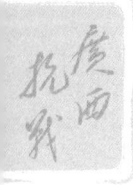

南第一届戏剧展览会；第六部分：中华全国文艺界抗敌协会桂林分会的活动；第七部分：为什么会形成桂林文化城。

二是万一知的《桂林文化城记事》，写作于1979年，发表于《广西师范学院学报》1980年第2～3期（连载）。该文以大事记的形式，记载桂林抗战文化活动的概况。主要记载1938年10月至1944年11月"在桂林的革命的、进步的、有利于抗日统一战线的文化和艺术活动"。

三是李建平的《"桂林文化城"期刊简介》，写作于1980年，发表于《广西大学学报》1981年第1～2期（连载）。该文以概述方式，介绍桂林文化城时期出版的28种文艺类期刊，包括《抗战文艺》（桂刊）、《文艺生活》、《野草》、《新文学》、《文化杂志》、《自学》、《创作月刊》、《文学批评》、《文学创作》、《种子》、《戏剧春秋》、《诗创作》、《文艺杂志》、《文艺新哨》、《当代文艺》、《国民公论》、《艺丛》、《青年文艺》、《大千》、《战时艺术》、《文学译报》、《中国诗坛》、《人世间》、《诗》、《十日文萃》、《自由中国》、《文学报》、《明日文艺》，并在篇末对桂林文化城的其他刊物作了概要提及。文章基本概括了抗战时期桂林文化城的文学艺术类和部分文化类期刊的情况和内容。限于篇幅，没有刊出各个刊物的目录。

四是吴立德、邓小飞发表于《中国现代文学研究丛刊》1981年第1期的论文《国统区抗日进步演剧活动的空前大检阅——一九四四年西南剧展》，全面介绍抗战时期桂林重要文化活动——西南剧展，资料比较丰富。

五是魏华龄的《抗日时期文艺界抗敌协会桂林分会》，发表于《广西文史资料》（第十五辑），1982年内部印刷发行。介绍抗战时期桂林重要的文艺社团——中华全国文艺界抗敌协会桂林分会的组织机构和活动情况。

2. 报刊的推动

1979年冬，《广西日报》副刊率先恢复了《桂林文化城忆旧》栏目，发表一批回忆文章。接着，自1980年起，桂林抗战文化这一重要课题，即成为许多报刊的热门栏目，成为许多文化界人士和专家学者撰稿的重点。先后有《广西文艺》开辟《烽火桂林》，桂林《漓江》杂志开辟《文化城忆昔》，《桂林文艺》开辟《回顾文化城》，《桂林日报》开辟《桂林文化城忆昔》等栏目。其后，广西社会科学院院刊《学术论坛》开辟《桂林抗日文化》，《广西社会科学》开辟《桂林文化城研究》等专栏。所有这些报刊开辟的众多专栏，为桂林抗战文化史料的征集、整理和研究提供了广阔的园地，为桂林抗战文化的研究创造了有利条件，也为桂林抗战文化研究汇集了大量的有价值的资料。

3. 大型资料丛书和工具书编成出版

自1984年起，这一阶段最有代表性的资料成果"抗战时期桂林文化运动资料丛书"（7辑）相继出版，1987年后，志书《桂林文化大事记（1937—1949）》以及工具书《桂林抗战文艺辞典》出版。

20世纪80年代初期，广西壮族自治区党委宣传部组织广西社会科学院和广西师范大学等单位的专家学者编写一套"抗战时期桂林文化运动资料丛书"，计划出版11本。到1989年时，出版了丘振声等的《西南剧展（上下册）》《欧阳予倩与桂剧改革》，潘其旭等的《桂林文化城纪事》，杨益群等的《桂林文化城概况》《文艺期刊索引》，苏关鑫等的《旅桂作家（上下册）》。1992年再出了一本吴辰海等的《戏剧运动（上下册）》，之后停止了出版。这套书实际出版了7本。还有李建平的《文学活动》、杨益群的《美术运动》、王小昆的《音乐活动》和一本《文艺理论与批评》（编者不详）未能纳入这套丛书继续出版。直到20世纪90年代中期，时任桂林市政协副主席兼文史资料委员会主任的魏华龄将前两部书稿纳入《桂林文史资料》里，书名分别改为《抗战时期桂林文学活动》《抗战时期桂林美术运动（上下册）》，由漓江出版社出版。此外，南宁、桂林两地的学者还编撰了工具书《桂林抗战文艺辞典》和《桂林文化大事记（1937—1949）》。前者由广西社会科学院编，朱荣总编纂、丘振声副总编纂，广西人民出版社1989年4月出版，全书收入全面抗战时期（1937—1945年）有关桂林文艺方面的1900余条词目。后者由桂林市文化研究中心和广西桂林图书馆合编，刘寿保主编，漓江出版社1987年11月出版，该书汇集整理介绍全面抗战爆发至1949年桂林文化大事要事。这些大型资料书汇集了抗战时期桂林文化研究的基本资料，反映了这一阶段的资料工作成果。

（二）最早推出的两部学术专著

此时期还出版了两部学术专著。能在资料收集阶段就完成学术专著的是两位亲身经历过抗战时期桂林文化活动的老文化人。一位是左联老作家、1942—1944年在桂林从事文艺评论写作的林焕平，当时担任广西师范大学中文系主任、教授。他撰写的专著《茅盾在香港和桂林的文学成就》1982年11月由浙江人民出版社出版。该书介绍和分析了20世纪40年代茅盾在香港和桂林文学成就及作品的思想艺术特点。另一位是1939—1944年在桂林读书、教书和参加过书店工作的魏华龄，当时担任桂林市文化局副局长。他的专著《桂林文化城史话》1987年由广西人民出版社出版。该书论述了桂林文化城的形成、特点及其发展概貌。两书既有资料性，又有理论性，是广西抗战文化研究的滥觞之作。

（三）人才的聚集与队伍建设

一个新的学术领地的开拓，林焕平、魏华龄、万一知、丘振声等先行者的引领,吸引着越来越多的研究者将目光投向这里,并开始参与行动。于是,人才向这里聚集,逐步形成了几个有实力、有成效的研究团队。

1. 广西社会科学院研究团队

1980年,广西社会科学院院刊《学术论坛》开辟《桂林文化城研究》栏目,该刊编辑杨益群、潘其旭、顾绍柏等开始资料收集和研究工作。以后归属于这一团队的丘振声、李建平也在1980年和1981年开展研究并发表关于桂林文化城的研究文章。1984年,该院成立文学研究所,内设桂林抗战文艺研究室,至2023年,先后有丘振声、蔡定国、杨益群、潘其旭、顾绍柏、李建平、黄燕熙、王绍辉、王建平、陆璎等研究人员从事资料收集和研究工作,杨益群、蔡定国、李建平先后任抗战文艺研究室主任。40多年来,该团队先后主持完成抗日战争研究类国家社科基金项目3项:《桂林抗战文学史》(蔡定国主持,1987年)、《桂林抗战艺术史》(李建平主持,2009年)、《中国西部地区抗战遗址调查与保护利用研究》(李建平主持,2014年);参与国家社科基金项目1项:《抗日战争文化史》,参与国家重大项目子项目1项:《广西抗日战争志》;主持完成广西社科规划项目1项:《广西抗战和"二战"遗址调查和旅游项目开发研究》;主编"广西抗战文化研究丛书"(共6本),参与编撰出版"抗战时期桂林文化运动资料丛书"(共5本),参与主编《桂林抗战文化研究文集》4部;此外,还撰写和主编出版《桂林抗战文艺概观》《桂林抗战文艺辞典》《抗战时期桂林文学活动》《抗战时期桂林美术运动(上下册)》《桂林抗战文艺论》《司马文森研究资料》《抗战遗踪——广西抗战文化遗产图集》《抗战时期文化名人在桂林》等著作、论文集和工具书8部,主编出版《抗战文化研究》集刊15辑。

该团队挂靠单位广西社会科学院文化研究所是广西抗战文化研究会第2—7届会长驻会单位。

2. 广西师范大学研究团队

20世纪80年代初,广西师范大学中文系(后称文学院)以现当代文学教研室为基干建立桂林文化城研究团队。1980—2000年期间,先后参与研究的教师有林焕平、万一知、林志仪、刘泰隆、雷锐、苏关鑫、肖昭惠、黄绍清等,2001年以后,新一代研究者李江、黄伟林、高蔚、刘铁群、李逊等承接开展研究。40多年来,该团队先后主持抗日战争研究类国家社科基金项目3项(完成2项,在研1项):《抗战时期桂林文化城文艺期刊研究》(刘铁群主持,2013年)、《抗战时期桂林文化城文学编年史》(黄伟林主持,2019年)、《桂林文化城文学名家作品版本流变研究》(刘铁群主持,2021年);参与国家社科基金艺术学项目1项:《桂林抗战艺术史》(2009年);主持完成广西特聘专家项目1项:《广西抗战暨桂林文化城研究》;主编"桂林文化城作家研究丛书"5部,执行主编《抗战桂林文化城史料汇编》15卷;此外,还编撰出版《茅盾在香港和桂林的文学成就》《欧阳予倩研究资料》《旅桂作家（上下册）》《桂林文化城大全·文学卷·小说分卷》《历史的高峰——桂林文化城的鲁迅研究精华探索》《抗战时期大后方戏剧主潮论》《不屈的诗城　愤怒的战歌——抗战时期桂林文化城诗歌荟萃》《新西南剧展》等著作8部。

该团队挂靠单位广西师范大学中文系是广西抗战文化研究会第1届会长驻会单位。

3. 桂林市研究团队

桂林市研究团队在20世纪80年代里主要是由桂林市政协文史资料委员会、八路军桂林办事处纪念馆、桂林市政府文化研究中心、桂林市文化局所属文博图书馆等单位有关人员逐步汇拢组成。桂林市政协研究人员有魏华龄、周德荣等，八路军桂林办事处纪念馆研究人员有左超英、文丰义、万玉琴、唐军富等，桂林市政府文化研究中心研究人员有刘寿保、刘春燕、凌世君、孟祥凤等，桂林市文化局研究人员有盘福东、覃静、钟琼、李曦等。1993年，桂林市成立桂林抗战文化研究会，桂林市研究人员聚拢在此之下形成团队活动。40年来，该团队编撰出版《桂林文化城史话》《桂林文化大事记（1937—1949）》《桂林抗战文化史》《血铸的丰碑：中国抗战文化》《桂林抗战文化城奇闻异事》《抗战丰碑——八路军桂林办事处》《抗战时期的桂林"八办"》《桂林抗战文化遗产》《中共中央南方局与广西抗战文化》《丰碑：桂林抗战纪实文物史料集》《桂林抗战文物精品集萃》《一个独特的历史现象：桂林文化城（上、下）》《一个独特的历史现象：桂林抗战文化》等著作10余部，主编《桂林抗战文化研究文集》7部，《抗战时期文化名人在桂林》和《抗战时期文化名人在桂林（续集）》各1部。

4. 广西抗战文化研究会

该会原名广西抗战文艺研究会，1988年12月成立，1996年改为现名。该会汇聚了上述三个团队的研究力量，以后成为广西抗战文化研究的主要组织者和重要研究团队。该会的组织机构和活动情况详见本书第五章。

5. 其他研究力量

在广西社会科学院、广西师范大学、中共广西区委党史研究室、中共广西区委党校、广西新闻出版局、广西历史学会等单位和团体里，还有不少专家独立从事抗日战争史或抗战文化研究，如黄铮、沈奕巨、唐凌、刘文俊、邓群、姚蓝、陈欣德、刘绍卫、庚新顺、何成学、张鸿慰、龙谦、容杰、张红、刘小林、袁斌业等。其中大多数人后来参与广西抗战文化研究会活动。其主要专家的研究情况在第六章里作介绍。

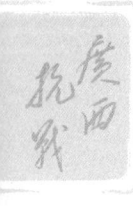

二、1990—1999年：研究成果涌现并形成影响

20世纪90年代为第二阶段，此阶段的主要成就是在资料整理工作继续取得一批成果的基础上，撰写出版了多部质量颇高的研究专著和编辑出版多部论文集，并在学界形成一定影响。

（一）撰写出版多部专著

经过20世纪80年代十年的资料收集和大量资料集的整理出版，进入90年代后，研究成果相继涌现。1991年，李建平的《桂林抗战文艺概观》由漓江出版社出版；同年，雷锐等编著的《桂林文化城大全·文学卷·小说分卷》（第一册）由广西师范大学出版社出版；1994年，蔡定国、杨益群、李建平合著的《桂林抗战文学史》由广西教育出版社出版；1998年，刘泰隆的《历史的高峰——桂林文化城的鲁迅研究精华探索》由广西师范大学出版社出版。加上还有七八本资料集的编印出版，广西在此时期成为国内抗战文化研究界引人瞩目的一个热点地区。

（二）资料收集整理工作有新进展

此阶段资料整理工作继续开展，出版了多本资料集，计有吴辰海等编选《戏剧运动（上下册）》（1992年），魏华龄、何砺锋主编《三十年代广西师专》（1992年），高榕主编《党在广西地方建设干部学校》（1993年），魏华龄主编《桂林抗战文化史料》（1995年），杨益群编著《抗战时期桂林美术运动（上下册）》（1995年），李建平编著《抗战时期桂林文学活动》（1996年），杨益群、司马小莘、陈乃刚合编《司马文森研究资料》（1998年），龙谦、胡庆嘉编著《抗战时期桂林出版史料》（1999年）等。

（三）编撰《桂林抗战文化研究文集》（第1~5集）

随着参与桂林抗战文化研究的专家学者增多，发表论文的数量也增大。广西抗战文化研究会联合桂林市文化研究中心和桂林抗战文化研究会，自1992年起，编辑出版《桂林抗战文化研究文集》，以后每隔一两年编辑一部，在20世纪90年代里，共编选出版了第1~5集（2001年以后还编辑了第6~8集），先后由魏华龄、丘振声、曾有云、刘寿保等主编，5部论文集发表论文约180篇。

（四）召开三次学术研讨会在国内形成影响

第一次是1993年10月6—8日召开的广西首届桂林抗战文化研究学术讨论会。讨论会由广西抗战文艺研究会、桂林抗战文化研究会、广西文史研究馆、广西艺术研究所、广西师范大学中文系、广西师范大学出版社、广西社会科学院文学研究所、广西当代研究所、广西教育出版社、八路军桂林办事处纪念馆、桂林市文化局、桂林市文化研究中心、桂林市社会科学联合会、桂林市政协文史资料委员会、桂林市党史研究室、桂林市博物馆、桂林地区教育学院、广西桂林图书馆、漓江出版社共19个单位联合发起、举办。会议在桂林市召开，有来自湖北、山东、广东和广西的学者60多人出席，提交论文约40篇。会议以"总结桂林抗战文化运动的历史经验与优良传统，促进有中国特色的社会主义文化建设"为主题，通过宣读论文、小组发言、相互交流、讨论等形式，进行探讨。会议期间，与会者参观了桂林博物馆桂林抗战文化运动陈列室和桂林市民俗文化园。会议论文会后编入《桂林抗战文化研究文集（二）》出版。

1993年10月6—8日召开的广西首届桂林抗战文化研究学术讨论会会场（魏华龄供图）

第二次是1995年9月14—15日由中共广西壮族自治区委员会宣传部、中共桂林市委、广西社会科学院等单位为纪念世界反法西斯战争和中国抗日战争胜利50周年在桂林召开的广西抗战文化研讨会。会议主题为"桂林抗战文化与爱国主义"。来自北京、广东、湖北、四川、云南、贵州、山东、江苏和广西的学者80多人出席，提交论文70多篇，会后编入《桂林抗战文化研究文集（四）》出版。《人民日报》

1995年11月2日发表了李启瑞、李建平合写的会议综述《抗战文化与爱国主义——广西抗战文化研讨会综述》。

1995年9月14—15日召开的广西抗战文化研讨会与会专家合影（魏华龄供图）

第三次是1998年11月10—11日由中共桂林市委宣传部、桂林市文化局、广西抗战文化研究会和桂林市社科联联合主办，八路军桂林办事处纪念馆、桂林抗战文化研究会承办的全国第五届"八办"纪念馆研讨会暨广西第三届抗战文化研讨会。会议主题是"中国共产党与桂林抗战文化、'八办'纪念馆工作与社会主义文化建设"。来自全国10多个省市的专家学者及有关研究人员出席了会议。会议收到论文60多篇，会后编入《桂林抗战文化研究文集（六）》出版。

1998年11月10—11日召开的广西第三届抗战文化研讨会与会专家合影（文丰义供图）

众多的成果和活跃的活动使广西抗战文化研究形成较大的社会影响。一是《桂林抗战文学史》获得众多好评。新华社发表出版消息，报刊发表评介文章10多篇，中国社会科学院文学研究所所长张炯写了《祝贺〈桂林抗战文学史〉的出版》在《南方文坛》发表，该书在中国西南、西北九省区优秀教育图书评奖中获一等奖，并获第三届广西文艺创作最高奖——"铜鼓奖"。二是1995年11月2日，《人民日报》对广西纪念世界反法西斯战争和中国抗日战争胜利50周年暨广西第二届抗战文化研讨会予以报道，发表由李启瑞、李建平撰写的题为《抗战文化与爱国主义——广西抗战文化研讨会综述》的会议综述。三是《抗日战争研究》1998年第4期发表武汉学者章绍嗣题为《抗战文艺研究60年回眸》的论文，内中高度评价广西抗战文化研究的成绩。他说："自1988年后，全国的抗战文艺研究势头减弱"，而"广西取得了显著成绩"。

三、2000—2023年：由文学扩展到文化、多领域发展的研究突破

2000年以后，抗战文化研究进入第三个时期，即扩展研究、多领域发展时期。此时期的特点是：研究领域扩展，由文学、艺术研究扩展到中共党史、新闻出版、文化遗产保护研究等；研究方法增多，由原来的收集文字史料的文案工作扩展到田野调查、图像收集整理、视频制作等，研究成果继续涌现。

（一）综合性研究出现厚重成果

综合性研究成果：魏华龄著《一个独特的历史现象：桂林文化城（上下册）》和《桂林抗战文化史》，先后于2003年和2011年由漓江出版社出版；文丰义、盘福东等著《血铸的丰碑——中国抗战文化》，2003年由广西师范大学出版社出版；李建平主编"广西抗战文化研究丛书"（共6本），2014—2016年由广西人民出版社出版；刘小林等著《桂林抗战文化与中华民族精神》，广西师范大学出版社2018年出版。

（二）研究领域的多向发展

与中共党史研究结合的成果：邓群等著《中国共产党与桂林抗战文化》，广西人民出版社2005年出版；刘绍卫著《中国共产党与广西抗战——政治交往理性的实

践》，广西人民出版社2006年出版；王福琨主编《中国共产党在桂林抗战文化形成和发展中的作用》，广西人民出版社2007年出版；刘绍卫、文丰义合著《中共中央南方局与广西抗战文化》，广西人民出版社2016年出版；魏华龄编著《马克思主义在桂林的传播》，2019年11月桂林市新闻出版局核准内部出版。

新闻出版研究成果：毛毓松、周德荣主编《抗战时期桂林社会科学资料目录索引》，2002年出版；陈平主编《范长江在桂林——抗战时期红色新闻资料专辑》，中共广西壮族自治区委员会党史研究室编，2012年12月印刷；陈洪波著《抗战时期〈广西日报〉（桂林）广告研究（1937—1945）》，厦门大学出版社2016年4月出版；靖鸣、徐健主编《桂林抗战新闻事业史》，《新闻与写作》编辑部2015年编辑出版；袁斌业著《桂林抗战文化城翻译出版研究》，广西师范大学出版社2015年出版；宋泉著《抗战时期桂林文化供应社研究（1939—1945）》，广西人民出版社2023年出版。

抗战文化遗产保护研究成果：李建平主编《抗战遗踪——广西抗战文化遗产图集》，广西人民出版社2005年出版；李建平等著《中国西部抗战遗址调查与保护利用》，广西师范大学出版社2017年出版；唐建林等著《桂林抗战文化遗产》，广西师范大学出版社2015年出版；李建平等著《广西抗战文化遗产保护与旅游开发研究》，广西人民出版社2017年出版。

人物研究成果：魏华龄、李建平主编《抗战时期文化名人在桂林》，漓江出版社2000年出版；魏华龄主编《抗战时期文化名人在桂林（续集）》，内部资料，2004年印刷；张红著《抗战中内迁西南的知识分子》，江西人民出版社2004年出版；魏华龄编著《现代桂籍文化名人传略》，桂林市政协文史资料委员会主编，内部资料，2013年10月印刷；黄伟林主编《桂林文化城作家研究》，中国社会科学出版社2008年出版；袁斌业等著《桂林抗战文化城翻译家研究》，广西师范大学出版社2021年12月出版。

文艺研究成果：王小昆著《桂林抗战音乐文化研究》，大众文艺出版社2005年出版；李江著《抗战时期大后方戏剧主潮论》，中国文史出版社2005年出版；李建平等著《桂林抗战艺术史》，广西人民出版社2014年出版；李普文等著《桂林抗日战争美术史》，广西美术出版社2015年出版；张明学主编《抗战漫画》，河南大学出版社2018年出版。

其他领域研究成果：刘文俊著《桂林抗战文化城的社团》，黄山书社2008年7月出版；袁斌业等著《桂林抗战文化城译介活动研究》，广西师范大学出版社2013年12月出版；邓群、姚蓝著《湘桂战役与桂林文化城的陷落》，中共党史出版社2004年出版。

（三）研究方法拓展：由书斋写作到田野调查

广西抗战文化研究最早与最基本的研究方式是文案工作，运用方法是到图书馆、档案馆大量收集历史文献并辨析选用的文献学、考据学方法和采访历史当事人、知情者的新闻采访方法。依翦伯赞的说法，仅仅依靠文献学方法，只能掌握史料的一半，另一半需要依靠考古资料[①]。

进入21世纪以后，随着文化遗产保护观念的输入，研究者的目光投向了荒郊野外的抗战遗址，开始了田野调查的新工作方式。广西抗战文化研究将研究方法拓展到借鉴人类学的田野调查法和借助田野调查成果开展的考据法，扩宽了研究视野，丰富了研究手段。该项工作的成果在第四章"学术研究成果"里有较详细的介绍。

（四）研究形式多元：文字—图片—影像

此阶段，广西抗战文化研究突破传统的以文字呈现成果的模式，逐步运用了图片和影像模式展示其研究成果。以图片形式为主呈现的成果有2005年出版的《抗战遗踪——广西抗战文化遗产图集》，2008年出版的《丰碑：桂林抗战纪实文物史料图集》，2014年出版的《桂林抗战文物精品集萃》，2015年出版的《中国西部地区抗战遗址图说》《桂林抗战文化遗产》《永远的旗帜——桂林博物馆藏桂林抗战文化城文物精品》，2017年出版的《中国西部抗战遗址调查与保护利用》等。这些成果，以直观的图像形式呈现历史，产生了独特的效果。

以影像方式呈现研究成果的是广西抗战文化研究会与广西电视台联合策划并摄制推出的大型电视纪录片《方舟——桂林抗战文化城记事》。该项成果由广西抗战文化研究会李建平、王建平、文丰义和广西电视台蒋延策划并撰稿，广西电视台摄制。2011年12月27—31日在广西电视台播出五集版，2013年9月13—15日在中央电视台9频道黄金时间（20:00—20:30）播出三集版，影响广泛。2012年5月10日，广西电视台携带《方舟——桂林抗战文化城记事》参加在乌克兰举办的"我们共同的胜利"国际电影电视节，获优秀节目奖。

（五）研究力量增强

继20世纪80年代形成的4个研究团队之后，21世纪又有广西大学抗战艺术研究中心成立。该中心于2021年10月成立，以桂林文化城为基础和视角，着力研究抗战美术、抗战戏剧、抗战音乐、抗战电影、抗战舞蹈等艺术形式的文献收集、整理及研究。截至2022年12月31日，该研究中心有研究人员15人。中心主任：张明

---

① 翦伯赞：《史料与史学》，北京出版社，2005，第102—103页。

学，教授，博士生导师。该中心成立以来，结合党史和高校思政课程，于2022年设计了国家社科重大选题"建党百年来红色艺术作品的挖掘整理及研究"和2022年教育部重大选题"中国共产党百年红色文艺伟大成就融入学校思政课建设研究"，拓展了抗战文艺研究领域，强化了应用价值。

此外，21世纪以来，各高校中有一批硕士、博士研究生以广西抗战文化为研究对象，完成学位论文，形成一批成果，如广西艺术学院教师宋泉攻读华中科技大学博士学位时，研究抗战时期桂林进步出版机构——文化供应社，广西民族大学外国语学院蓝岚作博士学位论文时写《〈文学译报〉研究》，广西师范大学硕士研究生王博研究抗战时期桂林出版业，南宁师范大学硕士研究生邓宇航研究桂林《大公报》记者彭子冈与杨刚的新闻通讯，广西师范大学文学院硕士研究生岳扬研究田汉等。还有广西大学新闻学院硕士研究生朱丽莉、孙锦卉跟随导师万忆研究广西抗战文化大事记，广西民族大学文学院硕士研究生吴嗣勇跟随导师李建平研究秦似和《野草》刊物，广西艺术学院人文学院硕士研究生李晨辉、王媛、牟朋朋等跟随导师李普文研究桂林抗日战争美术史，等等，都构成了广西抗战文化研究的新鲜图景。年轻人，正在成为这一研究领域的新生力量。

（六）传播平台多样

成果发布与传播平台增多，由原来单纯的论文发表和著作出版发展到编辑集刊、提交调研报告、展览陈列、舞台表演、博物馆收藏与展示。

广西抗战文化研究由文艺研究扩展到文化研究、多领域发展的突破，扩张了研究领域，强化了研究功能，扩大了社会效用，形成了更大的社会影响，也增加了生存发展的活力。这是这一学科生生不息常葆青春的奥秘所在。

第二章 活动内容与方式

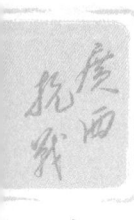

一、资料收集整理和课题研究

（一）资料收集整理工作

毛泽东同志在《反对本本主义》中说："没有调查，就没有发言权。"科学研究的第一步就是调查了解学术现状，收集研究资料。资料收集工作是一切研究工作的基础，是研究工作的开端。资料工作的系统化和整体性形成的成果，也是研究成果的重要组成部分。广西抗战文化研究45年来，开展了大量的资料收集工作，资料成果十分丰硕。主要工作内容和收获：

1.20世纪80年代的基础史料工作

一是1980—1982年最先开展研究的几位先行者的资料工作：林焕平的桂林文化城整体概况资料、万一知的桂林文化城大事记资料、魏华龄的文协桂林分会资料、李建平的桂林文化城期刊资料、吴立德和邓小飞的西南剧展资料。它们是桂林抗战文化研究最初的资料成果。

二是1983—1989年，广西社会科学院和广西师范大学合作编选的"抗战时期桂林文化运动资料丛书"（丘振声、杨益群、潘其旭、吴辰海、苏关鑫等选编），原计划出版11本，后出版了7本。1987年和1989年，又有桂林市文化研究中心和广西桂林图书馆合作完成的《桂林文化大事记（1937—1949）》（刘寿保主编），广西社会科学院主编的《桂林抗战文艺辞典》（朱荣总编纂、丘振声副总编纂）。它们构成了桂林抗战文化研究坚实的资料基石。

2.20世纪90年代至21世纪初桂林市政协文史资料委员会编印抗战文化资料集

桂林市政协文史资料委员会承接20世纪80年代"抗战时期桂林文化运动资料丛书"中未完成的几本资料集的编印出版发行，主要成果是《抗战时期桂林美术运动（上下册）》（杨益群编著）、《抗战时期桂林文学活动》（李建平编著）、《抗战时期桂林音乐文化活动》（王小昆编著）、《抗战时期桂林出版史料》（龙谦、胡庆嘉编著)、《抗战时期桂林社会科学资料目录索引》(毛毓松、周德荣主编)。这批成果，补充了20世纪80年代未做完的基础资料建设。

3.2015年广西桂学研究会编印《抗战桂林文化城史料汇编》汇集大量资料

2010年成立的广西桂学研究会，也将部分学术力量投入抗战文化研究之中，利用网络技术，开展了大规模的史料收集整理工作。主要成果是2015年编印的《抗战桂林文化城史料汇编》(潘琦主编、黄伟林执行主编，广西内部资料性出版物)，共15卷。这批资料，在学科范围上超越了20世纪八九十年代编印的资料集，开辟了研究新视野，展示了大量新史料。

4.21世纪开展抗战遗址调查形成的田野调查成果

主要成果是广西社会科学院和广西抗战文化研究会联合组成的学术团队开展的"中国西部地区抗战遗址调查与保护利用研究"。这是2014年国家社科基金项目，结项成果有《中国西部地区抗战遗址图说》和《中国西部抗战遗址调查与保护利用》2部著作以及若干论文，包括了西部地区11个省(区、市)的抗战遗址资料。

据初步统计，至2023年6月，广西学者编撰出版相关资料集(含工具书)共计74部。有关内容在第三章详细介绍。

(二)课题研究与撰写论文、专著

广西学者关于抗战文化研究课题运作主要体现在申报国家社科基金项目、广西哲学社会科学研究规划课题和一些厅局级(如广西社会科学院、广西社科联、中共广西区委党校、中共广西区委党史研究室)课题立项和结项出版方面。同时撰写出版了一大批学术专著，编印一批论文集。

据初步统计，至2023年6月，广西学者撰写出版有关抗战文化研究的学术专著53部，编印出版论文集16部，发表论文1600多篇；申报国家社会科学基金项目获得立项19项，省级项目若干项。有关内容在第四章详细介绍。

二、召开学术研讨会或座谈会

召开学术座谈会、研讨会，及时研究学术形势和学术信息、探讨新问题、交流新观点、介绍新成果，是活跃学术氛围、提高学术质量、培养学术新人的好方式。广西学术界各机构和社团十分重视学术研讨会、座谈会的召开。据不完全统计，20

世纪80年代以来，有关机构和学术团体召开的抗战文化研究学术座谈会、研讨会达四五十次，仅广西抗战文化研究会主办和参与的会议就有37次。会议筹办者主要是广西抗战文化研究会、桂林抗战文化研究会、广西社会科学院、广西社科联、桂林市政协文史资料委员会、桂林市文化局、八路军桂林办事处纪念馆、南宁昆仑关战役遗址保护管理委员会、广西桂林图书馆等。各单位和社会组织举办会议的形式有主办、协办、承办等。

广西最早一次举办抗战文化座谈会是1984年由中国戏剧家协会、广西壮族自治区文化局和中国戏剧家协会广西分会举办的"纪念西南剧展四十周年座谈会"。会议于1984年3月27日至4月1日在桂林市举行，会期6天。参会人员共132人，其中来自北京、上海、天津、广州、南京、长沙、南昌、福州、昆明、贵阳、成都等地当年参加了西南剧展的老同志55人。会议举行了两天有关西南剧展的座谈发言，其余时间举行了"纪念欧阳予倩诞辰95周年座谈会"，参观了桂林市博物馆举办的"纪念西南剧展四十周年文物史料展览"，参观了八路军桂林办事纪念馆、广西省立艺术馆旧址、《救亡日报》社旧址、徐悲鸿旧居等抗战遗址，还前往七星岩凭吊了当年遭日军飞机轰炸遇难的音乐家张曙之墓。会议筹备组编印了《纪念西南剧展四十周年座谈会资料集》，书中收集了这次会议参会代表的题诗、题词、函电、讲话发言和照片，以及新闻媒体写的专访特写、报刊报道，附有出席会议的人员名单。

在20世纪90年代，广西举办了三次重要的学术研讨会。第一次是1993年10月6—8日在桂林召开的广西首届桂林抗战文化研究学术研讨会，会议的有关成果编入《桂林抗战文化研究文集（二）》（广西师范大学出版社1995年出版）。第二次是1995年9月14—15日由广西壮族自治区党委宣传部、中共桂林市委、广西社会科学院等6个单位为纪念世界反法西斯战争和中国抗日战争胜利50周年召开的广西抗战文化研讨会，会议论文编入《桂林抗战文化研究文集（四）》（广西师范大学出版社1997年出版）。第三次是1998年11月10—11日由中共桂林市委宣传部、桂林市文化局、广西抗战文化研究会和桂林市社会科学界联合会共同主办，八路军桂林办事处纪念馆、桂林抗战文化研究会承办的全国第五届"八办"纪念馆研讨会暨广西第三届抗战文化研讨会。三次会议的情况在上一章里作了介绍。

广西抗战文化研究会与桂林抗战文化研究会多次合作举办会议。桂林抗战文化研究会也单独举办或与桂林市其他机构举办过多次学术研讨会、座谈会。下面列举2008年举办的纪念桂林抗战文化研究30周年暨张曙诞辰100周年座谈会，情况介绍如下：

2008年12月27日下午，广西学者召开了纪念桂林抗战文化研究30周年暨张曙诞辰100周年座谈会，由桂林市政协、桂林市社科联主办，桂林市抗战文化研究会、桂林市政协文史资料委员会承办。桂林市抗战文化研究会会长文丰义主持会议。桂林市政协副主席李世荣首先讲话，他高度评价了桂林抗战文化研究30年来的成就和贡献，强调了在新世纪里科学发展观的指导下，继续发扬30年来的学风，将桂林抗战文化研究深入下去的必要性和重要性，使其为桂林市经济社会发展服务。桂林市政协原副主席、广西抗战文化研究会名誉会长魏华龄在发言中谈了自己研究桂林抗战文化30年的感受，对今后工作的开展提出了几点具体意见，包括培养学科带头人，办好展示研究成果的平台等。广西社会科学院文史研究所所长、研究员、广西抗战文化研究会会长李建平谈到，桂林抗战文化研究已经走过风风雨雨的30年，它是广西抗战文化研究的破题和开端，30年来的研究成果表明，桂林抗战文化是广西抗战文化研究的主体内容，广西抗战文化研究是桂林抗战文化研究的扩展和延伸，今后的研究，依然会是以桂林抗战文化为中心的模式，但广西各地还有许多抗战文化研究的内容，如柳州市、贺州市、河池市等地的许多抗战文化课题都值得重视。桂林市政协文史委主任周德荣结合桂林抗战文化研究的历史介绍了桂林市文史资料征集工作情况。桂林旅游高等专科学校王小昆教授就纪念张曙作了发言。当天，出席会议的部分专家学者还冒雨前往位于桂林七星公园普陀山北麓的张曙墓，向长眠于桂林的这位抗日救国的音乐家敬献花篮，举行凭吊仪式。

三、开展田野调查

进入21世纪以后，广西抗战文化研究突破了原来的书斋工作模式，进入了广阔原野，开始了调查整理抗战遗址的田野调查工作。

最初的行动是2002年9月在桂林的会议和调研活动。那年9月12日，广西抗战文化研究会在桂林举办"广西抗战文化史迹、史料调查与开发研讨会暨三届二次理事会"，会议提出了开展抗战文化史迹调查并撰写《广西抗战文化史迹、史料调查与开发研究》调研报告的动议。会议的第二天，李建平、文丰义、王小昆、韦芳等专家考察了位于桂林西南郊的李宗仁故居和美国援华"飞虎队"机场遗址。初步体验到田野调查的重要性和必要性。

第二次田野调查行动是2005年。为推进广西抗战文化向深度发展和纪念抗日战争胜利60周年，李建平策划了广西抗战遗址调研活动，于当年4月组织广西抗战文化研究会在广西各地的专家学者开展调研，编写成《抗战遗踪——广西抗战文化遗产图集》一书,当年11月由广西人民出版社出版。该书成为国内首部省级抗战遗址调查成果的结集[①],对于整理总结抗战文化遗产、推进抗战遗址保护工作,起到了很好的示范作用。

第三次是2010年11月5—7日,广西抗战文化研究会组织抗战遗址考察团前往湘西芷江开展抗战遗址考察活动。考察团由正副会长、正副秘书长、理事和会员共21人组成,会长李建平领队。考察期间,广西抗战文化研究会的专家学者参观了抗战胜利受降纪念坊、受降大院旧址(包括受降堂、中国陆军总司令部、何应钦办公室)、中美空军机场指挥塔等多处抗战遗址和两个纪念馆——中国人民抗日战争胜利受降纪念馆、飞虎队纪念馆。这一切,都使人萌发对战争历史的追忆和对抗战英雄的崇敬,激发对和平向往的情怀。

2010年11月7日,广西抗战文化研究会抗战遗址考察团在湘西芷江考察时合影(广西抗战文化研究会供图)

---

① 截至2015年2月,国内出版的省级抗战遗址图集仅见广西和重庆两地4种,即:1995年冯开文主编,重庆出版社出版的《陪都遗址寻踪》;2005年李建平主编,广西人民出版社出版的《抗战遗踪——广西抗战文化遗产图集》;2011年李波主编,重庆大学出版社出版的《重庆抗战遗址遗迹图文集》;2013年黄晓东和张荣祥主编,重庆出版社出版的《重庆抗战遗址遗迹保护研究》。1995年冯开文的《陪都遗址录踪》虽然出版在李建平的《抗战遗踪——广西抗战文化遗产图集》之前,但1995年时的重庆非省级行政区域。因此,认定《抗战遗踪——广西抗战文化遗产图集》为国内首部省级抗战遗址图文集是可以成立的。

更大规模的田野调查行动是在2014—2015年。2014年，李建平申报的国家社科基金西部项目《中国西部地区抗战遗址调查与保护利用研究》获得批准立项（批准号：14XZS023）。当年7月，召开课题开题会议之后，以李建平为组长，王建平、文丰义、陆璎等专家组成的课题组深入西部11个省（区、市）进行实地调查，从指挥地遗址、军事设施与战场遗址、日军侵华罪行与中国人民灾难遗址、抗日英雄活动遗址与死难将士纪念碑遗址、抗日机构活动遗址、名人故居与文化活动遗址、企业与文化机构遗址、国际援华反战机构和人士活动遗址、抗战标语与石刻和纪念设施等方面对现存抗战遗址做调查整理。经过两年工作，调查统计西部地区抗战遗址共919处，实地勘查546处，并分析了西部地区抗战遗址、文化遗产的保护现状及存在问题，阐述相关论点，最后结合广西抗战文化遗产的保护与开发实际，对西部地区抗战遗址保护与开发进行设计论证，完成课题报告《中国西部地区抗战遗址调查与保护利用研究》，2016年通过结项。结项后，又经过一番补充调查（主要是增补了宁夏和广西的部分遗址）和写作加工修改，完成书稿《中国西部抗战遗址调查与保护利用》，2017年8月由广西师范大学出版社出版。全书80万字，图片800多张，详尽展示了西部地区抗战遗址概况，描述遗址概貌，提出了保护与开发的对策建议。该次田野调查成为至今为止国内开展区域最大的抗战遗址调查行动。

2018—2022年，广西社会科学院文化研究所联合广西抗战文化研究会又开展了连续五年的系列田野调查和抗战遗址保护利用研究。由所长王建平领衔的"广西军队北上抗日行踪遗址调查研究"课题在广西社会科学院立项。五年来，课题组先后到上海、江苏、山东、湖北、河南、安徽等省市调查了抗战遗址100多处，完成课题调研报告5份。部分成果已在《抗战文化研究》第13辑、第14辑发表。

2015年，李建平（中）、王建平（左）、容杰（右）在南宁市高峰坳考察抗日阵亡将士墓（杨小肃 摄）

此外，还有桂林市有关机构开展的桂林市抗战遗址调查、广西桂学研究会开展的湖南衡阳抗战遗址调查等田野调查活动，都收集了大量抗战遗址资料，出版或发表了一批研究成果。

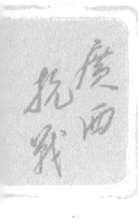

四、编辑《桂林抗战文化研究文集》和《抗战文化研究》

1. 编辑《桂林抗战文化研究文集》

1992—2005年间，广西抗战文化研究会和桂林市文化研究中心、桂林市抗战文化研究会联合编选出版了《桂林抗战文化研究文集》，共8部，作为专家学者们发表成果的平台，共发表了300多篇研究成果，在推进抗战文化研究、积累广西地方文化资料和创新成果、培养学术新人等方面发挥了很大作用。有关情况在上一节作了介绍。

2. 编辑《抗战文化研究》

自2007年起，广西抗战文化研究会联合广西社会科学院文史研究所编辑出版《抗战文化研究》年刊，每年一辑，为抗战文化研究搭建新的学术平台。该刊邀请国内十余名知名学者组成编委会，由中国社会科学院学部委员、时任中国社会科学院文学研究所所长杨义先生担任编委会主任，广西社会科学院文史研究所所长、广西抗战文化研究会法人代表及会长李建平和中国社会科学院研究员、中国现代文学研究会副会长张中良担任副主任，两人一同兼任《抗战文化研究》主编。该刊以"研究抗战文化，传承抗战精神"为宗旨，提出"国魂所系，心向力行"的口号（刊登于每期的封面），发表以反映和研究中国抗日战争（1931—1945年），二战时期中国和东亚、东南亚各国的文化史实、文化艺术成果、文化运动和文化思想流变的学术成果，尤其欢迎有关中国各地和东南亚各国抗战和二战文化遗产抢救保护的调研报告。主要栏目有《历史当代性研究》《思潮与运动》《出版与传播》《文本研究》《人物研究》《抗战艺术研究》《抗战文化遗产调查与保护》《史料与辨析》《研究档案库》等。该刊每辑发表全国学者的前沿研究成果约30篇①。至2022年10月，《抗战文化研究》已编撰出版14辑（另编成第15辑送交出版社，计划2023年12月出版），共发表论文400多篇，在国内和国际学术界形成一定影响，被中国知网（CNKI）全文收录并以电子版方式发行。2016年的统计数据显示，2015年，《抗战文化研究》电子版海外订户414家，大陆订户3325家，共3922册（不含纸质版），被耶鲁大学、纽约大学、芝加哥大学、剑桥大学、牛津大学、苏黎世大学、澳大利

---

① 《抗战文化研究》每辑发表广西学者论文和外地学者论文的比例为1∶2。

亚国立大学、墨尔本大学、日本国会图书馆、东京大学、高丽大学、首尔大学、新加坡公立大学、新加坡国家图书馆等世界各国知名大学和重要机构、图书馆收藏，为中国抗日战争史研究增添了一块学术园地，创出一个学术品牌。

《抗战文化研究》各辑书影（部分）（李建平 摄）

五、举办图片展览

举办图片展览，通过介绍广西抗战文化研究会的研究成果，宣传抗战史实和抗战精神，有利于大众了解中华民族在发展进程中所受的灾难和英勇顽强的奋斗事迹，是开展抗日战争历史研究的一种科普性活动方式。据不完全统计，广西相关部门开展了以下展览活动：

1.1984年，为配合纪念西南剧展四十周年，桂林博物馆举办了"纪念西南剧展四十周年文物史料展览"。

2.2007年，广西抗战文化研究会联合广西桂林图书馆在桂林抗战文化研究网长期举办桂林文化城文献资料展。

3. 2012年6月，南宁昆仑关战役遗址保护管理委员会与广西抗战文化研究会联合举办"广西抗战遗址图片展"，宣传广西抗战历史，以及广西人民的爱国主义精神和历史贡献。展览在南宁昆仑关战役旧址博物馆展出，共展出图片300余幅。展出时间1个月。

2012年6月，南宁昆仑关战役遗址保护管理委员会与广西抗战文化研究会联合举办"广西抗战遗址图片展"，图为开幕式现场（南宁昆仑关战役旧址博物馆供图）

4. 2014年9月2日，广西抗战文化研究会在广西社会科学院举办"西部地区抗战遗址调查工作汇报图片展"。展出时间20天。

5. 2015年7—9月，广西抗战文化研究会协助广西壮族自治区博物馆举办"广西人的抗战"图片展。展出时间1个月。

6. 2020年，有关专家参与八路军桂林办事处纪念馆举办的"抗战文化名人在桂林"展。展出时间3个月。

7. 2021年，有关专家参与八路军桂林办事处纪念馆举办的"新闻巨子范长江传奇人生专题展"和"英姿飒爽——广西学生军抗战史料"展。展出时间3个月。

六、参与制作影视作品

1.1985年,广西电视台和广西电影制片厂联合摄制五集文献艺术片《桂林文化城》,陈敦德、黄著诚策划,陈敦德撰稿,黄著诚摄影。该片在广西电视台播出。

2.2010年,广西抗战文化研究会理事方建诠、容杰等专家参与南宁昆仑关战役遗址保护管理委员会制作的大型纪录片《碧血忠魂昆仑关》,内部发行。

3.2011年,广西抗战文化研究会与广西电视台联合策划并摄制大型电视纪录片《方舟——桂林抗战文化城记事》。该项成果由广西抗战文化研究会李建平、王建平、文丰义等专家负责策划、撰稿脚本等前期工作,广西电视台负责采访、拍摄和后期制作工作。影片完成制作后,于2011年12月27—31日在广西电视台播出五集版。2012年5月10日,广西电视台携带《方舟——桂林抗战文化城记事》参加在乌克兰举办的"我们共同的胜利"

1985年,广西电视台和广西电影制片厂联合摄制五集文献艺术片《桂林文化城》,图为开镜仪式现场(魏华龄供图)

国际电影电视节,获优秀节目奖。2013年9月13—15日,又在中央电视台纪录片频道(CCTV—9)黄金时间(20:00—20:30)播出三集版,形成更大影响。2016年,《方舟——桂林抗战文化城记事》获第七届广西文艺创作最高奖——铜鼓奖。

4.2015年,广西抗战文化研究会王建平、文丰义、李建平、容杰等专家参与中央电视台、广西电视台、上海电视台、北京天聚人和文化传播有限责任公司联合摄制,广西电视台和桂林市临桂区人民政府联合出品的五集文献纪录片《冒着敌人炮火前进——广西抗战纪事》部分撰稿、专家访谈和历史顾问工作。该片由广西金海湾电子音像出版社出版(出版管字〔2017〕1353号)。

七、举办新西南剧展演出

这是广西师范大学广西特聘专家岗位"广西抗战暨桂林文化城研究"项目团队（首席专家：黄伟林）提出创意并实施的一项新颖活动。2014年在纪念西南剧展七十周年的日子里，他们在大学校园里举办新西南剧展活动，以传承抗战精神为主旨，以重排、重演抗战时期桂林文化城优秀剧目为主要内容。该校教授黄伟林和刘铁群（两人在广西抗战文化研究会里分别担任副会长和副秘书长），组织学生成立"望道话剧社"，他俩在这个活动中担任总策划和学术总指导，刘铁群还担任总导演，组织学生排演田汉、欧阳予倩编导的抗战经典剧《秋声赋》《旧家》和历史剧《桃花扇》，"重排、重演抗战时期优秀剧目，着力打造以戏剧演出为载体的知识识记、历史感知和文化体验项目，弘扬坚忍不拔、奋勇向前的抗日救亡精神"[①]。该项活动陆续推出了《秋声赋》《旧家》《桃花扇》《花桥荣记》等经典剧目，2014年以来，已在北京、上海、南宁、桂林、梧州、贺州等城市巡演50多场，产生了广泛影响。其上演剧目于2014年参加第4届中国校园戏剧节，获优秀剧目奖、优秀导演奖。新西南剧展是广西师范大学打造的一个大学戏剧文化品牌，也是广西抗战文化研究的一种创新，为学术研究与大学教学、利用和开发地方历史文化资源，提供了富于探索价值的经验。

2017年，黄伟林、刘铁群共同主编的《新西南剧展》在广西师范大学出版社出版，完整记录了这一学术与艺术创作结合的活动过程，具有新鲜的学术气质和宝贵的资料。

八、博物馆收藏与展示

2017年，广西师范大学筹建广西桂学博物馆。该校教授、广西抗战文化研究会副会长黄伟林任首席专家和筹备负责人。建馆之初，黄伟林确定了桂学博物馆为学

---

① 《广西师范大学弘扬桂林抗战文化 打造新西南剧展》，中国社会科学网，2014年5月19日。

术性博物馆的定位，藏品也以学术之物为主，包括五大类：以纸质印刷品为形态的学术成果（包括非公开出版物）；学人手稿（书信、手稿、笔记、读书卡片、会议记录等）；音像制品（照片、美术作品、影视剧剧照、磁带、唱片、电子文件等）；学术工具（笔、墨、砚台、书包、电脑、书桌、书柜、实验工具等）；生活用品（特指著名文化人使用过的生活用品）。广西师范大学桂学博物馆于2021年7月5日正式开馆，馆址设在广西师范大学（雁山校区）图书馆第6～7层，展览面积3000多平方米，是以收藏广西学术文化为主题的学术性博物馆，包括五个专题馆，分别为"文化广西专题馆""文化桂林专题馆""广西当代文学馆""八桂学术专题展馆"和"抗战桂林文化城专题馆"。在"抗战桂林文化城专题馆"展区中，展出了广西抗战文化研究成果：《抗战文化研究》集刊第1～13辑，"广西抗战文化研究丛书"一套6本，魏华龄、李建平、黄伟林、文丰义等人的一些研究著作，以及部分手稿，并辟出三个专版，介绍了魏华龄、李建平和杨益群三位专家的研究情况和成果。

广西桂学博物馆开馆后，社会各界纷纷捐献学术藏品。2021年5月28日，广西桂学博物馆举行"潘琦先生学术著作和书法作品捐赠仪式"。广西桂学研究会创会会长、中共广西壮族自治区委员会原副书记潘琦向桂学博物馆捐赠《潘琦文集》《文化杂记》等一批学术著作，以及书法作品。2021年11月24日，该馆举行"李建平先生著作藏品捐赠仪式"。广西社会科学院研究员李建平从事广西（桂林）抗战文化研究40余年。自桂学博物馆筹建以来，李建平先后3次向该馆捐赠个人著作50多种、其他相关藏品50多种、手稿20多件。广西师范大学图书馆党总支书记、桂学博物馆副馆长郑国辉主持捐赠仪式，广西师范大学副校长苏桂发、广西大学原党委书记阳国亮出席捐赠仪式并先后发表讲话。李建平介绍了所捐著作和手稿的内容，特别介绍了40年前桂林抗战文化研究刚兴起时写作的手稿《"桂林文化城"期刊简介》。

2021年11月24日，广西桂学博物馆举行"李建平先生著作藏品捐赠仪式"。右三为李建平。（李逊 摄）

此外，广西桂学博物馆还举行过"谢中国先生藏品捐赠仪式"。谢中国向博物馆捐赠了一批与"刘三姐文化"相关的文献、歌书、年画、海报、唱片、照片、邮品等。

第三章 资料收集整理成果

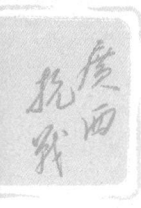

一、系统性资料成果"抗战时期桂林文化运动资料丛书"的编撰出版

1979—1982年，是林焕平、魏华龄、万一知、丘振声、李建平、吴立德等人开展资料收集并发表的最初工作阶段（参见第一章第一节），1984年以后，集体编撰整理的系统性大型资料成果陆续面世。广西社会科学院和广西师范大学等单位联合开展资料收集工作，在广泛收集资料的基础上，编撰出版了一批资料集和工具书，形成一套"抗战时期桂林文化运动资料丛书"，计划编辑11本，至1992年，出版了以下7本：

《西南剧展（上下册）》，丘振声、吴辰海、唐国英编选，漓江出版社1984年2月出版。全书分为"剧展概况""剧坛反响""剧目评论""剧人回忆"4辑，较全面地介绍了1944年2—5月在桂林举行的西南第一届戏剧展览会的情况，所收集的资料比较完整、翔实，对研究中国和广西戏剧史有着重要参考价值。

《桂林文化城纪事》，潘其旭、王斌、杨益群、顾绍柏编选，漓江出版社1984年11月出版。收入当时在桂林的作家、艺术家回忆文章近百篇，再现了当时桂林文化运动的历史事实。

《桂林文化城概况》，杨益群、万一知等编著，广西人民出版社1986年7月出版。全书包括：抗战时期桂林文化运动大事记、文艺期刊介绍、出版的文学书目、文艺团队和文化人简况等整个桂林文化城的概况。

《文艺期刊索引》，杨益群、王斌、潘其旭、顾绍柏编选，广西人民出版社1986年7月出版。该书编入在桂林出版的小说、传记、散文、诗歌、剧本、歌曲、美术、译作和文艺评论等几大类期刊索引。

《欧阳予倩与桂剧改革》，丘振声、杨荫亭编选，广西人民出版社1986年7月出版，全面介绍了抗战时期欧阳予倩在桂林开展桂剧改革活动的历史情况及其创作活动。

《旅桂作家（上下册）》，苏关鑫、雷锐、黄绍清、肖昭惠编写，广西人民出版社1989年出版。该书介绍了旅桂作家茅盾等34人在桂林活动简况、在桂林创作的作品和当年桂林报刊的评介文章等。

《戏剧运动（上下册）》，吴辰海、丘振声、唐国英编选，广西人民出版社1992年11月出版，分"剧运论""剧作论""剧改论""新歌剧论""演出论"5个专辑，全面介绍了抗战时期桂林戏剧运动的历史轮廓及其特点和规律。

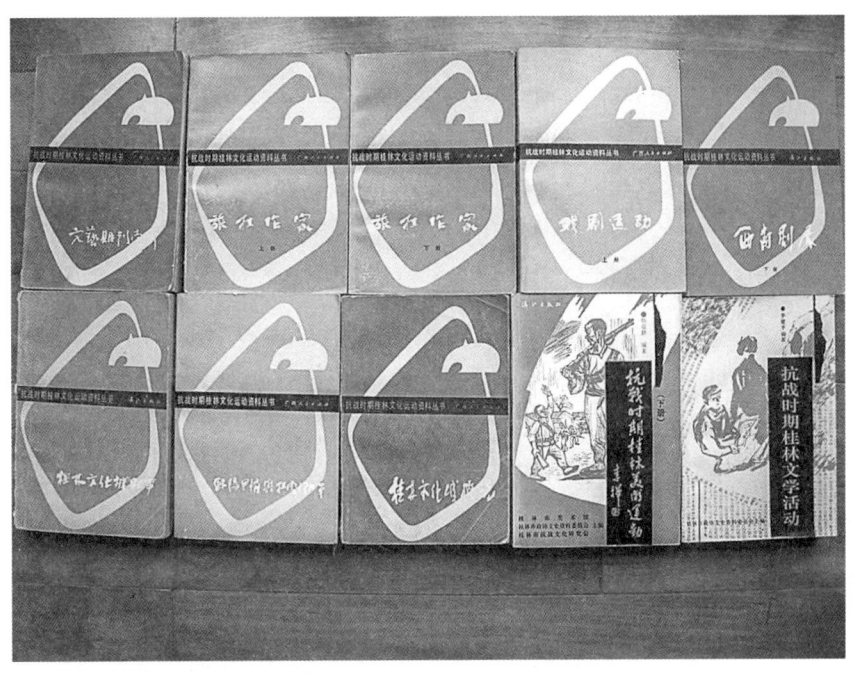

"抗战时期桂林文化运动资料丛书"7本和《抗战时期桂林美术运动（上下册）》《抗战时期桂林文学活动》书影（李建平　摄）

在出版上述7本资料集后，由于经费原因终止了该套丛书的出版。原属于该套丛书的其余几本，后由魏华龄纳入《桂林文史资料》系列出版，编选书目有所扩展，情况如下：

《抗战时期桂林美术运动（上下册）》，杨益群编著，编为《桂林文史资料》第三十辑，漓江出版社1995年9月出版。该书是对全面抗战时期桂林文化城美术学活动的资料汇编，收录时限为1937年7月至1945年8月。李桦、张安治分别作序。作者撰写论文《划时代的壮丽画卷——抗战时期桂林美术运动初探》置于书首。内容分为6个部分："概况""理论""评论""自述与忆念""动态""文献·信函"。第一部分"概况"为作者整理撰写的美术运动概要性文章和资料，有美术运动纪事、美术家传略、美术团体简介、美术期刊介绍、桂林画展一览表、美术作品目录、美术专著目录等内容。其余各辑文章大多选自抗战时期的出版物，少数选自后来的回忆录。

《抗战时期桂林文学活动》，李建平编著，编为《桂林文史资料》第三十三辑，漓江出版社1996年10月出版。该书是对全面抗战时期桂林文化城所展开的文学活动的资料汇编，收录时限为1937年7月至1945年8月。作者撰写《抗日战争中诞生的一个奇迹》作代序，主要内容分为8个部分："文协桂林分会""其他文学、文化组织""文学刊物和报纸副刊""文学座谈会、讨论会""重要活动与事件""作家活动""作品简介""文学工作的总结与探讨"。其中，第六部分"作家活动"和第七部分"作品简介"是作者在阅读史料和作家著作的基础上编写的，其余各部分文章大多选自抗战时期的出版物，少数选自后来出版的集子或回忆录。

《抗战时期桂林出版史料》，龙谦、胡庆嘉编著，编为《桂林文史资料》第三十八辑，1999年1月漓江出版社出版。该书全面反映抗战时期桂林出版界概况。魏华龄写《抗战时期桂林的出版事业》为代序。全书分为8个部分："出版大事记""图书出版发行""期刊出版""书刊印刷""编辑、出版家简介""国民党政府对出版业的管理、控制、迫害与出版界的反控制、反迫害斗争""回忆录选登""参考资料索引"。

《抗战时期桂林音乐文化活动》，王小昆编著，编为《桂林文史资料》第五十三辑，内部资料，桂林市政协文史资料委员会2008年12月印刷。该书是对全面抗战时期桂林文化城所展开的文学活动的资料汇编。全书主要介绍了抗战时期桂林音乐文化活动，抗战时期桂林音乐机构、歌咏团队及主要活动，抗战时期抵桂林音乐家人名录及代表性音乐家音乐活动，抗战时期桂林群众性歌咏集会和演出等内容。

《抗战时期桂林社会科学资料目录索引》，毛毓松、周德荣主编，编为《桂林文史资料》第四十四辑，内部资料，未标明印刷时间，该书《前言》作者毛毓松落款时间为2002年5月8日。该书是一本资料性工具书，收录的主要是1937年7月至1944年9月在桂林出版发行的有关社会科学的文献资料目录，也少量收录了1936年和1945年的文献目录。主要分为期刊、报纸、图书等3个部分，按照图书分类法，将文献目录分门别类地归入社会科学各学科目录索引里。收录的标准是千字以上的社会科学文章目录。所收录文献的著录事项有文献名称（篇名或书名）、作者姓氏、文献出处与时间。反映了抗战时期桂林文化城社会科学文化发展的概貌。

原计划出版的《抗战时期桂林文艺理论和评论活动》，初稿编撰完成，没有出版，书稿现存何处不详。

二、《桂林文化大事记（1937—1949）》《桂林抗战文艺辞典》等成果的编撰出版

（一）两本工具书

20世纪80年代，桂林、南宁两地学者编撰出版了两本关于桂林抗战文化史实的大型工具书：

《桂林文化大事记（1937—1949）》，桂林市文化研究中心、广西桂林图书馆编，刘寿保主编，漓江出版社1987年11月出版。这是一本210万字的大型资料工具书。艾芜、林焕平分别作序。该书汇集整理全面抗战时期桂林文化大事要事，既作1937年至1949年的分年度反映，又作文化分类反映，分为演出团体、演出活动、演出曲目、美术活动、教育会议、学术活动、体育竞赛等7类，还对各文化分类作简介，计有文化机构简介、演出团队简介、演出剧目简介、剧院影院简介、书店出版社简介、期刊简介、报纸简介、学校简介、著译简介、人物简介等10种。资料详尽完备。唐国英、凌世君等参加编写。

《桂林抗战文艺辞典》，广西社会科学院主编，朱荣总编纂、丘振声副总编纂，广西人民出版社1989年4月出版。该书收入全面抗战时期有关桂林文艺方面的词目1900余条，分为人物、作品、论著、报刊、社团、文艺活动等6个部类，是研究桂林抗战文艺的重要工具书。蔡定国、杨益群、李建平、杨昌雄、唐国英等参加编写。

（二）其他资料成果

《纪念西南剧展四十周年座谈会资料集》，广西壮族自治区文化局编，1984年内部印刷。全书收集了1984年3月在桂林召开的纪念西南剧展四十周年座谈会上的题诗、题词、函电、讲话发言、专访特写、报刊报道和出席会议的人员名单和部分照片等。

《抗战时期桂林文艺期刊简介和目录汇编》，万一知、苏关鑫合编，广西师范大学中文系现代文学研究室和科研生产处1984年10月内部印刷。收入《国文杂志》《半月文萃》《文学杂志》《青年生活》《半月文艺》等27种文艺期刊和《救亡日报·文化岗位》、桂林《大公报·文艺》两个报纸副刊，共29种。对每种刊物，先作概述性介绍，后刊刊物各期目录。该书所收期刊与李建平1981年在《广西大学学报》发表的《"桂林文化城"期刊简介》有相同之处。将两个期刊资料成果对比后可

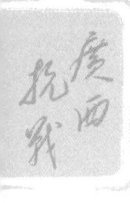

知,李建平和万一知所选的期刊大多相同,数量也相近,所用的方法也是一样的,就是以概述形式介绍期刊。具体差异是:李建平的《"桂林文化城"期刊简介》介绍期刊28种,万一知的《抗战时期桂林文艺期刊简介和目录汇编》介绍了27种,另有《救亡日报·文化岗位》和桂林《大公报·文艺》两个报纸副刊,共29种。两者介绍中有22种期刊是相同的,各自少了五六种:李建平的《"桂林文化城"期刊简介》少了《国文杂志》《半月文萃》《文学杂志》《青年生活》《半月文艺》5种,多了《抗战文艺(桂刊)》《中国诗坛》《文艺新哨》《战时艺术》《文学译报》《国民公论》6种。两部成果的"期刊简介"加起来共有35个报刊。另外不同的是,万一知的成果在"介绍"之后附上了各个期刊的目录,内容更丰富。

《救亡日报的风雨岁月》,广西日报新闻研究室编,新华出版社1987年7月出版。收入夏衍、林林、华嘉、郁风、高汾、高灏、陈紫秋、何家英(以丁明为笔名)等老报人的回忆文章20篇,黄铮、高宁、沙夏、赵宁的论文4篇。后附《〈救亡日报〉大事记》。

《漓水烽烟》,冷德慧、张伴娣、黄熙主编,八路军桂林办事处纪念馆编,1988年印刷。全书155页,内容为"八路军桂林办事处暨桂林抗日文化活动大事记",后附5份汇总表:"桂林社会文化救亡团体概览(1938—1941年)""抗战期间桂林期刊简介表(1938—1941年)""抗战期间桂林出版社简况表""抗战期间桂林书店简况表(1938—1942年)""抗战期间桂林的印刷厂简况表"。

《欧阳予倩研究资料》,苏关鑫编,中国戏剧出版社1989年出版。该书全面收集了欧阳予倩的研究资料,分为5个部分:"欧阳予倩传略与年表""欧阳予倩生平与文学戏剧活动""欧阳予倩创作自述与戏剧主张""关于欧阳予倩的评论""资料目录索引"。

《驼铃声声——新中国剧社战斗历程》,桂林市政协文史资料委员会编,杜宣主编,编为《桂林文史资料》第十八辑,漓江出版社1991年9月出版。夏衍写《卷首语》、阳翰笙写《风沙弥漫,驼铃声声》,两文为代序。全书编为五辑。第一辑为"特载",收入田汉1946年11月发表在上海《评论报》的回忆录《新中国剧社的苦斗与西南剧运》。第二辑为"苦斗历程",为杜宣、韦布、巴鸿、严恭、汪巩、朱琳、石炎、孙慎、蒋柯夫等人写的剧社历史与活动回忆录。第三辑为"素花一束",为怀念追悼剧社领导人和剧人的忆念文章。第四辑"战斗友谊",为闻一多、洪深、于伶、吴天、沈国霖、吕复写的评论文章。第五辑为"资料汇存",为大事记和统计表,包括演出统计、新中国剧社演出开支统计表、新中国剧社社员名单等。

《三十年代广西师专》,魏华龄、何砺锋主编,编为《桂林文史资料》第二十辑,漓江出版社1992年7月出版。主要收入当年的史料文章和后人的回忆录,也有《三十年的广西师专综述》《广西师范专科学校的特点》《广西师专办学的特点》等研究文章。

《党在广西地方建设干部学校》，中共桂林市委员会党史研究室编著，高榕主编，漓江出版社1993年5月出版。广西地方建设干部学校是抗日战争时期桂林一所由一批文化名人和进步学者任职任教的抗日干部培训学校，校内建有省内和省外两个秘密中共党支部，有共产党员100多人，被称为"南方抗大"，在桂林抗战文化城中占有主要地位。该书收入"综述和大事记""杨东莼文选""历史资料""回忆文章""参考资料""专题研究""附录"等7个部分，共53篇文章。高榕撰写的"综述"和整理的"广西地方建设干部学校大事记"反映广西地方建设干部学校的历史面貌比较全面。

《难忘的一九四四年》，魏华龄主编，编为《桂林文史资料》第二十六辑，漓江出版社1994年9月出版。收入史料和回忆录22篇，研究文章1篇。其中，与桂林抗战文化研究相关的有6篇。史料3篇：巴金的散文《桂林的受难》、艾青的诗作《死难者的画相》、黄药眠的长诗《桂林的撤退·火车》（部分）；回忆录2篇：《记桂林文化界抗敌工作队》和《挺进抗日前沿的桂师暑期抗日宣传队》；研究文章1篇：魏华龄的《在华日本人民反战同盟西南支部在桂林》。

《桂林抗战文化史料》，魏华龄主编，编为《桂林文史资料》第二十八辑，漓江出版社1995年1月出版。本辑为抗战文化史料专辑，内容包括人物研究与回忆、新闻事业和报纸研究、回忆录等。其中，人物研究涉及周恩来、胡愈之、田汉、张志让、余所亚、穆木天、彭慧、吴伯超、陆华柏等，新闻事业与报纸研究涉及《新华日报》《救亡日报》《广西日报》《力报》《扫荡报》和桂林广播无线电台等。

《国立桂林师范学院实录》，张谷、魏华龄主编，编为《桂林文史资料》第三十六辑，漓江出版社1997年12月出版。收录综述1篇，史料文章2篇（《五年来的国立桂林师范学院》《桂林师范学院疏散及复员经过》），回忆文章40篇，诗词1组，后附《院史》《国立桂林师范学院教授名录》。

《司马文森研究资料》，杨益群、司马小莘、陈乃刚编，北京十月文艺出版社1998年4月出版。该书分为四辑："司马文森生平资料""司马文森创作自述""司马文森创作评论文章选辑""司马文森著作系年书目和研究文章目录索引"，以辑录史料文章、评论文章为主，也有编选者撰写的研究论文、传记和整理的活动年表、著作系年、著作目录等。

《桂林抗战文化城诗词选》，何开粹编著，华夏出版社2009年5月出版。该书是在编著者收集的抗战时期桂林文化人的2200首诗词基础上，精选120位诗人的638首诗词编成。诗人包括田汉、柳亚子、郭沫若、欧阳予倩、丰子恺、胡风、章士钊、张大千、端木蕻良、徐悲鸿、阳太阳、马君武、茅盾、李任仁等著名文化人。编著者对诗人生平作了简介，对诗词作了注释。

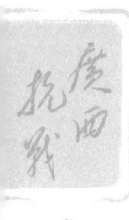

《广西抗战文化史料汇编》(第1辑·文艺期刊卷),万忆、万一知编著,人民日报出版社2013年5月出版。收入33种文艺期刊和报纸的文艺副刊。每种期刊(副刊)含"简介"和"目录"两部分内容。与由万一知、苏关鑫合编,广西师范大学中文系现代文学研究室和科研生产处1984年10月内部印刷的《抗战时期桂林文艺期刊简介和目录汇编》的体例和内容大体相同,只是多了4种期刊(副刊)。

《桂林文化城人物选辑》,魏华龄编著,编为《桂林文史资料》第五十六辑,2014年内部印刷。收入文章64篇,涉及哲学社会科学、文化教育科学、作家艺术家等各界人物。

《桂林抗战史料专辑》,桂林市政协文史和学习委员会编,编为《桂林文史资料》第五十七辑,注明为"纪念中国人民抗日战争胜利七十周年",内部印刷,未注明印刷时间(推测为2015年)。该书分为"前言""桂林疏散和沦陷""桂林人民抗战""侵桂日军暴行""桂林抗战文化"5部分。"桂林抗战文化"一栏收录4篇文章:魏华龄的《桂林陷落了,桂林抗战文化在敌后》《日军毁灭桂林文化罪行辑录》和文丰义的《中国共产党与桂林抗战文化运动》《八路军桂林办事处在抗日战争中的历史地位与作用》。

三、《桂林文史资料》《广西文史资料》等选编资料成果

自20世纪80年代初期起,广西政协文史资料研究委员会、桂林市政协文史资料研究委员会分别编印《广西文史资料》和《桂林文史资料》,每年不定期地出版一两辑。大多是内部出版,有的专辑由出版社正式出版。前期编印的存有较多抗日战争时期史料,后期编印的以中华人民共和国成立后的史料为主。《桂林文史资料》编有多辑桂林抗战和抗战文化研究资料专辑,或者内中设置专栏,为桂林抗战文化研究提供许多重要资料。本节介绍部分资料如下(部分另有书名,并注明"编为《桂林文史资料》第××辑"的已归入上一节介绍):

(一)桂林文史资料

《桂林文史资料》第三辑,中国人民政治协商会议桂林市委员会文史资料研究委员会编,1983年12月内部印刷。编《抗战文艺史料》专栏,收入抗战时期在桂林活动的文艺家茅盾、艾芜、司马文森、周钢鸣、林焕平、林山、邵荃麟的文章10篇

和1篇会议记录稿《一九四一年文艺运动的检讨》。

《桂林文史资料》第四辑，中国人民政治协商会议桂林市委员会文史资料研究委员会编，1983年12月内部印刷。收入桂林文化城史料文章9篇，有瞿白音、田念萱《回忆西南第一届戏剧展览会》、欧阳予倩《省立艺术馆的工作概况》、党明《六年来的广西省立艺术馆》、柳亚子《榕斋读诗记》、曾敏之《桂林风雨与文人》和《不平凡的宴会——记桂林文协欢宴李济深将军》等重要文章。另有关于中山纪念学校的桂林教育史料3篇。

《桂林文史资料》第六辑，中国人民政治协商会议桂林市委员会文史资料研究委员会编，1984年12月内部印刷。该书以史料文章为主。收录欧阳予倩的《后台人语》和田汉的《新会缘桥》2部旧作，还有李文钊的《国防艺术社概况》等多篇史料文章。

《桂林文史资料》第七辑，中国人民政治协商会议桂林市委员会文史资料研究委员会编，1985年12月内部印刷。该书以史料文章为主。其中《桂林出版史料》《二师史料》《桂林人物志》几个栏目与桂林抗战文化研究有关。

《桂林文史资料》第八辑，中国人民政治协商会议桂林市委员会文史资料研究委员会编，1985年12月内部印刷。该书以史料文章为主，《纪念抗日战争胜利四十周年》栏目收入关于抗日名将周元烈士和进步人士蒋元的回忆文章2篇、记临桂和阳朔两支抗日游击队（自卫队）抗日斗争活动文章2篇、关于抗日战争时期桂林儿童救亡活动的文章2篇；《文化城的出版工作》栏目收入关于抗战时期桂林进步出版业活动情况的文章7篇；《新闻史料》栏目收入抗战时期桂林新闻事业史料文章2篇。还有关于艺术家文章3篇，其他文章5篇。

《桂林文史资料》第十辑，中国人民政治协商会议桂林市委员会文史资料研究委员会编，1986年12月内部印刷。该书以史料文章为主，其中《桂林人物》《新安旅行团在桂林》《桂林师范史料》《中山纪念学校史料》几个栏目与桂林抗战文化研究有关。白璧的《我的父亲——白鹏飞》、魏华龄的《新安旅行团在桂林大事记》、唐现之的《关于桂林中山纪念学校》为重要文章。

《桂林文史资料》第十一辑，中国人民政治协商会议桂林市委员会文史资料研究委员会编，1987年11月内部印刷。该书以史料文章为主，其中《中越关系史料》《中日关系史料》《李任仁史料》《柳亚子在桂林》《桂林俄专》几个栏目与桂林抗战文化研究有关。胡志明写的史料文章、李白凤回忆柳亚子的文章、柳无忌的《柳亚子在桂林大事记》等为重要文章。

《桂林文史资料》第十二辑，中国人民政治协商会议桂林市委员会文史资料研究委员会编，1987年12月内部印刷。该书以史料文章为主。收入文章21篇，分为5辑："纪念抗日战争爆发五十周年"文章5篇，"民主同盟在桂林"史料4篇，"生活

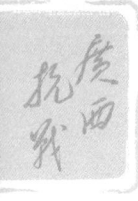

教育社在桂林"史料8篇,"国防艺术社史料"史料2篇,"汉民中学史料"史料2篇。涉及梁漱溟、陶行知、任中敏等人物。

《桂林文史资料》第十三辑,桂林市政协文史资料委员会编,漓江出版社1988年11月出版。本辑以回忆桂林抗战文化活动的文章为主,内容包括:《西南第一届戏剧展览会闭幕宣言(草稿)》及其抄件说明,桂林师范学院回忆文章一组,文化名人回忆录或述评文章一组,涉及茅盾、田汉、焦菊隐、徐悲鸿、杨晦、叶挺、萨空了等人物。另有关于桂林几所中学和桂林女师的文章4篇。

《桂林文史资料》第十五辑,桂林市政协文史资料委员会编,漓江出版社1990年7月出版。本辑以回忆抗战文化人的回忆录为主,有回忆梁漱溟的文章5篇,及回忆马君武、尹羲、杨东莼、陈望道、郭德洁的文章。还有2篇关于机构和社团的文章:《桂林民盟史(建国后部分)》和《壮士高歌起怒涛——记桂林文化界抗战工作队》。

《桂林文史资料》第十七辑,桂林市政协文史资料委员会编,魏华龄主编,漓江出版社1991年7月出版。本辑是人物专辑,有"纪念李宗仁先生诞辰一百周年"一组文章10篇。其他人物有靳永芳、杨东莼、薛暮桥、唐现之、周葂、释宽能法师等。

《桂林文史资料》第三十七辑,魏华龄、王玉梅主编,漓江出版社1998年3月出版。本辑是人物专辑,以回忆抗战文化人的回忆录为主,涉及人物有李任仁、谢和赓、贺希明、李天佐、胡愈之、陈劭先、杨东莼、谭丕模、邓初民、陈此生、汤有雁、胡志明等。

《桂林文史资料》第五十九辑,桂林市政协文史和学习委员会编,2017年内部印刷。本辑是魏华龄文章专辑,收入魏华龄晚年(主要是90岁以后)的文章45篇。分为"桂系研究""世纪回眸""名人春秋""读书生活"4辑,还有几篇未归入上述4辑的回忆文章和怀念友人林焕平、钟文典的纪念文章。全书融有作者关于国民党桂系研究的新观点和回忆抗战时期桂林文化活动的史料,还有一组阅读抗战文化研究著作的书评。

(二)《广西文史资料》

《广西文史资料》第十一期,中国人民政治协商会议广西壮族自治区委员会文史资料研究委员会编,1981年12月内部印刷。收入文章21篇,与广西抗战文化有关的有5篇:陆诒的《抗战前后广西见闻》、冯英子的《抗战时期的桂林新闻界》、万仲文的《回忆文化供应社》、李薇的《所谓"面粉有毒"事件和新桂系迫走欧阳予倩先生的经过》和魏华龄的《坚贞留得万年心——记何香凝老人在桂林》。还有关于1944年桂林防守战、南宁沦陷、北海中野事件等广西抗日战争史实相关文章4篇,关于桂系军政人员白崇禧等数篇。

《广西文史资料》第十四辑，中国人民政治协商会议广西壮族自治区委员会文史资料研究委员会编，1982年9月内部印刷。收入《李济深略历》《广西基督浸信会传教史》，以及刘介的《我创办广西特种教育师资训练所经过》和唐现之的《关于省立桂林师范的片断回忆》等文章。

《广西文史资料》第十五辑，中国人民政治协商会议广西壮族自治区委员会文史资料研究委员会编，1982年12月内部印刷。魏华龄的《抗日时期文艺界抗敌桂林分会》介绍了重要文艺社团——文协桂林分会的组织和活动，史料价值丰富。另有党明的《欧阳予倩先生在桂林片断》、陈秀橡的《关于桂林战时新闻工作讲习班的一些情况（附照片）》，也对桂林抗战文化研究有参考价值。

《广西文史资料》第十六辑，中国人民政治协商会议广西壮族自治区委员会文史资料研究委员会编，1983年3月内部印刷。魏华龄的《抗日时期桂林文艺期刊简介》介绍了《抗战文艺（桂刊）》《文艺创作》《文艺杂志》《文艺生活》等文艺期刊50种，史料价值丰富，另有《回忆广西学生军》《我所知道的广西地方建设干部学校》《我所知道广西师专的一些情况》《解放前的廉州中学》等文章，对广西抗战文化研究有参考价值。

《广西文史资料》第十七辑，中国人民政治协商会议广西壮族自治区委员会文史资料研究委员会编，1983年7月内部印刷。收入与广西抗战文化有关的文章6篇：黄汉杰的《回忆曙光报》、陆君田的《抗战后期活跃在桂东敌后的广西日报》、汤有雁的《"广西地方建设干部学校"的回顾》、陈宪章的《我所知道的杨东莼和他所主办的广西地方建设干部学校》、唐振元的《新安旅行团在桂林》、袁雁沙的《史茉特莱友好访问钟毅》。

《广西文史资料》第二十辑，中国人民政治协商会议广西壮族自治区委员会文史资料研究委员会编，1984年3月内部印刷。魏华龄的《抗日时期桂林出版期刊简介》介绍了《中学生》《自学》《西南青年》《国民》《少年战线》《少年之友》《科学画报》《抗战文化》《新文化》《广西妇女》《新工人》《妇女岗位》《旅行杂志》《儿童漫画》《广西教育研究》《狮子吼》等青年、儿童、教育、宗教期刊29种，史料价值丰富，另有《马列主义早期传播在师专》《我所知道的玉林县救亡工作团》《回忆南宁战工团》等文章，对广西抗战文化研究有参考价值。

《广西文史资料》第二十七辑，中国人民政治协商会议广西壮族自治区委员会文史资料委员会编，1989年3月内部印刷。所收入的党明的《三十年代广西最早的几个文艺团体纪略》《欧阳予倩在广西》、于东聘的《新桂系的国防艺术社始末》、秦似的《西南剧展的前前后后》、靳为霖的《〈曙光报〉的创刊和战斗》、千家驹的《在桂林的八年》、卢汉宗的《徐悲鸿与广西》等文章有史料价值。

四、《抗战桂林文化城史料汇编》15卷的编撰

由广西桂学研究会会长潘琦策划、主编,黄伟林执行主编的《抗战桂林文化城史料汇编》15卷,2015年8月由广西桂学研究会资助,内部印刷。黄伟林撰写丛书总序。丛书分为政治、经济、军事、民族、教育、文学、戏剧、美术、新闻出版、音乐舞蹈、自然科学、社会科学、文化建设、国际问题、广西人文15卷,每卷收入历史文献数十篇及专题资料索引。"是迄今为止最大规模的抗战时期桂林文化城史料丛书。"(该书《编选说明》)该套丛书从学科、内容和选文时限等方面都超越了以往所编的资料集,规模也更庞大。从学科领域看,政治、经济、教育、军事、民族、舞蹈、新闻出版、自然科学、文化建设、广西人文、国际问题等专题的史料文献属于首次编辑公布,文学、美术、戏剧、音乐等专题的史料文献原来虽然曾有过出版,但该书收集、整理、出版的范围较之前的成果均有突破。文献收集的时间范围为1931—1945年,清晰完整地展现了抗日战争时期桂林文化城的历史发展脉络。以下介绍各卷情况:

《抗战桂林文化城史料汇编》展陈样本(李建平 摄)

《抗战桂林文化城史料汇编·政治卷》，本卷编者：黄伟林等（12人）。前有《本卷概述》，之后收入史料文章71篇。其中，选自《时论分析》杂志7个"政治一栏"的文章占了约三分之一的篇幅。其余文章有李济深、李宗仁、白崇禧、黄旭初、李任仁、陈劭先等国民党桂系首脑或幕僚的政论，也有中共领导人周恩来和进步文化人张志让、陈此生、姜君辰、宋云彬、张友渔等人的文章。后附《抗战桂林文化城政治专题资料索引》。

《抗战桂林文化城史料汇编·经济卷》，本卷编者：韦芳等（2人）。前有《本卷概述》，之后收入史料文章43篇。全书分为6辑。第一辑"广西经济概况"只1篇文章：《本省目前经济状况——黄主席在省府纪念周报告（廿四年九月三十日）》；第二辑"广西经济建设总论"；第三辑"广西经济问题探讨"；第四辑"广西农林经济"；第五辑"广西工业经济"；第六辑"广西交通运输经济"。主要作者有黄旭初、区渭文、陈雄、薛雨林、姜君辰、阎宗骅、苏希洵、黄荣华、李任仁、秦柳芳、陈戚鹏等。后附《抗战桂林文化城经济专题资料索引》。

《抗战桂林文化城史料汇编·军事卷》，本卷编者：唐基苏等（4人）。前有《本卷概述》，之后收入史料文章78篇。该卷收有毛泽东文章3篇：《致李济深、李宗仁、白崇禧信》《第二次帝国主义战争讲演提纲》和《华南今后主要发展方向是广西与南路》，其余文章涉及内容包括：广西民团、广西军事建设、焦土抗战、告全省同胞书、训勉全体将士书、游击战纲要及战术思想、第五路军、广西航校、广西学生军、第五战区、游击队的组织与训练、桂南战役、柳州军事会议、兵役问题、昆仑关战役、桂柳会战、桂柳反攻战，等等。文章的主要作者为：中共领导人毛泽东、周恩来、叶剑英，国民党首脑和将领蒋介石、汤恩伯、戴安澜等，桂系首脑和将领李宗仁、白崇禧、黄旭初、李济深、李品仙、夏威、廖磊、韦云淞、程思远、李任仁、阚维雍等。除上述作者文章外，还有《新华日报》社论、国防部史政局战斗概要、日本防卫厅防卫研究所战史室和日文书报刊的文件、评论等。后附《抗战桂林文化城军事专题资料索引》。

《抗战桂林文化城史料汇编·民族卷》，本卷编者：王秋红。前有《本卷概述》，之后收入史料文章93篇。文章大多是对民族问题的学术探讨综述论文。研究内容有如下方面：一是民族问题的基本理论；二是粤、桂、黔、滇、川等地区少数民族的历史、相互关系及活动区域的研究；三是西南少数民族的经济社会生活；四是少数民族的风俗习惯；五是少数民族的文化研究；六是少数民族的教育、改造问题；七是民族问题与抗日救国。此外，还有几篇记录少数民族生活情况的调查报告和游记。后附《抗战时期桂林文化城民族专题资料索引》。

《抗战桂林文化城史料汇编·教育卷》，本卷编者：覃静。前有《本卷概述》，之后收入史料文章43篇。文章内容包括：教育理论、广西教育各面、各类学校教育情况、战时成人教育、教育与德育等。主要作者有马君武、陶行知、杨东莼、雷沛鸿、唐现之、梁漱溟、林砺儒、白鹏飞、苏希洵、邱昌渭等。后附《抗战桂林文化城教育专题资料索引》。

《抗战桂林文化城史料汇编·文学卷》，本卷编者：黄伟林等（9人）。前有《本卷概述》，之后收入史料文章107篇。所收文章论述主题多样，有文学总论、文坛近况介绍、文学理论、抗战文学创作与展望、作家研究、作品评论、桂林作家群介绍等。主要作者有郭沫若、茅盾、冯雪峰、田汉、周扬、邵荃麟、周钢鸣、胡风、黄药眠、王了一、许杰、欧阳凡海、司马文森、孟超、焦菊隐、林焕平、胡明树、曾敏之、严杰人、王平陵、李文钊等。后附《抗战桂林文化城文学专题资料索引》。

《抗战桂林文化城史料汇编·戏剧卷》，本卷编者：岳怡等（8人）。前有《本卷概述》，之后收入史料文章74篇，文章主题在戏剧改革、抗战剧运、西南剧展几方面，也收有少量关于戏剧创作、戏剧演出、戏剧教育的文章。主要作者有田汉、欧阳予倩、焦菊隐、司徒华、左军、许之乔、周钢鸣、李文钊、夏衍、熊佛西、向培良、杜宣、赵明等。后附《抗战桂林文化城戏剧专题资料索引》。

《抗战桂林文化城史料汇编·美术卷》，本卷编者：黄伟林等（6人）。前有《本卷概述》，之后收入史料文章154篇。《本卷概述》在介绍桂林文化城美术活动概况和成就之后，提出"这段持续10多年的美术历史，至少留下三大财富：首先，对国家民族而言，美术家们用他们的美术工具投身于抗日救亡运动，显示了他们的人格力量和文化担当；其次，对现代美术而言，大批美术家与桂林山水相遇，使桂林山水终于在中原山水和江南山水之后，成为20世纪中国画最重要的山水原型；再次，对于广西而言，抗战时期桂林文化城的美术运动，开启了广西的现代美术教育"。这个结论是重要的，研究者应当重视。该卷分为"期刊篇"和"报纸篇"两大部分。所选文章内容庞杂，包括美术理论、美术史话、各画种分论、创作杂谈、美术技巧介绍、画展或作品评介、美术家研究等。主要作者有徐悲鸿、陈宏、李桦、张安治、赖少其、刘建菴、徐杰民、张在民、阳太阳、陈叔亮、尹瘦石、张家瑶、余所亚、黄超、刘元、张仃、龙廷霸、帅立德、汪子美、陈烟桥、周钢鸣、夏衍、田汉、欧阳予倩、陈迩冬、李文钊、谢曼萍、韩北屏、秦似、端木蕻良、华嘉、陈叔亮、梁岵庐、陈闲等。后附《抗战时期桂林文化城美术专题资料索引》。

《抗战桂林文化城史料汇编·新闻出版卷》，本卷编者：文丰义等（4人）。前有《本卷概述》，之后收入史料文章208篇。该书分为6辑：一是"创刊寄语"；二是"新闻要规"；三是"新闻报道"；四是"时事评论"；五是"作品选录"；六是"查禁刊物"。主要作者有叶剑英、夏衍、李克农、范长江、李济深、程思远、雷沛鸿、千家驹、高汾、司马文森、陆诒、胡愈之、华嘉、孙陵、钟期森等。还收有《新华日报》《救亡日报》《广西日报》《民国日报》（南宁）等报刊的未署名新闻报导文章数十篇。后附《后记》。无《资料索引》。对抗战时期桂林文化城的新闻出版业有较全面的反映。

《抗战桂林文化城史料汇编·音乐舞蹈卷》，本卷编者：李咏梅等（7人）。前有《本卷概述》，之后收入史料文章142篇。该卷分为"音乐"和"舞蹈"两大部分。所选文章内容庞杂，包括音乐理论、舞蹈理论、音乐史、抗战音乐、广西民歌、歌咏运动、各乐种分论、创作杂谈、音乐与舞蹈技巧介绍、音乐与舞蹈作品评介、音乐家研究、外国音乐舞蹈介绍等。还收入舞剧《虎爷》台本。"音乐"篇主要作者有田汉、安娥、林路、吴荻舟、联抗、行健、甄伯尉、黄芝冈、胡然、陈志良、冼星海、陆华伯、李绿永、赵沨、舒模、薛良、陈原、徐迟、盛成等。"舞蹈"篇主要作者有吴晓邦、戴爱莲、焦菊隐、李文钊、盛婕、吕吉、丁华、黄芝冈等。后附《抗战桂林文化城音乐舞蹈专题资料索引》。

《抗战桂林文化城史料汇编·自然科学卷》，本卷编者：林艳红。前有《本卷概述》，之后收入史料文章52篇。所选文章涉及多个学科，大多是该学科在广西的研究和发展状况介绍，包括地质学、矿物学、气象学、医学、农学、昆虫学，等等，也有一部分属于经济类的科技建设文章，如《广西农产制造工业的考察》《广西工业建设史略》《战时农业设施在广西》《广西大明山森林之初步调查》《广西油桐之栽培及改进刍议》等，还有广西自来水厂、印刷厂、桂林科学实验馆、广西农事试验场、广西省立医学院附属医院等工厂、机构的介绍文章。主要作者有李四光、马君武、雷沛鸿、何乃士、马保之、叶培、张明德、叶鸣平、陈雄等。后附《抗战桂林文化城自然科学专题资料索引》。

《抗战桂林文化城史料汇编·社会科学卷》，本卷编者：黄伟林等（9人）。前有《本卷概述》，之后收入史料文章76篇。《本卷概述》中说：本卷"收录的是抗日战争时期桂林文化城除政治、经济、军事、民族、教育、新闻出版、文化建设、国际问题等专题之外人文社会科学领域的研究文章，它们涉及哲学、法学、宗教学、历史学、地理学、伦理学、社会学、人类学、民俗学、人口、体育学、心理学等多门学科"。主要作者有梁漱溟、陈翰笙、阎宗临、张锡昌、张志让、陈志良、刘介、苏希洵、李宗仁、白崇禧、黄旭初、舒芜、梁上燕、林同济、万仲文、万民一、傅彬然、（曹）伯韩、（宋）云彬、吕振羽等。后附《抗战桂林文化城社会科学专题资料索引》。

《抗战桂林文化城史料汇编·文化建设卷》，本卷编者：王银波。前有《本卷概述》，之后收入《广西建设纲领：文化建设纲领》等史料文章78篇，文章主题以文化建设运动和广西文化建设为主,其他文化现象和问题,均有收录,如抗战文化、文化教育、社会文化等。主要作者有黄旭初、钟鼎文、孟超、艾芜、焦菊隐、梁上燕、苏希洵、(宋)云彬、雷沛鸿、胡风等。后附《抗战桂林文化城文化建设专题资料索引》。

《抗战桂林文化城史料汇编·国际问题卷》,本卷编者:覃静。前有《本卷概述》,之后收入史料文章54篇。文章多为政论和国际问题分析文章,评议国际问题的各面,如中日关系、日本政治的演变、欧战形势、英国美国家的远东政策、西班牙战争、太平洋战争、抗战外交、美国与中国的抗战、朝鲜义勇队、印度问题、反攻缅甸,等等。作者多为著名政治评论家、国际问题专家和记者,包括胡愈之、盛成、林焕平、金仲华、张铁生、张友渔、张志让、杨成芳、万仲文、宋斐如、羊枣等。后附《抗战桂林文化城国际问题专题资料索引》。

《抗战桂林文化城史料汇编·广西人文卷》,本卷编者:黄伟林等(9人)。前有《本卷概述》,之后收入史料文章73篇,多为文学类的游记散文和新闻类的见闻通讯文章,也有一些学术性评论。内容大多是广西风物、民俗和自然风光的记叙。学术性文章研究广西诸现象和问题,如论铜鼓,探讨西江流域学术思想,说广西文献、桂林文献,论风俗改革,考证摩崖石刻等。主要作者有胡适、熊佛西、黄芝冈、梁上燕、陈志良、盛成、黄华表、刘介、雷沛鸿、梁岵庐、陈柱等。后附《抗战桂林文化城广西人文专题资料索引》。

五、抗战遗址和文物资料集

《西南第一届戏剧展览会文物史料选辑》,桂林市博物馆编,内部资料,1984年印刷。收录该馆收藏的西南剧展文物史料,内容分作2类:一为历史照片,36幅,包括西南剧展文物照片、著名戏剧家肖像、西南剧展大会演出剧照;二为史料,计有剧展筹委会文件26份、西南第一届戏剧展览会编印的"剧展特辑"一册、剧展演出剧目说明书24份。

《抗战遗踪——广西抗战文化遗产图集》,李建平主编,文丰义、刘乔叶、凌世君、王建平、廖铁星、李乐年、覃静副主编,广西人民出版社2005年11月出版。记录广西土地上现存的93处(种)抗战遗址和纸质文化遗产,以实实在在的可触摸的物质遗产,反映那段已逝去的悲壮历史,展示一座座凝聚民族精神的丰碑。该书首次对抗战遗址和遗产作出分类，分为九大部类：指挥地遗址、战场遗址、日军侵华罪行和中国人民灾难遗址、抗日英雄活动遗址和死难烈士纪念碑（塔、墓）、抗战机构活动遗址、名人故居和文化遗址、国际援华抗战或反战机构及其人员活动的遗址、抗战标语与石刻、纸质文化遗产等。全书收入图片422幅，包括现存抗战遗址和纸质文化遗产图片200幅，反映遗址背景的历史图片222幅。收集的抗战文化遗址点覆盖广西14个市。对抗日战争史研究、文化遗产保护与开发、爱国主义宣传教育、红色旅游的规划和线路开发等，均具有十分重要的理论价值和现实应用价值。

《丰碑：桂林抗战纪实文物史料图集》，八路军桂林办事处纪念馆编著，2008年8月由广西师范大学出版社出版。该书分共赴国难、中流砥柱、文化抗战、同仇敌忾、保卫桂林、历史的启示6个部分，反映了桂林抗战历史进程和各个侧面，是考察桂林抗战历史的基本样本。

《桂林抗战文物精品集萃》，文丰义主编，广西师范大学出版社2014年10月出版。该书以图片形式展示桂林各文化单位收藏的文物实物和抗战史料，将抗战史料物态化，真实展示桂林抗战文物与史料的丰富程度。

《中国西部地区抗战遗址图说》，李建平、文丰义、王建平、陆璎等编著，江苏大学出版社2015年8月出版。该书是2014年国家社科基金项目《中国西部地区抗战遗址调查与保护利用研究》的前期成果，是课题组到西部地区10个省市自治区实地考察了500多个遗址的资料汇编。他们将这500多个遗址，分为九大部类：指挥地遗址、军事设施和战场遗址、日军侵华罪行和中国人民灾难遗址、抗日英雄活动遗址和死难烈士纪念碑（塔、墓）、抗战机构活动遗址、名人故居与文化活动遗址、企业与文教机构遗址、国际援华与反战机构及其人员活动的遗址、抗战标语与石刻。许多遗址是第一次发现和介绍，有着珍贵的史料价值。书中收录的海拉尔"万人坑"、重庆的日军大轰炸"六五"惨案遗址、广西融安县"鸡仔岩"惨案遗址、桂林"白骨洞"、南宁"千人坟"等惨案遗址，记录了日军残酷屠杀中国人民的罪行；云南腾冲的高黎贡山战场遗址、来凤山战场遗址，内蒙古的蜈蚣岭伏击战遗址，广西南宁的昆仑关战役遗址，贵州的深河桥抗战遗址等战场遗址则保留了中国人民英勇反抗的斗争场面；而重庆的张自忠墓、桂林的八百壮士墓、空军英雄何信墓、贵阳花溪公园的戴安澜衣冠墓、成都的饶国华烈士墓等墓园和众多纪念碑，展现了我们民族的脊梁——抗战英雄和死难烈士的铮铮硬骨。书中展示的抗战遗址保留的历史信息和民族精神内涵丰富，是珍贵的文化遗产。

《桂林抗战文化遗产》，唐建林、文丰义等著，广西师范大学出版社2015年9月出版。该书以图片形式介绍桂林抗战遗址，分为：指挥机构、文化团体、名人住址、军事设施、日军罪证、纪念建筑6个部分和附录《桂林抗战遗址遗迹调查汇总表》，记录桂林抗战历史印迹，整理桂林抗战文化遗产。

《永远的旗帜——桂林博物馆藏桂林抗战文化城文物精品》，唐春松主编，广西师范大学出版社2015年10月出版。该书以图片形式展示桂林博物馆收藏的300多件桂林文化城文物藏品，展现了抗战时期桂林抗战文化的面貌。

《记录历史的瞬间——抗战时期的桂林影像》，文丰义、时建红编著，武汉大学出版社2017年出版。从历史影像的视角，叙述抗战时期的桂林在政治、经济、军事、文化，以及市民百姓生产、生活的各种境况，真实、全面地反映出抗战时期的桂林图景。

《烽火绿洲——桂林抗战文化城影像志》，桂林市档案局（馆）编，奉世江主编。广西师范大学出版社2019年6月出版。该书以图片档案为主，文字说明为辅，反映抗战时期桂林抗战文化城概貌和发展历史。全书分为6章：第一章为桂林抗战文化城形成的社会背景；第二章为桂林抗战文化城形成的标志事件，主要以"出版刊物"和"抗日活动"为标志；第三章反映当时桂林的三种抗日力量——共产党、国民党桂系、民主人士；第四章记录抗战时期桂林所产生的文化——本土"三自"政策、外来人士活动、本土与外来共同合作的西南剧展；第五章记叙抗战时期桂林城市变化；第六章展示桂林抗战城防设施和最后在日军入侵的炮火下毁灭的情景。

六、《广西通志》《广西大百科全书》等志书收录资料

广西抗战文化研究是中华人民共和国成立以来广西产生的特色学科（专题）之一，受到学术界和史志工作者的颇多关注。改革开放以来，广西编纂的多本方志著作对此都作了介绍，构成广西抗战文化研究的一个组成部分。现介绍如下[①]。

（一）《广西通志》

20世纪90年代编纂的《广西通志·社会科学志》和2013—2015年编纂的《广西通志（1979—2005）·文化卷》都收入了介绍广西抗战文化研究的文章。

---

① 此部分内容引用的文章，已对原文进行必要修改。

1. 《广西通志·社会科学志》所载文章

桂林抗战文化研究

抗日时期的革命文化运动是中国现代文化史上的一个重要阶段，而桂林抗战文化运动则是整个抗战文化运动的一个重要组成部分，有着丰富的历史经验。可是长期以来，学术界对这个阶段的文化运动，几乎无人问津。20世纪60年代初，《广西日报》才开辟《桂林文化城忆旧》栏目，先后发表了一些当时曾生活和战斗在桂林的进步文化人如夏衍、秦似、周钢鸣等的回忆录，引起人们对桂林抗战文化运动的注意。广西师范学院（1983年改称广西师范大学）中文系教师林志仪、林望锦等随即在有关部门的支持下组成调查组，前往各地搜集桂林抗战文化运动的资料，在《中国现代文艺研究丛刊》发表。不久由于政治运动和极"左"思潮的干扰，这个刚刚起步的研究活动被迫中断了。粉碎"四人帮"之后，尤其在中国共产党十一届三中全会以后，桂林抗战文化运动的学术研究才得以恢复，迈出了新的步子。

参加研究活动的有两部分人。一部分是当年在桂林从事文化活动的作家、艺术家和学者，他们以历史见证人的身份，通过口述或笔录，不断提供具体而真实的历史资料，并对桂林抗战文化运动的有关问题发表自己的看法，提出自己的学术见解。另一部分是有志于研究桂林抗战文化运动的学术机构的科研人员、大专院校的教师、报刊编辑、图书馆工作者和文博工作者等。他们通过各种渠道去调查访问，搜集有关资料，然后在此基础上选编资料专集，编撰各种索引、年谱、大事记、词典，撰写论文、专著等。这两个方面军，互相沟通，互相支持，互相配合，开展各种有关桂林抗战文化的学术活动，促进了这方面研究工作的不断发展。

1984年3月，中国戏剧家协会、广西壮族自治区文化局、中国戏剧家协会广西分会联合召开了纪念西南剧展四十周年座谈会。60多位20世纪40年代曾参加西南剧展，被田汉誉为"壮绝神州戏剧兵"的老戏剧家，重聚在抗战时期的文化名城桂林市，这既是一次隆重的纪念活动，也是一次有关桂林抗战文化的学术会议。老戏剧家们怀着激动的心情和认真负责的态度，分别就党的领导、西南剧展的历史作用和历史地位、戏剧与民族救亡、戏剧与人民以及戏剧在整个文化运动中的作用等问题进行了回忆和探索。他们以较充分而翔实的史料，证明了当年以周恩来同志为书记的中共中央南方局在政治上、思想上和组织上领导国统区进步戏剧文化运动及西南剧展的正确，对西南剧展在中国现代戏剧运动史和现代文化史上的历史作用和地位作了实事求是的评价，有力地驳斥了"四人帮"对抗敌演剧队及西南剧展的污蔑和诬陷；同时也为研究桂林抗战文化提供了宝贵的资料。与此同时，桂林市博物馆、桂林市展览馆、桂林画院分别举行了"西南剧展40周年文物史料展览"和"纪念西南剧展40周年美术作品展览"，展出了当年演剧队及剧展期间的文物、图表、

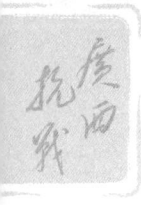

照片、报纸资料数百件和剧展期间在桂林的画家徐悲鸿、杨纳维、黄新波、陈烟桥、陈更新等29人的美术作品,为桂林抗战文化的研究提供了新的资料。

1988年12月21日,广西社会科学院文学研究所、桂林市政协、广西师范大学中文系等单位联合举行了广西抗战文艺研究会成立大会及桂林抗战文化第一次学术讨论会,出席大会的有50多人。与会者交流了桂林抗战文化研究的信息与经验,提出一些初步的研究设想。这次会议有助于桂林抗战文化研究的深入发展。

新时期以来,对于抗日时期桂林文化的研究主要集中在对文化运动的整体研究和对作家与作品等的专题研究这两个方面。

整体性研究

关于桂林文化城的历史地位 胡愈之根据桂林当时集中了国内大批著名的进步文化人、文艺创作空前繁荣、文化出版物丰富多彩、文化团体众多而活跃等现象,认为桂林是"国民党统治下大后方的唯一抗日文化中心"(《忆长江同志》,1978年)。持这个看法的还有周钢鸣。他说:在武汉、广州沦陷后,"桂林,逐渐成为抗战后方文化中心,有中国大西南文化城之称"(《桂林文化城的政治基础及其盛况》)。夏衍也说过类似的话:"当时的桂林,在大后方被叫作文化城。"他还说:"在国民党掀起第一次反共高潮之前,一般说来把桂林叫文化城,看来是可以当之无愧的。"(《懒寻旧梦录》)林焕平也认为:"研究抗战时期国统区的文化和文学艺术,桂林当是一个重点。"(《抗战时期的桂林文化城》)这可以说是"唯一中心论"。

早在抗战后期,司马文森曾有过"两个中心"的说法。他说:"桂林是全国两大文化城之一,它拥有众多的出版机构,它集中了全国文化人的三分之一。"(《扩大宣传周之后建议成立西南文抗》)另一个文化城指的是重庆。黄药眠也说:桂林是"抗战后方的名城,文化中心,可以同重庆相颉颃了"(《和范长江、陈同生在一起的日子里》)。

还有"三个中心论"。秦似在一篇文章中提出:"抗日期间,桂林曾有'文化城'之称,指的是1938年武汉沦陷以后,到1944年桂林撤退以前这一段历史时期,桂林成了抗战中国的大后方的文化中心之一。此外还有两个中心,即重庆和昆明。"(魏华龄所著《桂林文化城史话》的序)。文化中心,从某种角度上说,其实也就是文艺中心,这三种说法,到底哪一种符合客观实际,还可以作进一步研究。

关于文化中心的标志问题 抗战时期桂林作为一个文化中心,其主要标志,或者说突出特点是什么?在上文提到的林焕平的文章中概括出三个特点:1.书店和出版社林立,出版了大量的文化书刊;2.文化杂志(包括文艺刊物)像雨后春笋一样诞生,的确有春色满园,百花竞艳之概;3.大批文化人云集桂林。周钢鸣也指出,桂林作为一个文化中心，突出的标志之一是"大量文化人就得以在文化城开展各种文化活动"，其次是"出版事业的兴旺，使桂林读书、写作的人越来越多""又一突出标志是戏剧运动的蓬勃发展"（《桂林文化城的政治基础及其盛况》）。魏华龄的《桂林文化城史话》也有类似的论述，他认为，桂林文化城的形成有客观的原因：首先，是抗日战争的客观形势造成的，"广州、武汉被日本侵略军占领后，迫使大批文化人来到桂林，从事抗战救亡的文化活动"。其次，是由于桂林的特殊地位，这种特殊地位主要是以下因素形成的，即地理和政治的两个方面极有利于进步文化人的文化活动。再次，在国民党和桂系里面，有部分国民党民主派（国民党左派），他们对进步文化人采取欢迎的态度和比较开明的文化政策，"给进步文化人的活动提供了一个有利条件"。最后，最主要的还是中国共产党的领导，是党的抗日民族统一战线实施的结果。周钢鸣从政治基础的角度指出："在我党领导下，广西桂林有了抗日的统一战线、抗日的舆论阵地、抗日的干部队伍，因而为文化城的建立奠定了政治基础。否则，桂林文化城是不可能形成的。"《桂林文化城纪事》一书的编者在该书前言中也强调指出："抗日战争时期，桂林之所以发展成为著名的文化城，并成为西南大后方的一个进步文化事业的中心，是有其政治、军事、经济、文化等诸方面的基础和条件的。但最重要、最根本的原因是以周恩来同志为书记的中共中央南方局，坚决执行党的抗日族统一战线的政策。"

关于桂林文化城的作用问题　桂林文化城的作用，王斌等在《桂林文化城的概况、历史地位及成因》一文中概括出如下几个方面：1.继承和发展了五四时期新文艺，把国统区的文艺运动推向了一个新阶段。2.锻炼造就了一支强有力的文艺新军。3.创作出大批有影响的作品，丰富了我国现代文学宝库。魏华龄也指出："抗日战争时期桂林文化活动，从1938年到1944年桂林撤退，一直是在中国共产党的领导下的，通过统一战线的形式，自始至终坚持了抗战、团结、进步的方针，为抗日战争的胜利作出了贡献，在中国现代文化和现代文学艺术史上留下了光辉的篇章。"（《桂林文化城史话》）

关于中国共产党在桂林抗战文化运动中的领导作用问题　关于这个问题，有些回忆录或研究论文直接或间接地提到，当时的整个领导是以周恩来同志为书记的中共中央南方局，而直接的领导则是八路军驻桂林办事处以及设立在各个文艺团体和文化机构中的党的秘密组织。丘振声在《党的统一战线在桂林抗战文化运动中的胜利》一文中，对党在文化运动中的领导作了一些探索。蔡定国的《共产党的领导是西南剧展的灵魂》一文，通过对剧展中的一些事实的分析，指出了党在思想上、组织上和文艺方向上的领导作用。魏华龄的《抗战时期毛泽东思想在桂林文化城的传播与实践》、李建平的《毛泽东思想在桂林文化城的传播与影响》二文，分别提到了毛泽东思想抗战时期在桂林文化城的传播与实践的许多事实，包括毛泽东许多著作的出版发行，以及中共基层组织的秘密活动的情况，说明党在桂林文化城实施领导的巨大作用。莫中成、曾慧兰的《毛泽东思想在桂林文化城的伟大理论指导》、何成学的《试析抗战时期的毛泽东思想在桂林文化城广泛传播的原因》等文，论证了毛泽东思想在桂林文化城的领导地位。

关于桂林抗战文化运动的分期问题 这在学术界有不同的看法。一般认为应以1941年1月皖南事变为界线，分为前期（从全面抗战爆发到皖南事变）和后期（从1942年夏到桂林疏散时止）。有的人则把它分为前期、中期和后期。还有的文章认为前期才是名副其实的文化城，后期则衰落了；有的文章则与此相反，认为后期比前期更活跃，是"真正的桂林文化城"。对桂林文化运动分期的不同看法，反映了各个研究者的不同视点以及对历史现象的不同认识和把握。

专题研究

对桂林抗战文化的研究，曾经历过搜集、整理资料的阶段和一般性研究的阶段。随着研究的深入发展，对桂林抗战文化的历史意义与现实意义加深认识，一些专题性的研究也陆续被提出来了。

桂林抗战文化意蕴研究 桂林抗战文化的爱国主义思想研究。李建平的《爱国主义：桂林抗战文化城的基石》、邓祝仁的《论桂林文化城爱国主义的时代特征》、左超英的《论桂林抗战文化的爱国主义主题》等文章，一致提出桂林抗战文化中，无论是文学作品，或者是报章杂志，还是文化活动，都洋溢着炽烈的爱国主义思想。爱国主义是桂林文化城存在的基石，是桂林抗战文化的灵魂，离开了这一点，就不能真正认识桂林文化城。刘泰隆的《爱国主义：宋云彬抗战杂文的总主题》、韦文华的《爱国主义——桂林文化城团结抗战的旗帜》二文，通过对作品的分析和文化活动的事实，说明爱国主义是作家创作的精神支柱，也是人们团结的纽带。在纪念中国人民抗日战争和世界反法西斯战争胜利50周年暨首届广西抗战文化研讨会上，领导与学者们都一致强调，抗战文化中蕴涵的爱国主义精神，是革命优良传统的一个重要组成部分，应该加强研究力度，使之发扬光大，这对于进行精神文明建设有着重要的意义。

国际文化交流研究 桂林文化城由于所处的特殊的历史条件，当时的国内外文化交流，特别是国际反法西斯的思想文化交流，都十分活跃，因而留下许多宝贵的历史经验，值得研究。刘寿保的《浅论抗战时期桂林国际文化大交流》和《论桂林抗战文化的国际特性》分别指出，在新闻媒体、文艺阵地等方面，都出现了国际文化大交流的现象，它跨越了民族，跨越了地域，跨越了国界，显示了文化的国际性。由于桂林当时有着中苏文协、朝鲜义勇队、在华日本人反战同盟西南支部、中越文化工作同志会、桂林国际联谊社、国际反侵略运动大会广西支会,以及国际新闻社等机构,文化的交流、形成了国际反法西斯的统一战线。文丰义的《论桂林抗战文化运动对世界反法西斯斗争的贡献》、唐国英的《桂林文化城的国际反法西斯阵线》、陈捷的《世界反法西斯文学作品在桂林的传播》、曹裕文的《论国际文化人在桂林的抗战文化活动》等,从不同的角度论述了国际文化交流的事实、特点及规律。

文体研究

90年代开始撰写出版的《桂林文化城大全》是一套以文体为主的研究论著。已经出版的雷锐主编的《桂林文化城大全·文学卷·小说分卷》共4册,收录抗战时期在桂林文化城的小说家丁玲、王西彦、王鲁彦、王统照、巴金、茅盾、艾芜等89人,对每位作家都从"在桂创作、发表小说概述"、"在桂创作、发表小说选评"、代表作选登(或故事梗概、或节选),以及"在桂创作、发表小说目录"等4个方面去评价。对每一位小说家来说,既有对他生平经历、创作情况的介绍,又有对其作品在思想内容与艺术成就的评介;特别着重抗日时期在桂林创作、发表的作品。总之,对每位在桂林创作或发表小说的作家都根据他的作品,给予较全面的论述。整个小说卷的前面,又有主编撰写的《抗战时期桂林文化城小说概论》,对于1938—1944年在桂林发表的长篇小说40部,中短篇小说集近120部,短篇小说约1200部,分门别类地进行了深入而系统的概述,不仅涉及构思、结构、题材、主题、人物以及样式风格等,把桂林文化城这个特定时期小说的发展面貌作了细致的描绘,给人一个完整的印象。概论指出,桂林抗战小说承接着抗战初期文学创作高昂的主旋律,继承着对抗战的欢呼、对英雄的颂扬。作家们用自己的小说去振奋人民的斗志,强化民族意识。许多作品仍然以极大的热情,塑造在前线浴血战斗的将士,描写在沦陷区艰苦奋斗的人民,刻画在后方忘我工作的青年,将胜利的希望寄托在他们身上。直接反映前、后方抗战题材的作品是抗战时期桂林小说的主流。概论还指出,比起抗战初期,桂林抗战小说降低了原先过度高昂乐观的调子,表现出更为强烈的求真的审美倾向。许多作家笔底出现了越来越明显的对现状的沉思,对前方抗战的思索是尖锐的,对后方支援抗战的描写是痛苦的,随着抗战形势的发展,大多数作家都从初期的亢奋中苏醒过来。

蔡定国、杨益群、李建平合著的《桂林抗战文学史》,虽然冠以"文学史",实际上是文体分编,里面共分为5编:文学理论·论争及运动、戏剧创作、小说创作、诗歌创作、散文创作,对各种文体的发展轨迹进行概述。作家的分析与研究,贯穿在文体发展过程的论述中。其中包括对各种文体(含作家)的概况、特点、地位、影响的探讨,有关史料挖掘整理,有关思潮、运动、流派是非功过的评价等。李建平的《桂林抗战文艺概观》，大体上也是以文体为框架，内分文学创作活动、文艺评论活动、戏剧活动、美术活动、音乐活动和舞蹈活动，把各种文体放在抗日战争大后方这个大背景下，对文学、戏剧、美术、音乐、舞蹈等各文艺门类发展概况，分别专章进行评述。在分与合的整体组合中，既显示出各种文艺门类的发展轨迹，又有着整体繁荣的景观。关于文体研究的还有黄绍清的《抗战时期桂林文化城诗歌概论》、李建平的《抗战时期桂林的诗歌创作》、范玉春的《抗战时期桂林的历史剧运动》、丘振声的《论桂林抗战时期戏曲改革运动》、蔡定国的《试论桂林文化城戏剧运动的特征》、左超英的《论桂林抗战木刻运动》、杨益群的《抗战时期桂林美术运动的作用、意义及影响》、李建平的《抗战时期桂林进步音乐活动述评》，等等，是对各种文艺门类、文艺体裁的研究。

作家艺术家研究

第一，鲁迅研究。杨益群的《抗战时期桂林的鲁迅纪念和研究概述》，介绍了抗战时期在桂林的作家、艺术家和文化人对鲁迅的纪念活动以及研究鲁迅的著述状况。刘泰隆的《重大的贡献　宝贵的经验——略论桂林文化城的鲁迅研究的论著》，对当时桂林发表的有关鲁迅及其100多篇论文和10多部论著，进行了全面研究，指出那时对鲁迅研究所取得的重大收获以及积累起来的研究经验都值得高度重视。刘泰隆的另一篇文章《论桂林文化城的阿Q典型观——兼评当代几种阿Q典型论》，对桂林文化城时期邵荃麟、艾芜等人提出的阿Q论点，进行评说，指出他们在鲁迅研究上的贡献。

第二，郭沫若研究。李建平的《郭老战斗生活的一个缩影——抗战时期郭沫若在桂林的活动及其意义》一文，对郭沫若在桂林从事抗日文化活动的时间、内容、特点及意义，都做了考释、分析及论断。

第三，茅盾研究。茅盾在抗战时期的文学活动，是卓有成效的。李建平的《简论一九四二年茅盾在桂林的活动》，对茅盾在桂林的时间，以及做了什么事情，创作与出版了什么作品都作了考释。邓祝仁的《〈霜叶红似二月花〉研究二题》，就茅盾在桂林创作的长篇小说《霜叶红似二月花》中所反映的年代以及这部小说为什么受到冷落进行了探索，并作出自己的回答。

第四，夏衍研究。主要是对夏衍在桂林从事戏剧创作和文化活动的研究。主要有蔡定国的《夏衍抗战时期在桂林的戏剧活动和戏剧创作》、魏华龄的《抗战时期夏衍在桂林的文化活动》、高宁的《〈救亡日报〉的卓越领导者——夏衍》等。这些文章介绍了夏衍在办报、从事杂文政论写作、进行剧本创作，同时做统一战线工作等各方面的活动，对桂林文化城的文化运动所作出的重要贡献。

第五，田汉研究。田汉在桂林戏剧运动中是一位卓越的领导人，他团结了广大戏剧工作者，参与策划了影响很大的西南剧展，写下了多部优秀的剧作。杨益群的《田汉抗战剧论及剧作浅谈》，吴辰海的《志存高远 锐意创新——试论抗战期间田汉关于戏剧民族形式的思想》，刘平的《田汉在桂林时期的文学活动与文学创作》和《田汉在桂林时期的统战思想》，等等，对田汉的文学活动和文学创作给予充分的肯定，这些文章还有一些新的材料鲜为人知。黄绍清的《诗情、画意、歌声：〈秋声赋〉的艺术魅力》、蔡定国的《〈秋声赋〉的特色初探》，对田汉在桂林编演的《秋声赋》一剧的内在意蕴及艺术特色进行了深入剖析。

第六，欧阳予倩研究。丘振声与杨荫亭编选的《欧阳予倩与桂剧改革》、丘振声和杨荫亭的《桂剧发展史上的丰碑——欧阳予倩改革桂剧的卓著贡献》、尹羲的《欧阳予倩改革桂剧功绩不朽》、盘福东的《凝注着民族血泪的思考与探索——兼谈欧阳予倩的桂剧改革及对今天戏剧改革的启示》等，对欧阳予倩在桂林6年时间从事桂剧改革活动和所取得的实绩、产生的影响，以及对今天的启示，都作了较全面论述。

第七，巴金研究。杨益群的《巴金在桂林的文学活动及其成就》指出，巴金在桂林主持出版社工作、主编刊物和丛书、进行文学创作，产生了较大的影响。梁卡琳、彭安文的《简评巴金在桂林创作的思想内容和艺术风格》一文认为，控诉和揭露是巴金旅桂创作的主旋律；而含蓄、细腻、平实、冷静是巴金旅桂创作的总体艺术特色。同样的文章还有梁卡琳的《离乱中的心曲——巴金旅桂散文刍议》等。

第八，艾芜研究。艾芜是在桂林创作成就较大的一位作家。雷锐的《沉雄的号音，质朴的嘲讽与严肃的爱——论艾芜抗战时期在桂林的几部作品的特点》、刁萦梦的《抗战时期艾芜在桂林的生活和创作》两文，对艾芜在桂林5年的艰苦生活经历和思想变化，以及文学创作成就作了深入的探索。雷锐指出，艾芜的创作思想以及作品的艺术特色有过明显的变化。他由乐观单纯转为雄沉的冲锋号音；由有节制地揭露转为质朴冷峻的嘲讽；而对人民的爱在淳朴的基础上更为严肃。这在他的几部作品中可以找到印证。

第九，邵荃麟研究。魏华龄的《邵荃麟在桂林》对邵荃麟在桂林担任党的文化工作组组长，领导当时桂林的文化工作和文艺运动，作了较为详尽的介绍。邵荃麟通过编书刊、撰写文学评论来具体地指导文化工作与文艺运动，培养文艺人才。苏关鑫的《高屋建瓴 砥柱中流——略述邵荃麟在桂林文化城的贡献》指出，邵荃麟把握桂林文化运动的航向，推行现实主义，鼓动作家积极投身到抗日救亡的洪流中去，使文艺为抗战服务。作者还指出邵荃麟在桂林所创作的小说的特色。[①]

---

① 《广西通志·社会科学志》，广西人民出版社，1999，第252—258页。

2.《广西通志（1979—2005）·文化卷》所载文章

2013—2015年，广西地方志办公室编纂新版《广西通志》六卷本，其中，在《广西通志（1979—2005）·文化卷》的"社会科学·特色学科研究"一章里，设立"抗战文化"专节，介绍了1979—2005年广西学者开展抗战文化研究的工作情况和研究内容。该节文字由李建平撰写，唐放明编辑，黄铮审订、李秋洪终审。全文如下：

抗战文化

广西抗战文化研究主要是以研究桂林"文化城"为中心的对抗日战争时期广西地区抗日救亡文化活动和文学艺术的研究。

1979年以前，广西曾经开展过短暂的资料收集工作，正式研究自1979年开始。魏华龄的《欧阳予倩与桂林剧运》发表在该年12月23日的《广西日报》上，是广西抗战文化研究的第一篇论文；万一知的《桂林文化城记事》在《广西师范学院学报》1980年第2~3期连载，是关于广西抗战文化最早的资料集；林焕平的《茅盾在香港和桂林的文学成就》于1982年11月出版，是广西抗战文化研究最早的专著。1979—2005年，累计出版资料集28种，著作和论文集22种，发表论文700余篇。

资料集与专著

1979年，广西开展资料收集工作。80年代是抗战文化研究的第一个时期，研究者通过各种渠道开展调查访问，搜集资料，并召开各种形式的交流会、座谈会，在此基础上选编资料专集，编撰各种索引、年谱、大事记、词典，撰写专著等。该时期以出版资料集为多，专著只有2部。

20世纪80年代主要成果有：1980年万一知的《桂林文化城记事》，林焕平的《抗战时期的"桂林文化城"》；1981年李建平的《"桂林文化城"期刊简介》；1982年林焕平的专著《茅盾在香港和桂林的文学成就》；1984年潘其旭、王斌、杨益群、顾绍柏编选的《桂林文化城纪事》，广西戏剧研究室、广西桂林图书馆编的《西南剧展（上下册）》；1986年杨益群、万一知等编著的《桂林文化城概况》，杨益群、王斌、潘其旭、顾绍柏编选的《抗战时期桂林文艺期刊目录索引》；1987年魏华龄的著作《桂林文化城史话》，桂林市文化研究中心、广西桂林图书馆编的《桂林文化大事记（1937—1949）》，广西日报新闻研究室编的资料集《救亡日报的风雨岁月》；1989年苏关鑫、雷锐、黄绍清、肖绍惠编写的《旅桂作家》介绍了茅盾等34人在桂林活动简况、创作的作品和桂林当时报刊的评介等，广西社会科学院主编，朱荣总编纂、丘振声副总编纂的《桂林抗战文艺辞典》收入人物、作品、论著、报刊、社团、文艺活动等6个部类1900余条词目，还有苏关鑫编的《欧阳予倩研究资料》等。

1988年12月21日，由广西社会科学院文学研究所、桂林市政协、广西师范大学中文系等单位联合成立广西抗战文艺研究会（1996年改称广西抗战文化研究会）并举行成立大会暨第一次学术讨论会，与会者交流了桂林抗战文化研究的信息与经验，提出一些研究设想。该年以后，全国的抗战文艺研究势头减弱，而广西却以成立广西抗战文艺研究会推动抗战文艺研究向深处发展。

20世纪90年代抗战文化研究有多部研究著作出版。主要成果有：广西师范大学中文系撰写出版的《桂林文化城大全》，这是一套文体研究与作家研究相结合的研究论著，其中雷锐主编《桂林文化城大全·文学卷·小说分卷》（1991年、1992年出版），全书分四册，书中有林焕平的《总序》和雷锐的《抗战时期桂林文化城小说概论》，对茅盾、巴金、丁玲、艾芜等89名作家1938—1944年间在桂林创作、发表的小说（长篇小说40部，中短篇小说集近120部，短篇小说约1200部）进行了深入而系统的概述和选评，获第四次广西社会科学优秀成果奖二等奖。1991年李建平著《桂林抗战文艺概观》，全书史论结合。对桂林抗战文学、戏剧、美术、舞蹈、音乐和文艺评论等方面进行了评述。1992年吴辰海、丘振声、唐国英编选《戏剧运动（上下册）》，收入217篇资料，分"剧运论""剧作论""剧改论""新歌剧论""演出论"5个专辑。

1993年，桂林抗战文化研究会成立，继续推动抗战文化研究深入发展。

1994年蔡定国、杨益群、李建平合著《桂林抗战文学史》，获第五次广西社科成果奖二等奖；1995年杨益群编《抗战时期桂林美术运动（上下册）》；1996年李建平编著《抗战时期桂林文学活动》（属资料汇编）；1998年刘泰隆著《历史的高峰——桂林文化城的鲁迅研究精华探索》，获第六次广西社会科学优秀成果奖二等奖；1998年杨益群、司马小莘、陈乃刚编《司马文森研究资料》；1999年龙谦、胡庆嘉编《抗战时期桂林出版史料》等。

2000年以后，研究领域由文学、艺术、出版扩展到教育、中共党史、文化遗产保护等。研究方法由原来的收集文字史料的文案工作扩展到田野调查、图像收集、文物鉴定等。

21世纪初主要研究成果有：2000年魏华龄、李建平主编《抗战时期文化名人在桂林》；2002年毛毓松、周德荣主编《抗战时期桂林社会科学资料目录索引》；2003年魏华龄著《一个独特的历史现象：桂林文化城（上下册）》；2004年魏华龄主编《抗战时期文化名人在桂林（续集）》，文丰义、盘福东、侯德光著《血铸的丰碑——中国抗战文化》，张红著《抗战中内迁西南的知识分子》；2005年邓群著《中国共产党与桂林抗战文化》，王小昆著《桂林抗战音乐文化研究》，李建平主编《抗战遗踪——广西抗战文化遗产图集》。

另外，1992—2005年还出版了分别由魏华龄、丘振声、李建平、苏关鑫等主编的《桂林抗战文化研究文集》（第1～8集）。

论文

1979年起，每年都有多篇论文发表。从整体性研究和专题研究两方面展开。

整体性研究 涉及桂林文化城（抗战文化运动）的地位、作用、成就、成因、分期等问题。20世纪80年代主要成果有：1982年李建平《论桂林文化城在国统区抗日文艺运动中的地位和作用》，魏华龄《抗战时期桂林文化城的形成》，1983年杨益群等《桂林文化城概况、历史地位及成因》，1986年李建平《桂林抗日文艺运动发展的几个阶段》，1988年李建平《桂林文化城成因初探》等。20世纪90年代主要成果：1995年魏华龄《试论桂林抗战文化运动的分期及其特征》，1997年文丰义《论桂林抗战文化运动对世界反法西斯斗争的贡献》。2005年有刘春燕《论桂林抗战文化精神与民族精神》等。

专题研究 主要论中国共产党对桂林抗战文化城的领导、抗战文化与爱国主义、抗战精神与先进文化建设、国际文化交流、文化与文艺各门类、人物与出版物等。

关于中国共产党的领导作用，20世纪80年代主要成果有1985年丘振声《党的统一战线在桂林抗战文化运动中的胜利》，1986年蔡定国《共产党的领导是西南剧展的灵魂》。20世纪90年代有1990年韦文华、苏上杰《党领导的桂林抗日文化运动》。2000—2005年，有詹永媛《论中共对桂林抗战文化运动的历史贡献》，邓群等《中国共产党在桂林文化城形成和发展中的作用》。

关于抗战文化与爱国主义，20世纪90年代的论文主要有李建平《爱国主义：桂林抗战文化城的基石》、邓祝仁《论桂林文化城爱国主义的时代特征》、左超英《论桂林抗战文化的爱国主义主题》等。

关于国际文化交流，20世纪90年代主要有刘寿保《浅论抗战时期桂林国际文化大交流》，曹裕文《论桂林抗战文化的国际性》，文丰义《论桂林抗战文化运动对世界反法西斯斗争的贡献》等。

关于抗战精神与先进文化建设，主要有2003年韦广雄《弘扬抗战文化精神 推进先进文化建设》，2005年李建平《抗战精神：凝聚中华民族的伟大精神》等。

关于文化与文艺各门类的研究，80年代李建平发表多篇论文，有《抗战时期桂林的进步美术运动及创作》《抗战时期桂林进步戏剧运动述评》《抗战时期桂林进步音乐活动述评》《抗战时期桂林的诗歌创作》《抗战时期桂林进步舞蹈活动述评》，还有魏华龄《抗战时期桂林的音乐活动》、万一知《西南戏剧展览纪实》等。90年代有杨益群《抗战时期桂林美术运动的作用意义及影响》，李建平《抗战时期国统区小说创作的重要一翼——简评抗战时期桂林文学界的小说创作》，黄绍清《抗战时期桂林文化城诗歌漫论》，丘振声《论桂林抗战时期戏曲改革运动》等。

关于自然科学和社会科学的研究，1997年有魏华龄《抗战时期桂林文化城社会科学概观及其历史贡献》和钟文典等《抗战时期的广西史学》，2001年有覃静《抗战时期桂林的自然科学概况》。

关于人物研究，20世纪80年代主要成果有李建平《郭老战斗生活的一个缩影——抗战时期郭沫若在桂林的活动及其意义》《简论一九四二年茅盾在桂林的活动》《抗战时期田汉在桂林的戏剧活动及贡献》，李耿等《抗战时期柳亚子在桂林的生活和创作》，杨益群《抗战时期桂林的鲁迅纪念和研究概述》《巴金在桂林的文学活动及其成就》《田汉抗战剧论及剧作浅谈》，苏关鑫《欧阳予倩年表》等。20世纪90年代主要有：魏华龄《抗战时期夏衍在桂林的文化活动》，刘泰隆《重大的贡献　宝贵的经验——略论桂林文化城的鲁迅研究论著》，苏关鑫《高屋建瓴　砥柱中流——略述邵荃麟在桂林文化城的贡献》，丘振声、杨荫亭《桂剧发展史上的丰碑——欧阳予倩改革桂剧的卓著贡献》等。2001年有丘振声《风雨故人情——胡风在桂林战斗的一年》。

研究出版物的，20世纪80年代有李建平《"桂林文化城"期刊简介》，90年代有陆君田《抗日战争时期的〈广西日报〉》，2001年有龙谦《略论抗战时期桂林文化城的出版方针》，2005年有王小昆《桂林版〈扫荡报〉与抗战音乐文化》等。

此外还有蔡定国等研究周恩来，雷锐研究艾芜，杨益群研究司马文森，李建平研究端木蕻良，黄铮研究胡志明在桂林等论文。

1979—2005年，参与研究人员共110多人。

（二）《广西社会科学年鉴》

2003年，广西社科联成立《广西社会科学年鉴》编辑部，首编《广西社会科学年鉴·2003》，2003年11月由方志出版社出版。该书在"概况"部分里，"新中国成立后广西社会科学发展概述"一节回溯了2003年以前的社会科学发展历史。在这一节有一段文字论述到桂林抗战文化研究，称其"研究成绩较为突出，引起国内同行的重视"：

新中国成立以来，广西社会科学研究工作者的研究范围，大致可以概括为三个方面：

（1）有广西地方特色的学科（专题）研究，包括广西少数民族史、少数民族语言文字和文学艺术、太平天国史、中法战争史、广西地方史、桂系史、桂林抗战文化、印度支那、中共广西地方组织史、中越边界广西段沿革史、铜鼓、花山崖壁画

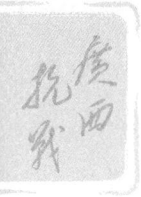

研究，以及广西地方志的研究和编纂。其中太平天国史、中法战争史、壮学、瑶学、印度支那、桂林抗战文化等领域的研究成绩较为突出，引起国内同行的重视。
....

桂林抗战文化研究　桂林抗战文化研究始于20世纪60年代。研究主要集中在文化活动的整体和专题两个方面。其中整体性研究包括桂林文化城的历史地位及其形成的原因、桂林文化城的标志、中国共产党在桂林抗战文化运动中的领导作用、桂林抗战文化运动的分期；专题研究包括文化运动中作家、作品、文化团体及重大事件等。先后发表一批研究成果，其中重要的有《桂林文化城史话》《桂林文化城大事记》《桂林抗战文化词典》《桂林文化城纪事》《茅盾在香港和桂林的文学成就》《桂林抗战文艺概观》《桂林抗战文学史》《历史的高峰——桂林文化城的鲁迅研究精华探索》等专著。

（三）《广西大百科全书》所载文章

《广西大百科全书》由广西大百科全书编纂委员会编纂，共14卷，2008年由中国大百科全书出版社出版。在《广西大百科全书·科技·教育》第341—342页里，介绍了广西抗战文化研究情况：

桂林抗战文学研究

广西社会科学特色专题。研究始于20世纪60年代，广西师范学院（今广西师范大学）中文系林志仪、林望锦等收集桂林抗战文化运动的资料，部分成果在《中国现代文艺研究丛刊》发表。因"文化大革命"中断。1978年以后研究重启并逐步深入。研究机构和研究人员主要集中在广西社会科学院、广西师范大学中文系、桂林市政协和桂林市的文化单位。

研究内容可分为资料研究、文体研究、作家作品研究、文学史研究四个方面。20世纪60年代初至90年代中期为资料研究的主要时期，主要成果有杨益群等的《桂林文化城概况》，李建平的《"桂林文化城"期刊简介》，朱荣总编纂、丘振声副总编纂的《桂林抗战文艺辞典》，刘寿保主编的《桂林文化大事记（1937—1949）》，丘振声的《西南剧展（上下册）》，李建平的《抗战时期桂林文学活动》等，基本整理出作家活动的内容、形式和主要创作成果。

20世纪80年代初到90年代末是作家作品研究的主要时期，最初的成果主要在茅盾、巴金、艾芜、王鲁彦等作家研究方面。1980年和1981年，万一知、魏华龄、李建平分别发表关于茅盾在桂林活动和创作的研究性文章，1982年林焕平的《茅盾在香港和桂林的文学成就》是最早出现的作家研究专著。巴金研究主要有杨益群的《巴金在桂林的文学活动及其成就》，梁卡琳、彭安文的《简评巴金在桂林创作的思想内容和艺术风格》和梁卡琳的《离乱中的心曲——巴金旅桂散文刍议》等论文，整理巴金在桂林从事编辑出版工作和进行文学创作的活动史实，评价其作品的时代意义和艺术价值。艾芜研究主要有雷锐的《沉雄的号音，质朴的嘲讽与严肃的爱——论艾芜抗战时期在桂林的几部作品的特点》和刁蒙梦的《抗战时期艾芜在桂林的生活和创作》两文，对艾芜在桂林5年的艰苦生活经历和思想变化，以及文学创作成就作了评析。此外，杨益群的《司马文森在桂林的文学活动及成就》、李建平的《抗战时期王鲁彦的活动及思想》、魏华龄的《邵荃麟在桂林》、李耿和李建平合著的《抗战时期柳亚子在桂林的生活和创作》等，都是80年代产生的有代表性的作家研究成果。90年代后，在鲁迅研究和端木蕻良研究方面出现了较重要的成果。刘泰隆的著作《历史的高峰——桂林文化城的鲁迅研究精华探索》，对当时桂林发表的有关鲁迅及其作品的100多篇论文和10多部论著，进行了全面研究，指出桂林文学界对鲁迅研究所取得的重大收获以及积累起来的研究经验都是值得高度重视的。李建平的《抗战时期端木蕻良在桂林的文学活动与创作》《论端木蕻良40年代的创作转变》，对端木蕻良在桂林的活动和创作进行较全面的整理和评析，专著《大地之子的眷恋身影——论端木蕻良的小说艺术》评介作家一生的创作活动及其作品在中国新文化建设中的特殊意义。2000年后，魏华龄、李建平主编的《抗战时期文化名人在桂林》和魏华龄主编的《抗战时期文化名人在桂林（续集）》，评述200多位文化人在桂林活动的内容、特点，主要成果的艺术或社会价值以及社会影响等。

文体研究从80年代开始，至90年代时也取得重要成果。《桂林文化城大全》是一套以文体为主的研究论著。雷锐主编的《桂林文化城大全·文学卷·小说分卷》1~4册，评介丁玲、王西彦、王鲁彦、王统照、巴金、茅盾、艾芜等89人，对每位作家都从"在桂创作、发表小说概述""在桂创作、发表小说选评""代表作选登（或故事梗概，或节选）""在桂创作、发表小说目录"等四个方面评价，既有对作家生平经历、创作情况的介绍，又有对其作品在思想内容与艺术成就的评介；特别着重在抗战时期桂林创作、发表的作品。黄绍清的《抗战时期桂林文化城诗歌概论》、李建平的《抗战时期桂林的诗歌创作》对桂林文化城的诗歌创作情况作了较全面整理和评价。

文学史研究的主要成果有蔡定国等的《桂林抗战文史》，它以文体分编，分为文学理论、论争及运动，戏剧创作，小说创作，诗歌创作，散文创作五编，将作家作品研究融入文体的发展轨迹进行概述。李建平的《桂林抗战文艺概观》在介绍抗战时期桂林文艺概貌的基础上，对桂林文艺门类发展概况和重点作家作品，分别进行评述。杨益群的《桂林抗战文学的特色》、魏华龄的《试论桂林抗战文化运动的

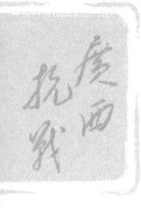

分期及其特征》、曹裕文的《论桂林抗战文化的国际性》等,论述桂林抗战文学发展史的一些重要议题,提出有价值的新观点。

桂林抗战文学研究总体上呈现以下特点:①史料丰富,资料整理相当完备,研究基础扎实;②文学史研究成绩突出,填补中国现代文学史空白;③作家作品研究深入细致,造就新境,如刘泰隆的鲁迅研究、李建平的端木蕻良研究均是相关领域的开拓之作;④研究方法与研究模式呈现多样化,如文体学研究、比较文学视角的引入、现代经典作家的重新解读等。

(四)《广西出版史志资料》所载资料

《广西出版史志资料》第四辑,广西新闻出版局出版志编辑室编。内部资料。未见印刷日期,由"编者的话"落款日期看,为1990年。该辑为桂林文化城出版事业专辑,收录龙谦、胡庆嘉整理编写的资料文章7篇:《桂林文化城出版事业概述》《桂林文化城出版大事记》《抗日战争时期在桂林主要领导人、著译者、出版发行工作者名单及其在桂林主要活动、著译作简介》《抗日战争期间桂林文化城出版社、书店一览表》《抗日战争期间桂林文化城部分印刷厂简表》《抗日战争期间桂林文化城出版图书目录》《抗日战争期间桂林文化城出版期刊目录》。

《广西出版史志资料》第六辑,广西新闻出版局出版志编辑室编。内部资料。1991年12月印刷。该辑收入资料整理文章13篇,1篇为清代出版史料文章,7篇为中华人民共和国成立后的出版史料文章。与抗战桂林文化城相关的文章4篇:《新民主主义革命时期广西党的出版事业概述》《建国前广西出版的期刊目录(1898—1949)》《抗战时期广西图书审查委员会取缔书刊一览表》《民国时期广西省杂志社登记一览表》。还有一篇是《解放战争时期广西各地书店一览表》。

《广西出版史志资料》第八辑,广西新闻出版局出版志编辑室编。内部资料。1993年9月印刷。该辑收入资料整理文章11篇,2篇为清代和民国旧桂系时期出版史料文章,4篇为中华人民共和国成立后的出版史料文章。与抗战桂林文化城相关的文章5篇:《新桂系时期广西书刊查禁年表》《广西建设研究会的出版活动》《建国前广西最大的地方出版企业——文化供应社简介》《桂林抗战文艺期刊概况(1937—1945年)》《抗战时期广西的图书杂志审查机关》。

《广西出版史志资料》第九辑,广西新闻出版局出版志编辑室编。内部资料。1994年8月印刷。该辑收入资料整理文章22篇,大多数是关于中华人民共和国成立以后的出版工作文章。与抗战桂林文化城相关的文章3篇:《抗战时期桂林印刷业》《抗战前和抗战时期中共广西地方组织在桂东南办出版事业概述》《抗战时期广西书刊审查机关送审被禁书目》。

(五)《广西抗日战争志》的编撰

2018年,广西地方志办公室组织编纂《广西抗日战争志》。文丰义、李建平、唐凌、王建平等专家参加策划和组稿、编纂工作。

文丰义参与《广西抗日战争志》策划和编撰工作,主持第五编《桂林抗战文化城》组稿和撰稿工作。

唐凌参与《广西抗日战争志》策划和编撰工作,主持第一编《抗战时期广西省情》组稿和撰稿工作。

李建平参与《广西抗日战争志》策划和编撰工作,主持第九编《抗战文物》组稿工作,第十编《抗战遗址、文物及纪念设施》组稿和撰稿工作。

王建平参与《广西抗日战争志》策划和大纲编制工作。

第四章 学术研究成果

一、20世纪八九十年代的几本专著

（一）20世纪80年代林焕平和魏华龄的两本专著

《茅盾在香港和桂林的文学成就》，林焕平著，浙江人民出版社1982年11月出版。介绍和分析了茅盾20世纪40年代在香港和桂林文学成就及作品的思想艺术特点。

《桂林文化城史话》，魏华龄著，广西人民出版社1987年1月出版。秦似作序。论述了桂林文化城的形成、特点和各类文化活动的发展概貌与活动情况，包括出版发行事业、新闻事业、中华全国文艺界抗敌协会桂林分会、文学活动、戏剧活动、音乐活动、美术活动、儿童运动，最后一章是"文化城的尾声"。

20世纪80年代出版的两本专著（李建平　摄）

（二）20世纪90年代出版的三本专著

《桂林抗战文艺概观》，李建平著，漓江出版社1991年出版。艾青题写书名，林焕平作序。该书以史论结合的笔法，分作"概况""文学创作活动（上）""文学创作活动（下）""文艺评论活动""戏剧活动""美术活动""音乐活动""舞蹈活动"8章，对桂林抗战文学、戏剧、美术、舞蹈、音乐和文艺评论等方面进行了评述，从而展示了桂林抗战文艺的概貌。

20世纪90年代出版的三本专著（李建平　摄）

《桂林抗战文学史》，蔡定国、杨益群、李建平合著，广西教育出版社1994年出版。许觉民作序。该书是一部对桂林抗战文学全面论述的史书，全书分"绪论""文学理论、论争及运动""戏剧创作""小说创作""诗歌创作""散文创作"六大部分。"绪论"为总论，介绍与论述了桂林抗战文学的发生背景、发展过程、活动概貌、主要成就及影响等。其余各编介绍有关文艺活动与作家作品的概况与成就。资料丰富、内容全面。作者挖掘了大量新资料，整理概括出了历史的面目与特征，使桂林当年蓬勃热烈的运动态势得以清晰显现。如"七月派"诗歌在桂林的形成与表现、抗战报告文学在桂林出现的新面貌、西南剧展会的特殊风采、抗战时期桂林的鲁迅研究，等等，都是新发掘的史料，丰富了文学史的表现内容。对文学运动、文学评论及文学创作作了全面研究评析。全书对郭沫若、茅盾、巴金、艾青、田汉、夏衍、欧阳予倩、柳亚子、艾芜等作家在桂林的创作成就作分析评价，将作家在桂林的创作放在整个现代文学史及作家一生创作生涯中进行评述（如对茅盾、艾芜、艾青、欧阳予倩等），使全书史的分量更为厚重。

《历史的高峰——桂林文化城的鲁迅研究精华探索》，刘泰隆著，广西师范大学出版社1998年10月出版。该书论证了抗战时期桂林文化城的鲁迅研究成果是鲁迅研究的历史高峰。

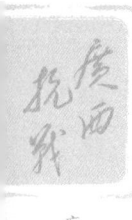

二、马克思主义传播史和中国共产党与抗战文化研究成果

研究桂林抗战文化城和广西抗战文化运动的历史内容时，不应该忽略马克思主义在桂林的传播史和中国共产党领导桂林抗战文化的事实与经验。这方面，中共广西壮族自治区委员会党史研究室、八路军桂林办事处纪念馆和魏华龄做了大量研究工作。

《中共桂林市党史资料专题研究集（新民主主义革命时期）》，中共桂林市委员会党史办公室编著，韦文华主编，广西教育出版社1991年10月出版。该书选入专题资料和研究文章共21篇。其中，有关抗日战争时期的有13篇，占二分之一以上篇幅。反映了桂林地方党史的基本脉络、重要事件和党组织的重要活动。其中，《党在桂林领导的抗日文化运动》为2万多字的长文，内容翔实，有重要的参考价值。

《中国共产党与桂林抗战文化》，邓群著，广西人民出版社2005年10月出版。论述中国共产党在桂林积极实施抗日民族统一战线，促成桂林抗战文化的新局面和产生重大成就的历史事实，总结中国共产党在战争年代里引导先进文化建设的实践和经验，提出了完善党对文化工作的领导、用科学发展观指导先进文化建设、发展中国特色社会主义文化的启示性意见。旨在总结历史经验，为今天的文化建设和制定文化政策提供决策参考。

《中国共产党与广西抗战——政治交往理性的实践》，刘绍卫著，广西人民出版社2006年8月出版。该书以政治发展眼光来审视中国共产党在广西的革命活动及其对中国历史的推动作用，对中国共产党在桂林抗战文化城的文化领导权的实现方式进行历史考察，突出了抗战的文化意义，对文化领导权理论进行探讨，深化了对中国抗战文化与中国现代史的理解。全书分为5章：第一章"广西抗战在中国人民抗战史上的地位和作用"，第二章"抗战时期中共广西地方组织的建立与发展"，第三章"中国共产党倡导的广西抗日民族统一战线"，第四章"中国共产党领导的广西抗日救亡活动"，第五章"中国共产党领导的广西抗日游击战争"。

《中国共产党在桂林抗战文化形成和发展中的作用》，王福琨主编，广西人民出版社2007年出版。该书对中国共产党在桂林抗战文化城形成和发展中的作用作了较全面深入的研究，论述了中国共产党统一战线工作的作用和形式，以及领导桂林抗战文化运动的具体办法和成效。

《中共中央南方局的统一战线工作》，王福琨、邓群主编，中共党史出版社2009年5月出版。中共中央南方局是抗日战争时期和解放战争初期中共中央派驻国民政府所在地重庆的秘密机关。该书用11章的篇幅，记录中共中央南方局的历史，总结其历史经验，评价其历史作用和功绩，形成一部论述中国共产党在民族独立和人民解放进程中的统一战线理论与实践的理论篇章。

《马克思主义在桂林的传播》，魏华龄编著，桂林市政协文化文史和学习委员会编，2019年11月桂林市新闻出版局核准出版，内部资料。编为《桂林文史资料》第62辑。收入魏华龄论文13篇。主要有《中国共产党与桂林抗战文化》《抗战时期马克思主义在桂林文化城的传播》《毛泽东思想在桂林文化城的传播与实践》《哲学社会科学对抗日救亡和思想启蒙的贡献》《社会主义、共产主义思想在桂林文化城的传播》《李达在桂林公开宣讲马克思主义哲学》《薛暮桥在桂林传播马克思主义经济学》等。

此外，还有刘绍卫、文丰义合著的《中共中央南方局与广西抗战文化》，广西人民出版社2016年出版。该书为"广西抗战文化研究丛书"之一种，列入丛书里介绍，此不赘述。

三、《桂林抗战文化史》等桂林文化城研究成果

对桂林抗战文化城的研究，是学者们关注的重点。在20世纪八九十年代出现的几本专著，都是关于桂林文化城的论著。进入21世纪以后，《桂林抗战文化史》等专著陆续出版，给广西抗战文化研究添加了厚实的史论内容。

（一）《桂林抗战文化史》简介

《桂林抗战文化史》，魏华龄著，漓江出版社2011年出版。苏关鑫作序。该著分"概览""文化活动及成就""附录"3个部分。另有"前言"和"后记"。其中"概览"部分为全书的主要内容，包含：桂林文化城的形成、中国共产党与桂林抗战文化、桂林抗战文化的内涵、桂林抗战文化运动的特征、一个独特的历史现象：桂林文化城、桂林抗战文化与延安抗战文化的内在联系、桂林抗战文化的历史地位，共7个方面的内容。按时间顺序、内在联系、外在影响与历史作用等，以宏观的视角

全面阐述了桂林抗战文化的本质、特征、历史地位等重大问题。"文化活动及成就"部分，作为概况性的介绍，又分为18个部分：八路军桂林办事处成立前的文化概况；文化城的社会科学；广西建设研究会；文化城的出版发行事业；文化城的新闻事业；中华全国文艺界抗敌协会桂林分会；文化城的文学活动；国防艺术社；广西省立艺术馆；繁荣的抗战戏剧；西南第一届戏剧展览会；文化城的音乐活动；文化城的美术活动；抗战教育与科学事业；文化城的少年儿童工作；文化城的最后一战；桂林抗战文化在敌后；继承和发扬桂林抗战文化的优良传统，建设中国特色社会主义文化。

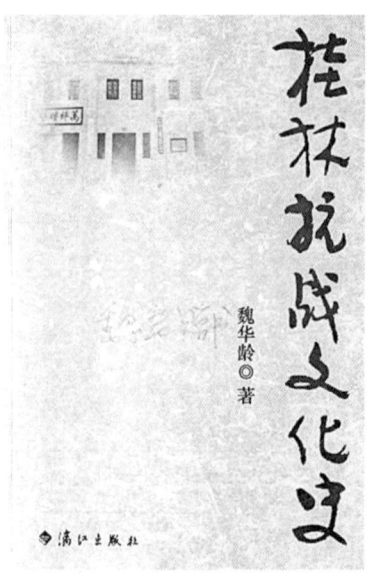

魏华龄《桂林抗战文化史》书影（李建平　摄）

（二）"桂林文化城文学研究丛书"的出版

2006—2009年，广西师范大学文学院编撰"桂林文化城文学研究丛书"一套，包括以下5本：

《桂林文化城小说研究》，雷锐著，中国社会科学出版社2006年出版。该书从多个侧面对桂林文化城的小说创作进行了深入透彻的研究。全书在"绪论"《桂林文化城：抗战文化沙漠中的绿洲》之后分为10章，从小说的主题分类分别论述各类小说的创作背景、内容、特征和意义，并总结了桂林文化城小说在现代文学史上的贡献。

《桂林文化城戏剧研究》，李江主编，黄世智副主编，中国社会科学出版社2008出版。该书论述抗战时期桂林文化城戏剧家群形成的原因、主体特征、生存方式和样态、文化贡献等内容，论述了桂林戏剧作家群的创作特征、审美风格，并用两章专论田汉、欧阳予倩两位艺术大师。

《桂林文化城诗歌研究》，雷锐、黄绍清主编，中国社会科学出版社2008年出版。该书第一章是桂林文化城诗歌创作综论，第二、第三章是对抗战主题和灾难主题两类诗作的分论，第四和第五章是对"七月诗派"和"中国诗坛"两个诗歌团体的评介，第六至第十三章对英雄诗、批判诗、讽刺诗、通俗歌谣、十四行诗、儿童诗、象征诗、旧体诗词等诗体作分析，论及郭沫若、艾青、胡风、田间、绿原、鲁黎、臧克家、韩北屏等重要诗人的诗作。

《桂林文化城作家研究》，黄伟林主编，高蔚副主编，中国社会科学出版社2008

年出版。该书从艾芜、王鲁彦、欧阳予倩、巴金、茅盾、艾青等8位作家的个体出发，介绍他们当年的社会生活状况、精神情感状况和文学创作状况，试图通过这样三个层面的历史还原、逼近历史和人生的真相。

《桂林文化城散文研究》，刘铁群著，中国社会科学出版社2009年出版。该书是对桂林文化城时期散文作品的综论。全书12章。第一章专门介绍巴金在桂林文化城的散文创作。第二章第十二章从创作主题和题材分类论述散文概貌，后有附录《桂林文化城主要散文家作品目录》。

（三）其他研究成果

《抗战时期文化名人在桂林》，魏华龄、李建平主编，漓江出版社2000年11月出版。该书从人物活动的侧面反映桂林文化城的历史，记叙抗战文化人为抗日战争所做的贡献。收入田汉、夏衍、胡愈之、艾青、欧阳予倩、吴晓邦等文化名人在桂林活动情况和贡献的传记文章，计115人，每人一篇，内容包括：生卒年月、原名和笔名、籍贯、身份和在文化界的地位、到桂林时间、在桂林的活动和任职、主要著作、反映当年思想情操和工作作风的活动情节和生活细节、离开桂林时间等。人物按出生时间先后排序。魏华龄写序。魏华龄、杨益群、李建平、雷锐、左超英、张鸿慰、黄绍清、苏关鑫、王小昆、丘振声等31人参与写作。

《抗战时期文化名人在桂林（续集）》，魏华龄主编，20多人参加写作，桂林市政协文史资料委员会2004年9月印刷。该书从人物活动的侧面反映桂林文化城的历史，记叙抗战文化人为抗日战争所做的贡献。所收人物为抗战时期在桂林活动的各界人士，计124人。该续集采用与2000年出版的《抗战时期文化名人在桂林》同样

《抗战时期文化名人在桂林》《抗战时期文化名人在桂林（续集）》书影（李建平　摄）

体例,每人一篇,内容包括:生卒年月、原名和笔名、籍贯、身份和在文化界的地位、到桂林时间、在桂林的活动和任职、主要著作、反映当年思想情操和工作作风的活动情节和生活细节、离开桂林时间等。人物按出生时间先后排序。杨益群、魏华龄、李建平、王小昆、龙谦、张鸿慰、文丰义、陈欣德等12人参与写作。

《抗战救亡的壮丽史诗——桂林抗战文化城》,王福琨主编,邓群、文丰义执行主编,广西人民出版社2009年11月出版。该书以图述史,以大量的文物图片,依照历史演进时序来反映历史重大事件和历史场景。全书分为5个部分:一是总论"炮火硝烟下的觉醒",二是"八路军桂林办事处的建立",三是"创造辉煌的抗战文化城",四是"文化城的结束和桂林保卫战",五是"共产党领导桂林红色抗日武装"。

《桂林抗战文化城奇闻趣事》,文丰义、秦彬合著,广西师范大学出版社2013年出版。整理记录抗战时期桂林文化城里发生的一些鲜为人知的趣事和异事,将文化城更多的抗战细节和故事呈现给读者。

《湘桂战役与桂林文化城的陷落》,邓群、姚蓝合著,中共党史出版社2004年10月出版。该书记录1944年日军扩大侵略战争,在我国豫、鄂、湘、桂数省发动"一号作战"计划的战争历史,重点书写桂林保卫战的前因后果,对战争背景、敌我的兵力部署和作战指导思想、战斗经过、中日双方的成败得失等作了详细评析。最后一章反映了湘桂战役期间,广西组建抗日人民武装的概况。

《历史的静脉——桂林文化城的另一种温故》,黄伟林著,广西师范大学出版社2018年出版。作者以札记形式书写抗战时期桂林文化城史话,共计42篇。话题大多议论抗战时期桂林的文化现象、名人逸事,也谈世情风土。一些文章融入学术性思考,如《战时文化中心》《文化城的"桂"文化元素》《文化城对广西的意义》《胡适给桂林留下的》《文化城究竟有多少共产党》等。

四、"广西抗战文化研究丛书"的编撰

为迎接纪念中国人民抗日战争和世界反法西斯战争胜利70周年,发掘整理抗战文化遗产尤其是广西抗战文化遗产,弘扬抗战精神,广西抗战文化研究会于2013年11月策划编制了"广西抗战文化研究(系列研究)方案",经广西壮族自治区社会科学界联合会审核并推荐,2014年3月经中共广西壮族自治区委员会宣传部评审,

确定"广西抗战文化研究丛书"为广西文化精品项目。该项目由李建平策划并组织抗战史和抗战文化研究专家撰写，编撰出版"广西抗战文化研究丛书"，一套共6本，李建平任丛书主编并撰写《广西抗战文化研究丛书·总序》。6部著作情况如下：

"广西抗战文化研究丛书"书影（广西人民出版社供图）

《桂林抗战艺术史》，李建平、李江、覃国康、陆璎合著，广西人民出版社2014年10月出版。全书以历史发展线索为经，以各艺术门类的发生状况为纬，反映抗战时期桂林艺术活动的实际情况和艺术家的创作活动。结构上前有"导论"，之后分为10章。第一章为"背景与概况"；第二至第九章论述戏剧、美术、音乐、舞蹈四大类的活动和艺术家的创作；第十章为"价值与启迪"，作相关理论分析。该书还特别注重收录地方少数民族民间史料和广西本地艺术家史料，比较系统、全面地反映了抗战时期桂林抗战艺术的发生、发展历史及其成就与贡献。后附《桂林抗战艺术大事记（1937—1945年）》。

《桂林抗战文化综论》，魏华龄著，广西人民出版社2014年出版。内分为6辑，客观展示桂林抗战文化的历史面貌，科学论述桂林抗战文化的内涵价值和相关理论问题。第一辑论述抗战时期桂林文化城的盛况与形成，描述抗战时期中国共产党在桂林的统一战线工作，分析桂林抗战文化运动的分期及其特征。第二辑论述中国共产党主要通过广西建设研究会和中华全国文艺界抗敌协会桂林分会和其他文化团体，巧妙地调动桂林文化大军，巩固扩大抗战文化统一战线。第三辑阐明马列主义、毛泽东思想、爱国主义、集体主义、社会主义思想的传播及科学世界观、革命人生观和艰苦奋斗精神的培育等桂林抗战文化内涵。第四辑论述西南剧展这一中国戏剧史上的盛举，对西南剧展作了实事求是的描述和评价。第五辑对桂林抗战文化研究成果进行引申，指出桂林抗战文化研究的四个特点，肯定研究成果的价值与重要贡献。第六辑为考证，整理抗战时期旅桂文化人笔名（化名、艺名），辑录旅桂文化名人在桂林住址。

《广西抗战文化史》，李建平、盘福东合著，广西人民出版社2015年出版。该书

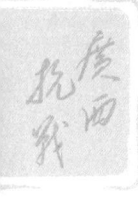

对广西文化抗战历史作了全面的反映和总结。全书8章，第一章论述广西抗战背景和广西抗战文化的内涵与特征；第二章介绍国共两党的文化政策与做法，反映国共两党在统一战线旗帜下开展文化抗战的合作与分工情况和各自的努力与贡献；第三章叙述广西抗战文化由兴起到高潮，由高潮到低落，在低落中持续的发展过程，其间包含广西抗战文化机构社团的建立和外来文化机构内迁广西的活动等内容；第四章介绍桂林抗战文化城的活动与成就，重点是对文艺抗战内容的反映；第五章介绍桂林之外广西主要城市的抗战文化活动的情况，包括桂东、桂中、桂东南及桂南等地区的抗日文化活动以及广西学生军在广西各地的抗日救亡宣传活动；第六章和第七章叙述抗战文化的重要领域——新闻出版和教育事业两个方面的情况和成就；第八章叙述国际反法西斯人士在广西开展抗日文化活动的内容和广西抗战文化走出去的基本情况，其中包括对欧美记者、日本反战同盟、朝鲜（韩国）以及越南等国的反战人士和革命志士在广西的文化活动的描述。书末还以"附录"形式介绍了广西抗战文化的物化形态——广西抗战遗址。

《广西在抗日战争中的历史作用与贡献》，何成学等著，广西人民出版社2015年出版。该书全面总结广西人民参与抗日战争的多方面的内容，记载了广西人民在抗战中英勇斗争的事迹，论证了广西人民对中国抗日战争所作出的众多历史性贡献。

《广西抗战文化大事记（1937年7月—1945年8月）》，万忆、万一知等编著，广西人民出版社2015年8月出版。编者以编年体的方式，将全面抗战时期广西的抗战文化概况予以客观的辑录，以时间为中心，按年、月、日顺序，逐条记述抗战时期国民党新桂系和中国共产党合作下的广西文化抗战的活动史实，反映历史全貌。

《中共中央南方局与广西抗战文化》，刘绍卫、文丰义著，广西人民出版社2016年12月出版。该书记录中共中央南方局直接领导广西抗日救亡运动和桂林抗日文化运动的史实，反映中国共产党坚持抗日民族"统一战线"，贯彻党的抗日文化方针、政策，在国民党统治区取得的重大文化抗战成就，论述其主要作用和贡献，总结历史经验。全书分为"绪论"和6章：第一章为中共中央南方局与南方地区党组织建设，第二章为中共中央南方局团结统战工作对广西抗战的作用，第三章为中共中央南方局与八路军桂林办事处，第四章为中共中央南方局与广西抗战文化运动，第五章为中共中央南方局与广西抗日救亡运动的发展，第六章为中共中央南方局进行文化抗战的历史贡献与经验。

五、文化艺术研究成果

《桂林文化城大全·文学卷·小说分卷》共4册，雷锐主编，广西师范大学出版社1991年、1992年出版。这是一套文体研究与作家研究相结合的研究论著，收入抗战时期在桂林文化城的小说家丁玲、王西彦、王鲁彦、王统照、巴金、茅盾、艾芜等89人，对每位作家都从"在桂创作发表小说概述""在桂创作、发表小说选评""代表作选登（或故事梗概，或节选）""在桂创作、发表小说目录"等4个方面去评介。整个小说卷的前面，有主编撰写的《抗战时期桂林文化城小说概论》，对于1938—1944年间在桂林发表的长篇小说40部，中短篇小说集近120部，短篇小说约1200篇，分门别类地进行了深入而系统的概述，涉及构思、结构、题材、主题、人物以及样式风格等，把桂林文化城这个特定时期小说的发展面貌作了细致的描绘，作出评议。该套丛书原定还有《诗歌分卷》和《散文分卷》，分别由黄绍清、林焕标主编，但后来没有出版。

《桂林抗战音乐文化研究》，王小昆著，大众文艺出版社2005年7月出版。对桂林抗战音乐文化进行了全面深入的探讨和研究，尤其是对桂林抗战音乐史（也是中国现代音乐史）上的一桩公案，即20世纪40年代围绕陆华柏《所谓新音乐》一文所进行的不公正的大批判，用详尽的材料作了科学的考证，得出客观公正的结论，让后人了解了历史的真相，恢复了历史的本来面目。作者以"用史料说话"的研究方法、精辟独到的理论视野，从音乐文化角度对抗战文化所作的学术探讨，为中国现代音乐史提供了一份宝贵的史料。

《抗战时期大后方戏剧主潮论》，李江著，中国文史出版社2005年8月出版。对抗战时期大后方戏剧进行了全面深入的探讨和研究，着重探讨现实主义戏剧思潮有关的理论与实践，论述了大后方戏剧的主题类型、总体品格、艺术形象、价值构成、历史演变以及相关戏剧家的创作观念等问题。在揭示抗战文艺的内在逻辑和深层结构方面，提供了新鲜的思想和研究结论。

《不屈的诗城 愤怒的战歌——抗战时期桂林文化城诗歌荟萃》，黄绍清编著，中国文史出版社2015年9月出版。抗战时期有700多位诗人云集桂林，发表了抗战诗歌300多首。该书收入了收集到的"抗战时期桂林文化城创作和发表的全部诗歌作品"（该书《前言》）。黄绍清撰写3万字长文《抗战时期桂林文化城诗歌概论》

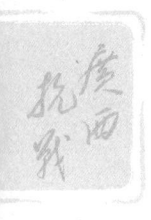

为"引论"。编制体例以诗人为纲,每人一篇,从"在桂创作、发表诗歌概述""在桂创作、发表诗歌选评""在桂创作、发表诗歌目录"三方面对诗人和诗作作介绍。

《桂林抗日战争美术史》,李普文等著,广西美术出版社2015年11月出版。对抗战时期桂林美术活动作综合研究。总论桂林抗日战争美术史研究的范围、意义、现状、途径与方法,分论论及桂林抗日战争中美术家的生存状态、美术教育与培训,以及桂林抗日战争中的美术展览、美术期刊、书刊设计艺术、书法艺术、绘画艺术、美术理论等。

《新西南剧展》,黄伟林、刘铁群主编,广西师范大学出版社2017年7月出版。该书记录广西师范大学文学院举办新西南剧展的策划、筹备、排演、剧本改编以及巡演等全部过程,还收载了一批媒体报道和编、导、演人员的活动感思文章若干篇。

《抗战漫画》,张明学主编,河南大学出版社2018年出版。该书是对抗战时期的漫画情况的全面介绍。全书分为九部分,论述了"抗战漫画的兴起""漫画宣传队的抗战宣传活动""抗战漫画的宣传形式""抗战漫画的战斗主题""以讨汪锄奸为内容的漫画""渴望民主与自由的反独裁漫画""大众化特色的抗战漫画""抗战漫画与抗战木刻版画的结合""有关各国的抗战漫画"等内容和问题。

六、新闻、教育、社团和人物研究成果

《桂系报业史》,张鸿慰主编,内部资料,1997年12月印刷,广西新闻史志编辑室发行。该书是史料、研究、回忆录的合集。张鸿慰的一组6篇综述和大事记文章研究价值高,包括《桂系报业综述》《李宗仁与报纸宣传》《新桂系在通信社及在安徽办的报刊》《新桂系报业大事记(1925—1949)》等。

《抗战中内迁西南的知识分子》,张红著,江西人民出版社2004年8月出版。钟文典作序。该书以抗战时期大批知识分子内迁西南诸省的历史和他们的活动为考察对象,在对大量的社会文化史料的辨析、考证中,展示了中国知识分子在抗日战争这特殊的历史年代里传播知识、不断进步、服务社会的历程及其影响,肯定了内迁知识分子保存中国文化血脉、服务抗战、开发西南、创造先进文化的贡献,并分析了中国知识分子这种进步和成就的时代原因和政治作用。

《桂林抗战文化城的社团》,刘文俊著,黄山书社2008年7月出版。该著是对抗

战时期桂林抗日进步社团的综合考察。介绍研究了广西建设研究会、文协桂林分会、戏剧社团、音乐社团、美术社团、科技社团、新闻社团、教育社团、宗教社团和涉外社团，后附《桂林抗战文化城学术活动一览》。

《范长江在桂林——抗战时期红色新闻资料专辑》，陈平主编，内部资料，中共广西壮族自治区委员会党史研究室编，2012年12月印刷。该书是资料与研究专辑。内容分为6部分：一是"辉煌人生"，为刘绍卫撰写的《力举千钧纸一张——抗战时期范长江红色新闻活动情况综述》；二是"战地通讯"，收录范长江抗战时期所写的战地通讯35篇；三是"回忆文章"，为范长江、夏衍、胡愈之、黄药眠、陆诒、张友渔、石西民、谷斯范等撰写的回忆国际新闻社和范长江的历史活动情况的文章，共30篇；四是"研究专题"，收入文丰义、盘福东、蓝永信、韦秀康、蒙汉明、万玉琴、唐国英、唐军富、莫细细等人的论文14篇；五是"大事要略"；六是"历史照片"。是研究范长江和国际新闻社的重要成果。

《连天烽火化春风——竺可桢在宜州》，温存超、罗传洲编著，广西师范大学出版社2013年出版。以文学评传形式记录自然科学家竺可桢带领浙江大学师生在烽火岁月西迁广西宜州办学的经历，反映了竺可桢在战争年代里的教学活动和精神风范。

《桂林抗战文化城译介活动研究》，袁斌业等著，广西师范大学出版社2013年12月出版。该著前有"绪论"，介绍桂林抗战文化城形成前的译介活动、抗战文化城形成时期译介成果总览和对这一译介活动研究的现状。全书以七章论述：第一章为外国政治、经济、哲学、军事、历史等著作的汉译，第二章为中外小说的翻译，第三章为外国诗歌的汉译，第四章为纪实文学、戏剧和其他文学种类的汉译，第五章为中外音乐美术作品的翻译，第六章为报刊与译介活动的互动，第七章为译介活动的特色和价值。该著2014年获广西第十三次社会科学优秀成果奖著作类三等奖。

《现代桂籍文化名人传略》，魏华龄编著，桂林市政协文史资料委员会主编，2013年10月印刷，内部资料。该书是作者撰写的广西现代文化名人传记，包括马君武、李任仁、梁漱溟、白鹏飞、曾作忠、陈此生、黄现璠、朱荫龙、周甑、李文钊、陈迩冬、蒋路、凤子、秦似、苗延秀、罗孚、王民基、满谦子、方昭媛、尹羲等20人。每篇传记1万～2万字。

《桂林抗战文化城翻译家研究》，袁斌业、黄伟芳、秦琼芳、文雅兰著。广西师范大学出版社2021年12月出版。该著将桂林抗战文化城时期的翻译家作为研究对象。分上下两篇。上篇对翻译家群体进行综合性考察，提出：桂林抗战文化城翻译家群体是一支身份多栖、朝气蓬勃、追求思想进步、乐于奉献的群体，为我国翻译事业的发展作出了重要贡献。下篇为主体部分，选择了巴金、秦似、林焕平、夏衍等23位文化界名家、翻译家进行细致研究,全方位叙述了他们在桂林抗战文化城的翻译实践成就、翻译思想、翻译过程、译作价值,展现出他们在民族危急关头所表现出来的爱国主义精神和他们为我们的民族独立所作出的历史性贡献。

《桂林抗战新闻事业史》,靖鸣、徐健主编,《新闻与写作》编辑部2015年编辑出版。该作论及抗战时期桂林的报业、发行、出版等以前研究比较薄弱乃至空白的领域,内容基本上围绕"报纸""报人"两大主题展开。作者分析了当时在桂林活动的以国新社为代表的通讯事业及其新闻事业发展的状况、特点,精选了具有代表性的报刊——《广西日报》《新华日报》《救亡日报》《大公报(桂林版)》《扫荡报(桂林版)》及一些桂林小报,论述了它们在桂林的发展过程、各具特色的报刊内容、各不相同的管理经营方式,更评价了它们在宣传抗战、推动抗战思想传播和后方建设消息等方面对抗战产生的积极影响,具有重要意义。对在桂林积极投身抗战新闻事业的新闻界知名人物如夏衍、范长江、俞颂华等的新闻活动也进行了深入细致的考察与研究。

《桂林抗战文化城翻译出版研究》,袁斌业著,广西师范大学出版社2015年出版。该著作以1938年冬到1944年秋在桂林抗战文化城开展过的丰富多彩的翻译活动为研究对象。此次活动的特点:从译人数众多,阵容强大,以文学翻译占主导地位的多学科翻译,译作的发表和出版前少后多,报刊成为译介的重要力量。这一活动背后具有深刻的社会文化因素,它为抗战的胜利和我国翻译事业的发展作出了贡献。该著2016年获广西第十四次社会科学优秀成果奖著作类二等奖。

《抗战时期〈广西日报〉(桂林)广告研究(1937—1945)》,陈洪波著,厦门大学出版社2016年4月出版。该书以抗战时期广西最具影响力的地方性报纸——《广西日报(桂林版)》广告为研究对象,通过分析其在抗战时期广告经营、广告设计、广告制作等情况,展现了抗战时期《广西日报(桂林版)》广告经营事业的面貌。该书集广告史、社会生活史研究于一身,通过报刊广告这个载体去揭示在战火纷飞的年代里,桂林文化城的报刊生态和老百姓消费观念、消费行为和生活习惯的变迁,为抗战新闻出版史和桂林抗战文化研究增添了新的史料和研究结论。

《抗战时期桂林文化供应社研究(1939—1945)》,宋泉著,广西人民出版社2023年6月出版。该书以抗战时期广西最大规模的出版机构——文化供应社为研究对象,通过分析其在抗战时期编辑、经营、发行等情况,展现了抗战时期广西出版事业的一个侧面。

七、抗战文化遗产研究成果

抗战文化遗产包括精神文化遗产和物质文化遗产。广西学者在抗战文化遗产研究方面也用力较多,在精神文化遗产和物质文化遗产两方面的研究中都取得不少成果。

(一)精神文化遗产研究

《血铸的丰碑——中国抗战文化》,文丰义、盘福东、侯德光著,广西师范大学出版社2003年出版。主要记述了抗战时期全国各地的抗战文化现象与文化特点,以及广西、桂林抗战文化与各地抗战文化的联系与渊源关系。

《桂林抗战文化与中华民族精神》,刘小林等著,广西师范大学出版社2018年出版。该书从桂林抗战文化的群众性、和谐性、传承性、开放性、开拓性等特征入手,通过对桂林抗战戏剧、抗战音乐、抗战文学、抗战美术、抗战传媒等活动的解析,揭示了蕴含其中的万众一心共赴国难的爱国主义精神,并肩作战通力合作的团结奋斗精神,勇于开拓不断进取的自强不息精神,海纳百川求同存异的包容开放精神,论证了在伟大的抗日民族解放战争中,中华民族精神得到了极大彰显与升华,成为中华民族的强大精神支柱,激励着四万万华夏儿女同仇敌忾抗击日本帝国主义的侵略的史实,讴歌了伟大的时代、伟大的民族、伟大的人民。

(二)物质文化遗产研究

《桂林抗战文化遗产》,唐建林、文丰义、申永生、秦彬合著,广西师范大学出版社2015年出版。该书从指挥机构、文化团体、名人住址、军事设施、日军罪证、纪念建筑等几个方面,梳理了桂林(包括阳朔、临桂、灵川等)在全面抗战时期作为抗战文化城留下来的与抗日战争相关的自然与物质文化遗产,其中包括:抗日活动遗迹、遗址;社会名人和文化名人住址、活动遗迹;团体机构旧址、遗址;领导机关旧址、遗址;军事指挥和战备设施遗址、遗迹;战场遗址、遗迹;抗战烈士墓、纪念碑;日军侵华罪证、遗迹;抗战史料、宣传品、出版物;战时当事人的工作、生活用品,等等。全书以大量珍贵的历史照片和与内容相关的插图相结合,通过图文并茂的方式还原当年抗战文化城的真实面貌。

《中国西部抗战遗址调查与保护利用》，李建平、王建平、文丰义、陆璎等著。该书是2014年国家社科基金西部项目（批准号：14XZS023）的结项成果，2016年6月结项，等级良好。结项后他们又进行了补充调研和对调研报告的加工修改，2017年8月由广西师范大学出版社出版。该项目以西部地区抗战遗址的调查整理、保护与开发研究为中心内容，课题组深入西部11个省市自治区进行实地调查，从指挥地遗址、军事设施与战场遗址、日军侵华罪行与中国人民灾难遗址、抗日英雄活动遗址与死难将士纪念碑遗址、抗日机构活动遗址、名人故居与文化活动遗址、企业与文化机构遗址、国际援华与反战机构与人士活动遗址、抗战标语与石刻和纪念设施等10个方面对现存抗战遗址做整理和介绍，调查统计西部地区抗战遗址共919处，实地勘查546处，并分析了西部地区抗战遗址和文化遗产保护现状和存在问题，阐述相关论点，最后结合广西抗战文化遗产的保护与开发实际，对西部地区抗战遗址保护与开发进行设计论证。全书80万字，图片800多张，详尽展示了西部抗战遗址概貌，提出了保护与开发的对策建议。与2015年出版的资料集《中国西部地区抗战遗址图说》相比，增加了调研总报告和对11个省市自治区调研的分报告，以及"保护与利用"对策建议。

《广西抗战文化遗产保护与旅游开发研究》，李建平、文丰义、李乐年、方建诠合著，广西人民出版社2017年出版。该书为广西桂学研究会第二批（2012年）立项课题，全书分为三篇：上篇是广西抗战遗址概况与调查，介绍广西抗战文化遗产调查过程和广西抗战文化遗产数量及内涵、类型、分布及其历史内容等概况；中篇是遗址保护现状与开发思路，论述广西抗战文化遗址保护工作现状和存在问题，提出保护与开发思路；下篇是旅游项目设计，分作文化抗战遗址游、军事抗战遗址游和国际反法西斯人士活动遗址游，包括各类抗战遗址现状及开发思路以及旅游线路设计。附录是抗战时期旅桂文化名人住址和居住情况简介，以及八路军桂林办事处革命文物陈列展讲解词。

广西学者完成的抗战遗址调研成果书影（5种）
（李建平 摄）

八、研究文集

研究文集最重要的是魏华龄、丘振声等主编的连续论文集《桂林抗战文化研究文集》1~8集，分述如下：

《桂林抗战文化研究文集》，魏华龄、曾有云、丘振声主编，漓江出版社1992年6月出版。许觉民、朱荣分别作序。收录论文35篇，附录《十一届三中全会以来桂林抗战文化研究论著、论文要目》1篇。文章来源主要是1979年至1991年期间公开发表的论文。

《桂林抗战文化研究文集（二）》，魏华龄、丘振声主编，广西师范大学出版社1995年1月出版。收领导讲话1篇（代序），论文38篇。文章来源主要是1993年10月召开的广西首届桂林抗战文化研究学术讨论会的论文。

《桂林抗战文化研究文集（三）》，魏华龄、曾有云主编，广西师范大学出版社1995年9月出版。收录论文39篇，序跋和书评5篇，会议综述1篇。

《桂林抗战文化研究文集》1~8集书影（李建平 摄）

《桂林抗战文化研究文集（四）》，魏华龄、丘振声主编，广西师范大学出版社1997年6月出版。收录领导讲话5篇、论文39篇、会议综述2篇。文章来源主要是1995年12月召开的纪念中国人民抗日战争和世界反法西斯战争胜利50周年暨广西

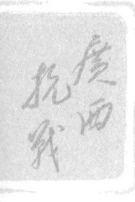

抗战文化研讨会的论文。

《桂林抗战文化研究文集（五）》，魏华龄、刘寿保主编，广西师范大学出版社1997年11月出版。收录论文、资料文章、会议综述等48篇。稿件来源主要是1996年至1997年的约稿。

《桂林抗战文化研究文集（六）》，魏华龄、左超英主编，广西师范大学出版社2001年3月出版。收录论文44篇，书评8篇，附录：《刘泰隆新著〈历史的高峰〉评介文章索引》。文章来源主要是1998年10月召开的广西第三届桂林抗战文化研讨会的论文和1998年至2000年的约稿。

《桂林抗战文化研究文集（七）》，苏关鑫、李建平主编，广西师范大学出版社2003年1月出版。收录论文、资料文章、会议综述等49篇。文章来源主要是2001年12月召开的广西第四届桂林抗战文化研讨会的论文。

《桂林抗战文化研究文集（八）》，魏华龄、苏关鑫主编，广西师范大学出版社2005年8月出版。收录领导讲话1篇，论文32篇。文章来源两方面，一是2004年12月28日召开的广西抗战文化研究与文化资源开发研讨会的论文，二是桂林抗战文化研究会为纪念成立十周年的约稿。

其他文集还有：

《蕻蔚集》，张鸿慰著，广西新闻史志编辑室2003年6月印刷，内部出版物。该集是作者的新闻史研究文集。分为三卷：卷一为"报史文存"，卷二为"报界精英"，卷三为"报海钩沉"。其中，《〈新华日报〉桂林通讯研究》《广西报业发展概况》《广西百年报史研究的回顾与前瞻》《论桂林〈救亡日报〉的时代特色及其编辑风格》等论文和人物研究价值较高。

《一个独特的历史现象：桂林文化城（上、下）》，魏华龄著，漓江出版社2003年7月出版。该书是作者1979年至2001年研究桂林抗战文化的文章的结集。作者在该书首篇文章《我与桂林抗战文化》里说："这本集子，就是近20年来我对桂林文化城和桂林抗战文化有关问题所写文章的一个结集。"该书上册分为三部分：第一部分"桂林文化城史话"收入1987年版《桂林文化城史话》全书；第二部分"研究文选"收入论文16篇；第三部分"回顾综述"收入会议发言和综述文章5篇、考证文章1篇。该书下册收入文章70篇，分为三部分，第一部分为人物研究，涉及人物有周恩来、杨东莼、薛暮桥、李达、张铁生、邓初民、胡愈之、夏衍、邵荃麟、张锡昌、狄超白、民主人士马相伯、何香凝、陈此生、陶行知、梁漱溟、林砺儒、任中敏、金仲华、陈翰笙、柳亚子、李四光、傅彬然、徐伯昕、巨赞，文艺家茅盾、王鲁彦、田汉、欧阳予倩、焦菊隐、洪深、杜宣、石联星、金山、吴晓邦、温涛、金素秋、方昭媛、张曙、尹瘦石、沙飞，国际人士胡志明、鹿地亘。第二部分为文化团体研究，涉及生活教育社、中华职业教育社、中苏文化协会桂林分会、桂林淮南俄文专修学校、日本人民反战同盟西南支部、中越文化工作同志会。第三部分为书评和序跋文章。

《一个独特的历史现象：桂林抗战文化》，魏华龄编著，漓江出版社2008年7月出版。该书是作者论文的结集。作者在"前言"里说："我决定将近年来写的有关抗战时期桂林文化城的文章结集出版，这就是《一个独特的历史现象：桂林抗战文化》。"全书未分辑，内容大体包括理论研究、文化人研究、文化活动研究、回忆录、书评、考证等6类。

《铁血昆仑关　铸就民族魂——纪念昆仑关大捷七十周年学术研讨会论文集》，南宁市社会科学院编，杨德辉主编，广西人民出版社2010年5月出版。收入2009年12月召开的"纪念昆仑关大捷七十周年学术研讨会"的论文42篇，论文内容包括战役的军事意义、抗战精神、抗战文化、爱国主义教育、战役遗址开发和保护等。作者来自中国社会科学院、广西社会科学院、广西师范大学、中共广西区委党校、南宁市社会科学院、八路军桂林办事处纪念馆等单位和抗日将领的亲属等。

《广西社会科学专家文集·苏关鑫集》，苏关鑫著，线装书局2010年出版。该集收入作者自20世纪80年代以来关于抗战文艺研究的论文和评传文章共20篇，内容以欧阳予倩研究为主，兼及对杂文刊物《野草》和对邵荃麟、孟超、聂绀弩、葛琴、田汉、熊佛西、廖沫沙、何家槐、周立波等作家抗战时期在桂林活动的研究等。

《广西社会科学专家文集·李建平集·桂林抗战文化研究》，李建平著，线装书局2012年出版。该集收入作者自20世纪80年代以来关于抗战文化研究的论文共26篇，内容以桂林抗战文化研究为主，兼及茅盾、田汉、艾青、端木蕻良等重要文艺家抗战时期的活动史实与作品的研究和关于抗战文化遗产保护研究等。

《桂林抗战文艺论》，李建平著，台北秀威资讯科技股份有限公司2013年出版。该书为作者多年研究成果的汇编。全书分为"总论""文艺活动""作家研究""艺术家研究""史料探微""历史与传承"6个部分，较全面地反映抗战时期桂林文艺活动的历史与贡献。

《寻找桂林历史文化的力量：纪念"西南第一届戏剧展览会"70周年学术研讨会文集》，文丰义主编，广西师范大学出版社2015年7月出版。收入"绪论"和专题论文26篇，分为4辑：第一辑"中国共产党与西南剧展"，收入文丰义等人的论文3篇；第二辑"西南剧展的影响与启迪"，收入盘福东等人的论文7篇；第三辑"多维视野研究的西南剧展"，收入李建平等人的论文11篇；第四辑"西南剧展与新西南剧展"，收入黄伟林等人的论文5篇。

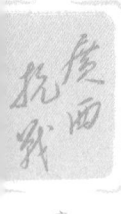

九、论文概况

据不完全统计，45年来，广西专家学者发表论文1600多篇，从整体性研究和专题研究两方面对广西抗战文化展开研究，形成许多新观点。

（一）整体性研究

1. 桂林文化城研究

涉及桂林抗战文化运动的概貌、地位、作用、成就、成因等问题。大体包括以下几个方面：

关于历史地位、作用、成就研究　1982年有李建平的《论桂林文化城在国统区抗日文艺运动中的地位和作用》（《广西大学学报》1982年第1期），1983年有杨益群、顾绍柏、潘其旭、王斌等《桂林文化城概况、历史地位及成因》（《学术论坛》1983年第3期）。20世纪90年代，有刘寿保的《桂林文化城的成就和贡献》（《桂林抗战文化研究文集》）。2000年后，有詹永媛《试论桂林抗战文化运动在广西抗日救亡斗争中的作用》（《广西民族学院学报》2000年第4期），邓群《桂林抗战文化的地位和作用》（《广西党史》2005年第6期）等。

桂林文化城概貌、特征研究　文丰义《抗战全局视野下的桂林文化抗战》（载《抗战文化研究》第1辑），李建平《战时桂林的崛起及其抗战文化繁盛景观》（载《抗战文化研究》第5辑），《桂林抗战文艺的繁盛景观及其效应》（载《重庆社会科学》2012年第8期），文丰义、时建红《抗战时期桂林的文化市场经济》（载《抗战文化研究》第11辑），黄伟林《抗战时期桂林文化城的文化变迁》（载《抗战文化研究》第12辑）。

桂林文化城形成原因研究　1982年魏华龄发表《抗战时期桂林文化城的形成》（《学术论坛》1982年第2期）作了论述，他认为，首先，是抗日战争的客观形势造成的，"广州、武汉被日本侵略军占领后，迫使大批文化人来到桂林，从事抗战救亡的文化活动"。其次，是由于桂林的特殊地位，这种特殊地位包括地理和政治的两个方面，极有利于进步文化人的文化活动。第三，在执政当局中，有部分民主派人物，他们对进步文化人采取欢迎的态度和比较开明的文化政策，"给进步文化人的活动提供了一个有利条件"。第四，最主要的还是中国共产党的领导，是党领导的抗日民族统一战线实施的结果。1988年，李建平写了专论《桂林文化城成因初探》(《社会科学家》1988年第3期)。林焕平在《桂林文化城大全》"总序"和潘其旭等编的《桂林文化城纪事》"前言"中也作了一定的分析。

桂林抗战文化运动的分期研究　　长期以来，存在"二期"说和"三期"说的不同观点。最初是林焕平在1980年的文章《抗战时期的桂林文化城》(载《叠彩》1980年第2期)里提出的"二期"说。他说："抗战时期桂林文化城可分为前后两期。"1986年，李建平提出"三期"说。他在《桂林抗日文艺运动发展的几个阶段》(载《广西社会科学》1986第3期)里，对1938年10月到1944年9月的桂林文化城六年历史，提出分为前期、中期、后期的"三期"说，为此作了约1万字的论证。同年，杨益群在《桂林抗战文化》(载《广西社会科学要览》，广西民族出版社1986年出版)里，也提出分为前期和后期的"二期"说。1989年苏关鑫在《旅桂作家（上下册）》的"序言"则使用了"三期"说。值得注意的是，1991年，林焕平在《桂林文化城大全》"总序"里，再次说到了桂林文化城的分期问题，这次他改用了"三期"说，他称之为"三阶段"："抗战时期桂林文化城的发展，可分为三个阶段。"90年代中期，魏华龄在《试论桂林抗战文化运动的分期及其特征——并与李建平等同志商榷》[《桂林抗战文化研究文集（三）》]里对"二期"说作出论证，与李建平等商榷。2020年，魏华龄根据"抗日战争十四年"的新认识，撰写《再论桂林抗战文化的分期问题——兼论桂林抗战文化的变迁及特征》(《抗战文化研究》第14辑)，提出"四期"说的新观点。他说："1931年至1945年，从桂林独特的政治环境和文化环境来看，桂林抗战文化运动大致可以分为四个时期。抗战初期，桂林抗战文化基本上是20世纪30年代上海抗战文化和革命文化的一个发展；自武汉沦陷后，至1941年1月的两年多时间，桂林抗战文化获得了大发展、大繁荣，这是一个独特的历史现象；1941年皖南事变以后至1944年桂林疏散，桂林抗战文化在扼杀与反扼杀斗争中坚持和发展；1944年11月桂林沦陷，抗战文化深入敌后，并与武装斗争相结合，直到日本无条件投降，抗日战争取得全面胜利。"弄清如何分期问题，对于把握桂林抗战文化运动的特征和历史全貌是有帮助的。

桂林文化城比较研究　　1995年，杨益群写《桂林香港抗战文艺比较研究》，发表于《桂林抗战文化研究文集（二）》，首开比较研究。1997年，重庆学者苏光文写《桂林与重庆：大后方文坛的双璧》、武汉学者徐莉君写《武汉桂林抗战文艺运动之比较研究》[两文载《桂林抗战文化研究文集（五）》]。2001年，王广军发表《延安抗战文化与桂林抗战文化对比研究》[《桂林抗战文化研究文集（六）》，广西师范大学出版社2001年出版]；2003年，魏华龄写《桂林抗战文化与延安抗战文化的内在联系》[《桂林抗战文化研究文集（七）》]。2010年，伍琳写《小议重庆、桂林、昆明抗战文化运动之特色》（《科技信息》2010年第5期），梁罡写《陕甘宁边区与广西抗战文化比较初探》（《传承》2011年第4期）。2015年，文丰义写《武汉、桂林两地抗战文化之比较研究》（《抗战文化研究》第9辑），黄伟林写《考察湖南抗战历史　拓展广西抗战研究——湖南抗战主题考察报告》（《广西教育学院学报》2015年第4期）。这些研究，使桂林文化城和广西抗战文化研究有了更广阔的参照背景。

2. 关于马克思主义、毛泽东思想传播和中国共产党领导作用研究

广西学者十分重视马克思主义、毛泽东思想在桂林的传播史和中国共产党对广西抗战文化的领导专题研究，发表不少论文。具体内容如下：

一是关于马克思主义、毛泽东思想在桂林的传播和影响研究。马克思主义传播史研究论文有魏华龄《抗战时期马克思主义在桂林文化城的传播》（《抗战文化研究》第12辑），张红《抗战时期〈新华日报〉传播马克思主义的策略及启示》（《社会科学家》2020年第11期），吴纬、韩俊喆《马克思主义在桂林抗战文化运动中的传播策略与特点研究》（《边疆经济与文化》2021年第2期）。关于毛泽东思想在桂林文化城的传播的研究文章比较多。程志军在论文《林焕平"北有延安，南有桂林"的理论论断及相关问题》提到了这一内容，他说："魏华龄、李建平、刘泰隆等学者也较早关注到毛泽东的政论、军事战略特别是文艺思想在桂林的传播。李建平《毛泽东思想在桂林文化城的传播与影响》、魏华龄《抗战时期毛泽东文艺思想在桂林的传播》、刘泰隆《毛泽东的鲁迅论及其在桂林文化城的传播和发展》对此就展开了论述。三位研究者意识到，抗战洪流中延安经验对桂林文化城的思想文化建构产生了重要影响，其辨析思路和林焕平序言中的观点本质上是相同的，主要从政治文化的角度上去分析，把相近的或相关的现象进行宏观对比，从另一方面看，这恰好是当前桂林现象研究的症结所在。"① 上述三篇论文发表情况是：李建平文发表在《南方文坛》1994年第1期，魏华龄文发表于《桂林抗战文化研究文集（二）》，刘泰隆文发表于《桂林抗战文化研究文集（二）》。文章分别论述了毛泽东思想在抗战时期在桂林文化城的传播与实践的许多事实，包括毛泽东许多著作的出版发行，以及中共基层组织的秘密活动的情况，说明党在桂林文化城实施领导的巨大作用。这一专题的文章还有莫中成、曾慧兰《毛泽东思想是桂林抗战文化城的伟大理论指导》，何成学《试析抗战时期毛泽东思想在桂林文化城广泛传播的原因》〔以上两篇载于《桂林抗战文化研究文集（四）》〕，文丰义《毛泽东文艺思想对桂林抗战文化运动的影响和作用》〔《桂林抗战文化研究文集（八）》〕，姚蓝、邓群《毛泽东对新民主主义文化观念的创建和发展》〔《安庆师范学院学报（社会科学

---

① 程志军：《林焕平"北有延安，南有桂林"的理论论断及相关问题》，《南方文坛》2021年第1期。

版）》2003年第3期]，李薇《毛泽东〈讲话〉铸就西南剧展文化经典》（收入文丰义主编《寻找桂林历史文化的力量：纪念"西南第一届戏剧展览会"70周年学术研讨会文集》）。

二是关于中国共产党对桂林抗战文化运动的领导。有一批论文展开研究：20世纪80年代有丘振声的《党的统一战线在桂林抗战文化运动中的胜利》（《学术论坛》1985年第5期），蔡定国的《共产党的领导是西南剧展的灵魂》（《广西社会科学》1986年第2期）。90年代有韦文华、苏上杰的《党领导的桂林抗日文化运动》[《南方局党史资料（六）》，重庆出版社1990年出版]，左超英《八路军办事处与桂林文化城》（《社会科学家》1990年第4期），张伴娣、李铁的《党的领导与桂林文化城的发展和繁荣》（《广西新文化史料》1991年第1期），韦文华《试论党领导桂林抗日文化运动的历史经验》（《社会科学家》1992年第4期），魏华龄《文化城的出版事业与党对出版事业的领导》（《桂林抗战文化研究文集》），姚蓝《桂林文化城的形成及党的领导作用新探》[《桂林抗战文化研究文集（二）》]，邓有铭《论党的统一战线与桂林文化城》，龙谦《试论抗战时期中国共产党对桂林文化城出版事业的领导》[邓有铭和龙谦两文载《桂林抗战文化研究文集（三）》]，陈欣德《党的抗日民族统一战线与桂林文化城》[《桂林抗战文化研究文集（四）》]。2000年以后，有詹永媛《论中共对桂林抗战文化运动的历史贡献》[《广西民族学院学报（哲学社会科学版）》2000年第2期]，文丰义《抗战时期党对桂林文化运动领导的经验启示》[《桂林抗战文化研究文集（六）》]，邓群、姚蓝、刘绍卫合著《中国共产党在桂林文化城形成和发展中的作用》[《桂林抗战文化研究文集（八）》]，盘福东、郑文成《中国共产党的非权力性影响力创造桂林抗战文化城》（《抗战文化研究》第7辑），刘绍卫《全面抗战视域下中共中央南方局的历史贡献》（《传承》2015年第9期），韩俊喆《中共对桂林抗战文化运动的构建路径及特点研究（1938.11—1944.10）》（《桂林师范高等专科学校学报》2019年第5期）等。在文丰义主编、广西师范大学出版社2015年出版的论文集《寻找桂林历史文化的力量：纪念"西南第一届戏剧展览会"70周年学术研讨会文集》里，设置《中国共产党与西南剧展》栏目，收入文丰义等人的论文3篇。

三是关于周恩来与桂林抗战文化运动。有曹裕文《周恩来与桂林文化城》（《社会科学家》1990年第1期），蔡定国《周恩来是桂林抗日救亡文化运动的掌舵人》（《桂林抗战文化研究文集》），魏华龄《周恩来情系桂林抗战文化——纪念周恩来总理诞辰一百周年》（《出版广角》1998年第1期）等。

3. 抗战文化的内涵、价值与现实作用研究

魏华龄《桂林抗战文化内涵初探及其现实意义》，李曦《也谈桂林文化城对今天文化建设的启示》、黄燕熙《桂林抗战文化凝聚力的历史内涵》[以上三文载于《桂林抗战文化研究文集（六）》]，姚蓝、邓群《桂林抗战文化与社会主义先进文化的意义和作用》（《广西党史》2022年第3期），付广华《桂林抗战文化与当代先进文化建设》[《桂林抗战文化研究文集（七）》]，魏华龄《研究抗战文化，建设先进文化》[《桂林抗战文化研究文集（八）》]，李建平《论抗日战争对中国先进文化建设的贡献》（《抗战文化研究》第1辑）、《纪念抗日战争之当代责任》（《抗战文化研究》第8辑），谷昀凌《试论桂林抗战文化城之现今价值与意义》（《学理论》2014年第5期），李萍《伟大抗战精神融入壮美广西建设的现实意义》（《沿海企业与科技》2021年第4期），等等。2020年广西师范大学费显斯的硕士论文《桂林抗战文化城与中华民族共同体意识构建》也论述这一问题。

4. 广西抗战文化研究之研究

较早的成果是1986年杨益群的《桂林抗战文化》，在《广西社会科学要览》刊载（广西民族出版社1986年出版），1988年李建平的《桂林抗战文化研究述评》（署名：曾祁），在《社会科学探索》1988年第5期发表。90年代后，魏华龄连续写作多篇文章，有《近十几年来桂林抗战文化研究述评》（《抗日战争研究》1994年第3期）、《党的十一届三中全会以来桂林抗战文化研究述评》[《桂林抗战文化研究文集（二）》]、《桂林抗战文化研究20年》[《桂林抗战文化研究文集（六）》]、《桂林抗战文化研究30年》（《桂林师范高等专科学校学报》2008年第4期），还有刘春燕、盘福东的《桂林抗战文化研究的回顾及展望》（《社会科学家》2013年第6期），李建平的《为了抗战精神的传承——广西抗战文化研究述评》（《抗战文化研究》第1辑）和《广西抗战文化研究35年综述》（《学术论坛》2015年第8期）。此外，魏华龄的《桂林抗战文化研究的回顾与现状》[《桂林抗战文化研究文集（四）》]、李建平的《桂林抗战文化研究的当代走向》[《桂林抗战文化研究文集（七）》]、盘福东的《国际视野下的广西抗战文化研究》（《抗战文化研究》第1辑）、文丰义的《桂林抗战文化史料收集、研究与开发概况》（《抗战文化研究》第12辑）、孟祥凤等的《大数据背景下的广西抗战文献资料建设研究》（《抗战文化研究》第13辑）、李萍的《民间口承文学视域下广西抗战文化研究的新思考》（《创新》2020年第2期）等，探讨广西抗战文化研究的发展问题。近几年，还出现了学习习近平总书记有关讲话精神指导抗战文化研究的文章，主要有李建平的《以习近平总书记关于抗日战争的系列重要讲话指导抗日战争研究》，韦芳、唐小珍、辛华玲的《习近平关于抗日战争的重要论述为广西抗日战争历史研究指明方向和路径》（两文载于《抗战文化研究》第14辑）。

(二) 专题研究

专题研究涉及内容很多，主要有抗战文化与爱国主义，抗战精神研究，国际文化交流、文化与文艺各门类研究，人物研究，新闻出版研究、抗战文化遗产研究等。

1. 抗战文化与爱国主义研究

主要有1995年广西召开纪念中国人民抗日战争和世界反法西斯战争利50周年暨广西抗战文化研讨会提交的一组论文，包括李建平的《爱国主义：桂林抗战文化城的基石》、邓祝仁的《论桂林文化城爱国主义的时代特征》、左超英的《论桂林抗战文化的爱国主义主题》等，认为桂林抗战文化中，无论文学作品，或者是报章杂志，还是文化活动，都洋溢着炽烈的爱国主义思想。爱国主义是桂林文化城存在的基石，是桂林抗战文化的灵魂。上述文章收入《桂林抗战文化研究文集（四）》，还有韦文华的《爱国主义——桂林文化城团结抗战的旗帜》[《桂林抗战文化研究文集（三）》]等。

2. 关于抗战精神研究

有韦广雄的《弘扬抗战文化精神 推进先进文化建设》[《桂林抗战文化研究文集（七）》]，李建平的《抗战精神：凝聚中华民族的伟大精神》（《中国文化报》2005年8月13日）和《传承抗战精神是中华民族的重大责任》（《今日桂林》2014年第1期），刘春燕的《论桂林抗战文化精神》（《社会科学家》2005年第5期），刘小林的《桂林抗战文化与中华民族精神传承》（《抗战文化研究》第6辑）等。盘福东的《桂林抗战文化蕴含深刻反思》[《桂林抗战文化研究文集（七）》]提出"抗战文化精神是社会科学的一部分，是公众社会科学素养提高的需要"，值得重视。

3. 关于国际文化交流研究

有刘寿保的《浅论抗战时期桂林国际文化大交流》和《论桂林抗战文化的国际特性》（《社会科学家》1995年第4期），曹裕文的《论桂林抗战文化的国际性》（《社会科学家》1995年第4期），文丰义的《论桂林抗战文化运动对世界反法西斯斗争的贡献》，唐国英的《桂林文化城的国际反法西斯阵线》，陈捷的《世界反法西斯文学作品在桂林的传播》，曹裕文的《论国际文化人在桂林的抗战文化活动》[以上三文载于《桂林抗战文化研究文集（四）》]，等等。

4. 关于文学与艺术各门类的研究

文学研究 2005年以前的研究成果，在第二章第六节"《广西通志》《广西大百科全书》等志书收录资料"里，有较详细的反映。2005年以后的成果，有李建平《一个抗日城市灾难与战斗的文学记忆——1937年以来中国作家笔下的桂林抗战文化城兴亡图像及战争记忆》和《广西抗战文化资源调查与文学利用》（以上两文载于《抗战文化研究》第1辑），盘福东《巴金〈公式主义者〉对中国知识分子的影响》（《抗战文化研究》第3辑），吴嗣勇《论野草社场域力量彰显的三个维度》（《抗战文化研究》第4辑），何开粹《试论桂林文化城的抗战诗词创作》（《贺州学院学报》2013年第4期），莫珊珊《桂林抗战文化城时期的"中国诗坛"派诗歌》（《桂林师范高等专科学校学报》2017年第2期），黄伟林《抗战时期旅桂作家创作综论》（《抗战文化研究》第9辑），黄绍清《为了"胜利日"的纪念——〈不屈的诗城 愤怒的战歌〉主编手记》（《抗战文化研究》第12辑），黄伟林《桂林文化城的文学生态系统》（《抗战文化研究》第14辑）等。

值得一说的是，2015年以后，黄伟林连续写作《抗战桂林文化城系列论文》，包括《田汉的桂林时间》《艾青的桂林时间》《刘雯卿的桂林时间》等，还有论巴金、徐悲鸿、欧阳予倩、丰子恺、吴伯超、戴爱莲、沈起予、储安平在桂林活动的文章，共15篇，发表于2016—2021年《贺州学院学报》，值得关注。

美术研究 20世纪八九十年代有李建平《抗战时期桂林的进步美术运动及创作》（《抗战文艺研究》1986年第4期），杨益群《抗战时期桂林美术运动的作用意义及影响》（《广西社会科学》1988年第2期），左超英《论桂林抗战木刻运动》[《桂林抗战文化研究文集（三）》]。2000年以后有刘俊《抗战时期桂林的美术讲座略论》（《抗战文化研究》第4辑），柴刚《艺术与国运：抗战时期桂林美术界的文化救亡行动》（《广西师范大学学报》2009年第2期），李晨辉《抗战时期广西艺术师资训练班美术教育活动特点及美术活动纪事》（《艺术探索》2010年第4期），李建平《抗战时期桂林美术盛况与贡献》（《中国美术》2020年第4期），陆璎《桂林抗战文化城的新兴木刻版画》（《抗战文化研究》第11辑）。最近十年，张明学发表美术研究论文较多，主要有《抗战时期桂林中国人物画画家及作品研究——以文化城丹青人物画三杰为例》，第一作者（《文史杂志》2015第3期）；《欧阳予倩与林半觉的交谊及书札往来》，第一作者（《中华书画家》2015年第2期）；《桂林文化城抗战漫画研究》，第一作者（《抗战文化研究》第9辑）；《桂林文化城抗战美术教育研究》，第一作者[《艺术工作》（CSSCI）2016第1期]；《广东梅州抗战木刻版画研究》，第一作者（《抗战文化研究》第11辑）；《云南抗战美术代表画家及其作品》，第一作者，《一册桂林抗战美术，凝视七十载史学脉络——评李普文等著〈桂林抗日战争美术史〉》，第一作者（上述两篇发表于《抗战文化研究》第12辑）；《桂林文化城文艺刊物及美术作品研究》，第一作者（《美术大观》2020年第7期）；《抗战时期漫木艺术研究》，第一作者（《抗战文化研究》第13辑）；《抗战时期的漫木艺术研究》（《抗战文化研究》第14辑）等。

戏剧研究　较早有李建平《抗战时期桂林进步戏剧运动述评》(《广西大学学报》1987年第1期)，范玉春的《抗战时期桂林的历史剧运动》、丘振声的《论桂林抗战时期戏曲改革运动》[以上两文载于《桂林抗战文化研究文集（二）》]，蔡定国的《试论桂林文化城戏剧运动的特征》(《学术论坛》1991年第5期)。2000年以后，李江发表较多论文，主要有《旌旗名城映千阳——桂林文化城戏剧运动与中国现代戏剧的文化旨归》(《抗战文化研究》第2辑)、《抗战时期桂剧改革中文化战略思维的转换》(《抗战文化研究》第3辑)、《抗战时期桂林戏剧运动的条件、过程与影响》(《抗战文化研究》第5辑)，还有黄世智的《论桂林文化城现代戏剧的主要艺术成就》(《抗战文化研究》第3辑)等。

音乐、舞蹈研究　有魏华龄《抗战时期桂林的音乐活动》(《抗战文艺研究》1987年第3期)、李建平《抗战时期桂林进步音乐活动述评》(《艺术探索》1988年第2期)、刘小林《桂林文化城的抗日救亡歌咏运动及其思考》[《桂林抗战文化研究文集（五）》]等。2000年以后，有王小昆的《"抗战歌曲到农村去！"——一个具有历史意义的战斗口号》《奇山秀水间的呐喊——抗战时期桂林的音乐创作述评》和《桂林版〈扫荡报〉与抗战音乐文化》[以上三文发表于《桂林抗战文化研究文集（八）》]，刘小林《抗战音乐文化特征解析》(《文化学刊》2008年第4期)。2008年以来，陆璎写了7篇桂籍和旅桂音乐家研究的文章，在后面"人物研究"里将作介绍。周振宇有《试论抗战时期的桂林儿童音乐活动》《试论抗战时期的桂林学生抗战音乐活动》(两文分别发表于《传承》2009年第2期和2016年第5期)。舞蹈研究有李建平《抗战时期桂林进步舞蹈活动述评》(《桂海艺丛》1988年第3期)、覃国康《抗战时期桂林文化城的舞蹈活动》(《抗战文化研究》第3辑)、黄伟林《戴爱莲与哑子背疯——抗战桂林文化城系列论文之六》(《贺州学院学报》2018年第2期)等。

电影研究　至本书截稿前仅见广西大学丁晓蕾2018年硕士论文《基于新闻史料的广西抗战电影救亡事业研究》。

研究艺术理论的有李建平《抗战时期桂林抗战艺术理论初探》(《抗战文化研究》第8辑)、黄国乐《桂林文化城期间对国画理论的建设》(《抗战文化研究》第6辑)。

5.关于新闻出版研究

有李建平的《"桂林文化城"期刊简介》(《广西大学学报》1981年1~2期连载)，陆君田《抗日战争时期的〈广西日报〉》[《桂林抗战文化研究文集（三）》]，龙谦《抗战时期中共广西地方组织领导的出版发行事业》(《广西党史》1995年第5期)，龙谦《抗战年代书作枪——桂林文化城抗战图书的出版》、钟小钰

《抗日战争时期桂林的报刊》、张鸿慰《团结的旗帜 抗日的号角——论桂林〈救亡日报〉的时代特色及其编辑风格》[以上三文发表于《桂林抗战文化研究文集（五）》]，龙谦《略论抗战时期桂林文化城的出版方针》、张鸿慰《榕城救亡曲 渝雁天下闻——〈新华日报〉桂林通讯研究》、李永刚《抗战时期桂林出版发行思想研究》[以上三文发表于《桂林抗战文化研究文集（六）》]，赵晓恩《抗战时期的桂林文化供应社（上）》《抗战时期的桂林文化供应社（下）》（《出版工作》1985年第4、第5期），王小昆的《桂林〈扫荡报〉与抗战音乐文化》[《桂林抗战文化研究文集（八）》]，商娜红《研究桂林文化城的报刊与报人》（《传媒观察》2006年第1期），靖鸣、张雷《抗战时期朝鲜义勇队在桂林等地新闻宣传活动初探》（《抗战文化研究》第3辑），万一知《〈救亡日报〉大事记》（连载，发表于《抗战文化研究》第4~6辑），万忆等《基于新闻史料的桂林抗战国际传播研究》（《抗战文化研究》第10辑），靳书君《战时桂林版〈救亡日报〉"中国化"话语的文化方向》（《社会科学家》2016年第7期），宋泉、宋菁《时局·文化·市场——从〈大公报〉（桂林版）出版广告看战时桂林的出版文化生态》（《出版科学》2017年第2期），郑振锋《抗战时期桂林教育报刊出版的历史考察——基于〈广西教育通讯〉的文本分析》（《出版广角》2017年第6期），韦干鹏《抗战时期桂林新闻出版业研究述评》（《文化与传播》2018年第2期），佘爱春《文化供应社与抗战时期的文学出版》（《南方文坛》2018年第3期），宋泉、刘文军的《非常态社会环境下的媒介研究——基于抗战时期桂林文化供应社特殊历史现象的思考》（《抗战文化研究》第12辑）等。还有靖鸣、张雷2011—2013年在《新闻与写作》发表《〈大公报〉（桂林版）的创办及其在桂林抗战文化中的作用》等系列论文7篇，陈洪波2015—2017年在《新闻与写作》和《新闻爱好者》发表关于《广西日报》广告研究的系列论文8篇，都值得关注。

一个可喜现象是大学硕士、博士论文研究广西抗战文化的增多，尤其是研究新闻学传播学的较多，主要有宋泉《文化供应社及其抗战文化传播研究（1939—1945）》（华中师范大学2017年博士论文），王博《全面抗战时期桂林出版业研究》（广西师范大学2021年硕士论文），邓宇航《桂林〈大公报〉彭子冈与杨刚新闻通讯比较》（南宁师范大学2019年硕士论文）等。

6. 关于社会科学的研究

魏华龄发表3篇论文：《抗战时期桂林文化城社会科学空前繁荣原因初探》[《桂林抗战文化研究文集（三）》]、《抗战时期桂林文化城社会科学概观及其历史贡献》[《桂林抗战文化研究文集（五）》]、《哲学社会科学对抗日救亡和思想启蒙的贡献》（《抗战文化研究》第11辑）。钟文典等的《抗战时期的广西史学》

[《桂林抗战文化研究文集（五）》］。刘春燕发表2篇论文：《试论抗战时期桂林的农村经济问题研究》《论抗战时期桂林社会科学的发展及其对当代文化建设的启示》［两文分别发表于《桂林抗战文化研究文集（六）》和《桂林抗战文化研究文集（七）》］等。此外还有谢东艳的《战时广西宗教界的抗战救亡活动研究》（广西师范大学2012年硕士学位论文）对抗战时期广西宗教界的抗日救亡活动作了研究。

7. 人物研究

文学家研究 研究鲁迅的有杨益群的《抗战时期桂林的鲁迅纪念和研究概述》［《桂林抗战文化研究文集（一）》］，刘泰隆的《重大的贡献　宝贵的经验——略论桂林文化城的鲁迅研究论著》［《桂林抗战文化研究文集（二）》］等；研究郭沫若的有李建平的《郭老战斗生活的一个缩影——抗战时期郭沫若在桂林的活动及其意义》（《抗战文艺研究》1983年第1期），李耿和李建平合著的《试论郭沫若传记文学创作的艺术特点和方法》（《郭沫若学刊》1987年第1期）等；研究茅盾的有李建平的《简论一九四二年茅盾在桂林的活动》（《茅盾研究论文选集》湖南人民出版社1983年出版）和《〈霜叶红似二月花〉矛盾冲突主线之我见》（《广西大学学报》1984年第2期），邓祝仁的《〈霜叶红似二月花〉研究二题》［《桂林抗战文化研究文集（一）》］；研究巴金的有杨益群的《巴金在桂林的文学活动及其成就》［《桂林抗战文化研究文集（一）》］，梁卡琳、彭安文的《简评巴金在桂林创作的思想内容和艺术风格》［《桂林抗战文化研究文集（二）》］，梁卡琳的《离乱中的心曲——巴金旅桂散文刍议》［《桂林抗战文化研究文集（三）》］，还有李耿和李建平合著的《抗战时期柳亚子在桂林的生活和创作》（《广西社会科学》1987年第2期），杨益群的《司马文森在桂林的文学活动与贡献》［《桂林抗战文化研究文集（一）》］，黄绍清的《"桂林文化城"时期的胡风》（《南方文坛》2006年第6期），李建平、黄伟林的《抗战时期盛成在桂林的文化活动》（《抗战文化研究》第12辑）等。

戏剧家研究 研究夏衍的有蔡定国的《夏衍抗战时期在桂林的戏剧活动和戏剧创作》（《桂林抗战文化研究文集》），魏华龄的《抗战时期夏衍在桂林的文化活动》和高宁的《〈救亡日报〉的卓越领导者——夏衍》［两文载《桂林抗战文化研究文集（三）》］；研究田汉的有杨益群的《田汉抗战剧论及剧作浅谈》（《桂林抗战文化研究文集》），吴辰海的《志存高远　锐意创新——试论抗战期间田汉关于戏剧民族形式的思想》，李建平的《抗战时期田汉在桂林的戏剧活动及贡献》（《学术论坛》1987年第1期）和《论田汉抗战时期的文化活动对中国先进文化建设的贡献》（《田汉研究》第三辑，中国戏剧出版社2006年8月版），蔡定国的《试论田汉在中国抗战戏剧中的地位——为纪念田汉诞辰100周年而作》（《学术论坛》1998年

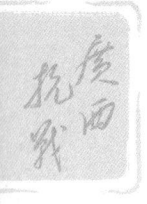

第10期),邓祝仁《田汉的抗战情怀——从田汉在桂林抗战文化城说起》(《桂学研究》第2辑)等;研究欧阳予倩的有魏华龄的《欧阳予倩与桂林剧运》,丘振声和杨荫亭的《桂剧发展史上的丰碑——欧阳予倩改革桂剧的卓著贡献》,蔡定国的《新发现的欧阳予倩歌剧本事稿》[《桂林抗战文化研究文集(五)》],苏关鑫的《西南剧展与欧阳予倩》[《桂林抗战文化研究文集(八)》],盘福东的《欧阳予倩在南通的剧改实践与桂剧改革》[《桂林抗战文化研究文集(八)》]等。

美术家研究 有黄国乐的《抗战时期桂林国画家研究》(《抗战文化研究》第2辑),李建平的《抗战时期徐悲鸿、关山月等国画家在桂林的创作》、杨益群的《太阳将永远照耀着他——试论黄新波抗战文化活动及其贡献》(以上两文载于《抗战文化研究》第7辑),李建平的《抗战时期丰子恺、廖冰兄、叶浅予等漫画家在桂林的艺术活动》(《艺术探索》2014年第5期),张明学的《文化名人在桂林——林半觉与郭沫若、徐悲鸿、罗香林》(《中华书画家》2014年第3期)等。

音乐家研究 有王小昆的《简论陆华柏教授在桂林抗战音乐文化中的贡献》[《桂林抗战文化研究文集(四)》]、《中国新音乐运动的杰出战士——薛良》(《艺术探索》2000年第4期)。陆瓔写有一组论文:《抗战音乐家张曙研究综述》(《抗战文化研究》第2辑)、《抗战时期音乐家林路在桂林的生活与创作》(《抗战文化研究》第3辑)、《抗战时期音乐家刘世昕在桂林》(《抗战文化研究》第4辑),以及《抗战时期音乐家吴伯超在桂林》(《抗战文化研究》第5辑)、《抗战时期音乐家陆华柏在桂林》(《抗战文化研究》第5辑)、《弦鸣山水间——抗战时期音乐家马思聪在桂林》(《抗战文化研究》第7辑)、《田汉与张曙的艺术情缘》(《抗战文化研究》第14辑),还有黄伟林的《吴伯超桂林时期的音乐创作——抗战桂林文化城系列论文之五》(《贺州学院学报》2017年第5期)等。

新闻出版界人物研究 有高宁的《〈救亡日报〉的卓越领导者——夏衍》[《桂林抗战文化研究文集(三)》],靖鸣、张雷的《抗战时期〈大公报〉(桂林版)杨刚的"战地通讯"特色》(《新闻与写作》2011年第5期),文丰义的《范长江:国统区开创红色新闻宣传第一人》(《抗战文化研究》第8辑),徐健的《抗战时期桂林进步报人群体的历史贡献》(《社会科学家》2015年第5期)等。

政治人物研究 有魏华龄的《胡愈之对桂林文化城的贡献》(《桂林抗战文化研究文集》),高言弘的《著名学者杨东莼及其著作》(《广西文史》2005年第4期),姚蓝的《论杨东莼在桂林文化城形成和发展中的杰出贡献》[《桂林抗战文化研究文集(六)》],徐健、杨晓佼的《抗战时期胡愈之在桂林的新闻出版活动》(《新闻与写作》2011年第3期),刘宗惠、劳玉英的《李任仁与抗战时期的桂林文化》(《文史春秋》2011年第6期),宋泉的《论陈劭先的民主思想与出版活动》

(《华中学术》，2015年第12期)，黄宗炎的《李宗仁与台儿庄会战》(《广西文史》2008年第2期)，黄伟林的《李宗仁抗战理论探要》(《抗战文化研究》第11辑)，曾强的《李济深与桂林抗战文化》(《抗战文化研究》第14辑)，赵文娟的《陈劭先在抗日战争期间的进步出版活动概叙》(《团结》2022年第2期)等。还有黄铮研究胡志明在桂林从事抗日文化活动的论文《胡志明在桂林的革命活动及其意义》(《中共桂林市委党校学报》2001年第1期)等。魏华龄的《抗战时期旅桂文化名人在桂住址调查》(《抗战文化研究》第8辑)提供了桂林抗战文化人物研究的新资料。

桂籍文艺家研究 作家研究方面，有李建平的《秦似与杂文刊物〈野草〉》(《杂文界》1985年第1期)、《秦似杂文的思想艺术特色》(《新花漫赏》，广西民族出版社1985年11月出版)、《抗战时期桂籍作家的文学活动与贡献》(《广西文史》2005年第2期)，林志仪的《论陈迩冬抗战时期及抗战前的文学创作》和《秦似抗战时期反法西斯的战斗杂文》[两文分别载于《桂林抗战文化研究文集(二)》《桂林抗战文化研究文集(三)》]，丘振声的《抗日时期周钢鸣在文艺理论上的建树》[《桂林抗战文化研究文集(四)》]，钟琼、林艳红的《秦似与桂林之缘及其向桂林图书馆赠书概况》(《抗战文化研究》第11辑)，高蔚的《桂林抗战文化城内的广西本土小说家》(《桂学研究》2015年第2辑)等。还有贵州学者黄泽佩写了多篇研究青年诗人严杰人的论文先后在《桂林抗战文化研究文集》和《抗战文化研究》发表。桂籍艺术家研究方面，有蔡定国的《抗战时期的阳太阳教授》(《社会科学家》1994年第7期)，王小昆的《桂林抗战音乐活动中的满谦子先生》[《桂林抗战文化研究文集(五)》]，陆璎的《抗战时期音乐家满谦子在桂林活动概述》(《抗战文化研究》第7辑)，张明学的《文化视野下的艺术家帅础坚》(《艺术探索》2013年第5期)，杨益群的《不该被忘记的广西本土画家徐杰民》《活跃在抗战画坛上的张在民》(两文分别载于《抗战文化研究》第12辑，《抗战文化研究》第14辑)，李建平的《李耿与林志仪：桂籍抗战文化人活动拾遗》(《广西地方志》2023年第2期)。

8.关于抗战文化遗产研究

有李建平的《广西抗战文化资源调查与文学利用》(《抗战文化研究》第1辑)《广西抗战和二战遗址保护与旅游开发互动关系研究》(《抗战文化研究》第3辑)和系列论文《中国西部地区抗战遗址调查研究概论》(《中国西部地区抗战遗址调查研究》系列论文之一，发表于《文化与传播》2015年第5期)、《中国西部地区抗战遗址考察及其遗址概况》(《中国西部地区抗战遗址调查研究》系列论文之二，发表于《百色学院学报》2015年第5期)、《西部地区抗战遗址存在的问题及保护建议》(《中国西部地区抗战遗址调查研究》系列论文之三，发表于《中华文化论坛》

2015年第6期），文丰义的《丰富的抗战文化资源与桂林红色旅游的开发》和《广西抗战遗产资源整合与保护利用规划构想》（两文先后发表于《抗战文化研究》第1辑、《抗战文化研究》第13辑），刘畅、李建平的《内蒙古自治区抗战遗址现状与保护利用建议》，王建平、陶志红的《陕西省抗战遗址调查报告》（以上两文发表于《抗战文化研究》第9辑），陆璎的《贵州省抗战遗址调查报告》，陆璎和李建平的《云南省抗战遗址调查报告》（以上两文发表于《抗战文化研究》第10辑），王建平等的《广西军队北上抗日行踪遗址调查（之一）——以1937年淞沪会战为中心》《广西军队北上抗日行踪遗址调查（之二）——以1938年徐州会战为中心》（以上两文发表于《抗战文化研究》第13、14辑），还有农何茵的《论南宁市昆仑关景区的保护及其开发规划》（《沿海企业与科技》2007年第8期），洪德善的《论桂林抗战文化博物馆的建设》（《抗战文化研究》第5辑）、《桂林博物馆藏抗战文化城文物资料综述》（《抗战文化研究》第8辑），肖圣军的《柳州抗日战争文化遗产保护和利用研究》（《中国民族博览》2017年），席钦钦等的《广西抗日战争文化遗产保护与利用研究》（《传承》2011年第22期），等等。

9. 教育、图书馆与文献整理研究

抗战时期教育研究有梁彩花的《二十世纪三十年代广西"特种部族教育"述论》（《广西社会科学》1996年第2期），帅民风的《抗战时期桂林美术教育》（《美术观察》2005年第12期），蒋桂珍的《浅论桂林抗战教育取得的成就及其原因》[《桂林抗战文化研究文集（五）》]，袁斌业的《桂林文化城的翻译教育实践研究》（《翻译教学与研究》2022年第1期）。图书馆研究主要有覃静、钟琼合著的《桂林图书馆抗战文献征集整理及研究利用》（《抗战文化研究》第3辑），覃静的《抗战时期广西各图书馆受损基本情况及其思考》（《抗战文化研究》第2辑），覃静的《广西抗战文化研究网页的建设与思考》（《抗战文化研究》第3辑），胡桂荣、吕立中合著的《广西桂林图书馆劫后存书考略》[《桂林抗战文化研究文集（七）》]，廖晓云的《新桂系时期广西地方文献的整理与编纂》（《图书馆界》2014年第4期）等。

10. 翻译研究

主要有袁斌业的《桂林抗战文化城文艺翻译活动的成就及贡献》（《抗战文化研究》第6辑）、《庄寿慈在桂林抗战文化城的翻译实践研究》（《抗战文化研究》第10辑）、《何家槐的苏联工厂史翻译及其影响》（《抗战文化研究》第12辑）等。

十、获国家社科基金立项项目

桂林文化城抗战文化的深邃内涵和广西抗战文化的丰富内容，经过几十年的深度发掘与深入研究，其价值日益显现，研究成果日益丰硕，在学界和社会上的影响越来越大，参与研究工作的专家学者也越来越多。许多研究项目在国家研究平台受到重视，在国家社科基金项目评选中获得立项。据不完全统计，自20世纪80年代中期设立国家社科基金申报制度以来的三十几年里，广西有以下关于抗战文化研究项目获得立项（抗日战争史研究项目未计入内）：

1987年广西社会科学院蔡定国《桂林抗战文学史》获国家社科基金"七五"规划项目立项。

2006年广西师范大学文学院李江《抗战时期桂林文化城戏剧家群及其成因研究》获国家社科基金项目立项（06XZW007）。

2007年广西大学新闻传播学院商娜红《抗战时期广西新闻出版事业研究》获国家社科基金项目立项（07BXW005）。

2008年广西师范学院新闻学院靖鸣《抗战时期国共合作背景下桂林新闻事业史研究》获国家社科基金项目立项（08BXW003）。

2009年广西社会科学院李建平《桂林抗战艺术史》获国家社科基金艺术学项目立项（09BA008）。

2010年桂林师范高等专科学校徐健《抗战时期桂林进步报人群体新闻活动研究》获国家社科基金青年项目立项（新闻学48号）。

2011年广西师范大学张红《西南抗战文化人中的共产党员群体作用研究》获国家社科基金一般项目立项（党史类11BDJ011）。

2013年广西师范大学刘铁群《抗战时期桂林文化城文艺期刊研究》获国家社科基金一般项目立项（13BZW115）。

2014年广西社会科学院李建平《中国西部地区抗战遗址调查与保护利用研究》获国家社科基金西部项目立项（14XZS023）。

2016年广西财经学院蒙雨《抗战时期大后方左翼文艺运动与中国共产党宣传策略研究》获国家社科基金西部项目立项（16XDJ005）；广西师范大学唐咸明《抗战时期岭南地区古籍抢救保护史料整理和研究》获国家社科基金西部项目立项

(16XTQ007)；桂林航天工业学院傅治夷《"美国飞虎队"援华抗日史料的汇编及翻译转换研究》获国家社科基金一般项目立项（16BYY026）。

2017年广西大学张明学《中国抗战美术史研究》获国家社科基金一般项目立项（17BDJ015）。

2018年广西师范大学张红《抗战时期马克思主义在西南国民党统治区青年学生中的传播研究》获国家社会科学基金项目一般项目立项（18BDJ058）。

2019年广西师范大学黄伟林教授《桂林文化城文学编年史》获国家社科基金一般项目立项（19BZW127）。

2021年，北部湾大学李波《抗战时期桂林版画文献整理的收集、整理与综合研究》获2021年国家社科基金一般项目立项（21BZS132）；广西师范大学刘铁群教授《桂林文化城文学名家作品版本流变研究》获国家社科基金一般项目立项（21BZW042）。

2022年，广西教育学院程志军《桂林抗战文艺运动与延安经验的关联研究》获国家社科基金西部项目立项（22XZW015）；广西师范大学黄艺红《抗战时期文化供应社的进步文学生产研究》获国家社科基金西部项目立项（22XZW016）。

第五章 广西抗战文化研究会的成立与活动

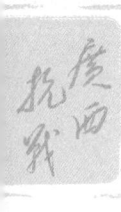

一、广西抗战文化研究会的简历与宗旨

广西抗战文化研究会前身为广西抗战文艺研究会,于1988年12月21日成立,隶属于广西中国文学学会,为二级学会。1996年根据国家民政部管理规定,办理社团登记手续,经中共广西壮族自治区委员会宣传部批准,报广西壮族自治区民政厅登记,于1996年12月2日成立广西抗战文化研究会,成为具有独立法人资格的自治区一级学会。业务主管单位为广西壮族自治区社会科学界联合会。截至2023年6月30日的统计,有会员64人,由广西各高校、党校、社会科学研究机构、文化机构和党史部门的研究者组成。第一任会长林焕平(1988年12月—1993年10月任职),第二任会长丘振声(1993年10月—2001年12月任职),第三任会长李建平(连任三届,2001年12月—2017年8月任职),第四任会长王建平(连任两届,2017年8月至今)。

广西抗战文化研究会以弘扬抗战精神,传承抗战文化为宗旨,以发掘整理广西与抗日战争相关的文物史料,编撰出版史料集和学术著作,参与抗战遗址调查、文物鉴定、展览布展,开展宣传演讲等为活动方式,成立40多年来,在爱国主义思想传播、抗日战争史学术研究与宣传普及、广西地方文化建设等方面做了大量工作,在广西社会科学界和国内抗日战争史研究界形成一定影响。2016年,广西抗战文化研究会被评选为全国社科联系统先进学会。

二、广西抗战文化研究会历届会员大会

(一)广西抗战文艺研究会成立暨第一次会员大会

1988年12月21日,广西学者和文化界人士70多人聚集桂林,召开广西抗战文

艺研究会成立暨第一次会员大会,宣告广西抗战文艺研究会成立。广西社会科学院文学研究所所长丘振声主持会议,左联老作家、桂林抗战文化城亲历者林焕平发表讲话。大会选举第一届理事会理事32名,选举林焕平任会长,丘振声、魏华龄等8人任副会长,李建平任秘书长。聘请夏衍、谢和赓为名誉会长,聘请莫乃群、曾敏之、阳太阳、黄独峰、廖行健、朱荣、尹羲、梁宁、潘古为顾问。

1988年12月24日《漓江日报》刊登的广西抗战文艺研究会成立报道

(二) 第二次会员代表大会

1993年10月8日,广西抗战文艺研究会举行第二次会员代表大会,会上进行了换届选举,推选出了第二届理事会理事23人。在接着举行的二届一次理事会上,选举丘振声任会长、魏华龄等5人任副会长,李建平任秘书长。理事会聘请林焕平任名誉会长。

(三) 第三次会员代表大会

1996年12月2日,广西抗战文艺研究会更名为广西抗战文化研究会在民政部门登记成立。2001年12月是广西抗战文化研究会在民政部门正式登记满5年的时间,根据学会章程,并报自治区党委宣传部批准和自治区民政厅备案,广西抗战文化研究会于12月11日在桂林召开了第三届会员代表大会,会议审议了第二届理事会工作报告;研究了学会的工作,提出了工作意见;进行了理事会换届选举。会议经过民主协商,选出了第三届理事会理事24人;在接着召开的三届一次理事会上,选出了以李建平为会长、万一知等8人为副会长、黄燕熙为秘书长的新一届学会领导班子。理事会选魏华龄、丘振声为名誉会长。

广西抗战文化研究会第三次会员代表大会会场（广西抗战文化研究会供图）

（四）第四次会员代表大会

2006年12月15日，广西抗战文化研究会在南宁召开第四届会员代表大会，第三届会长李建平主持会议。大会审议并通过李建平代表第三届理事会作的工作报告，进行理事会换届选举，选举邓群等29人为第四届理事会理事。12月16日举行四届一次理事会，李建平连任第四届会长，王建平担任秘书长。

广西抗战文化研究会第四次会员代表大会会场（王建平 摄）

广西社科联党组书记、主席庞汉生出席会议并作重要讲话。他对广西抗战文化研究会过去取得的成绩和本次大会表示热烈的祝贺，在充分肯定抗战文化研究会作为2004—2005年度先进单位和到会代表阵容整齐、纪律严肃的同时，他提出与会代表要认真学习中共中央十六届六中全会的文件，为营造和谐文化和构建社会主义和谐社会，尽到广西社会科学理论工作者的责任。他要求包括抗战文化研究会在内的广西各社科学术团体,以2004年中共中央3号文件《关于进一步繁荣发展哲学社会科学的意见》为指针,认真落实广西壮族自治区党委《关于大力发展繁荣哲学社会科学的意见》的文件精神,多出精品,多出人才,为建设富裕、文明、和谐的新广西贡献大家的智慧和才能。

会议还讨论了广西抗战文化研究的下一步发展规划。李建平代表广西抗战文化研究会表示,计划从2007年起,自筹经费创办《抗战文化研究》丛刊,面向全国征稿,推出精品力作,弘扬抗战精神,让抗战文化研究走出低谷,为推动经济社会发展发挥更大的作用。

(五) 第五次会员代表大会

2011年8月20日,广西抗战文化研究会第五次会员代表大会暨五届一次理事会在桂林市政协会议室召开。广西社会科学院副院长黄志勇和来自南宁、柳州、桂林市的40多位会员出席会议。

广西抗战文化研究会第五次会员代表大会暨五届一次理事会会场(广西抗战文化研究会供图)

广西抗战文化研究会第五次会员代表大会暨五届一次理事会代表合影(广西抗战文化研究会供图)

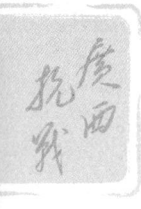

第五次会员代表大会由广西抗战文化研究会副会长、广西师范大学教授唐凌主持。广西抗战文化研究会第四届会长李建平作开幕词。大会宣读了广西先进文化发展促进会、广西写作协会、广西历史学会、广西中国—东盟文化研究会、广西语言文学学会、桂林市抗战文化研究会向本次大会发来的贺信。李建平代表第四届理事会作《广西抗战文化研究会第四届理事会工作报告》，总结了四届理事会五年来的工作和成绩，分析了还存在的问题，并对今后的工作提出建议。广西抗战文化研究会秘书长、广西大学教授王建平作了《广西抗战文化研究会第四届理事会财务报告》，广西抗战文化研究会副会长、八路军桂林办事处纪念馆副馆长文丰义研究员作了关于章程修改报告。大会代表经过审议，通过了上述三个报告。在经过充分协商后，大会选举了由李建平等29人组成的第五届理事会。

广西社会科学院副院长黄志勇在会上作了讲话。他代表广西社会科学院对大会的召开表示衷心的祝贺，充分肯定了学会同志们的努力和贡献，并希望广西抗战文化研究会在当今"大力繁荣和发展社会主义文化"的伟大事业中发挥出更大的作用，作出更大的贡献。他对广西抗战文化研究会今后的工作提出了四点意见：努力开拓创新，不断推出新成果；加强与社会科学界各学科各领域的交流与合作，进一步繁荣社会科学事业；大力开展应用研究，更好地为改革开放和社会主义文化建设服务；切实抓好学科建设和人才培养工作，将广西抗战文化研究持续开展下去。

在接着召开的第五届理事会第一次会议上，理事会选举了李建平等21人组成的常务理事会和会长、副会长、秘书长等领导成员。李建平连任会长，王建平、文丰义、李乐年、李江、刘春燕、钟琼、唐凌、黄晓娟、黄燕熙担任副会长，王建平兼任秘书长。会议还通过了聘请魏华龄、黄铮、丘振声为名誉会长的决定。会议还研究了今后五年的工作计划，审批了新会员登记表。

（六）第六次会员代表大会

广西抗战文化研究会于2017年8月11日在南宁市召开第六次会员代表大会。应邀出席大会的领导有广西社科联党组副书记、副主席庞卡，广西社会科学院党组副书记、副院长谢林城。42名会员代表出席大会。李建平在大会上作了第五届理事会工作报告，回顾了六年来的工作情况和成绩，提出了今后工作的目标和要求。王建平在大会上作了财务报告，黄燕熙作了修改章程的报告。大会通过了以上三个报告，并以无记名投票方式选举出第六届理事会理事23名，监事1名。

广西社科联党组副书记、副主席庞卡和广西社会科学院副书记、副院长谢林城分别在大会发表讲话，阐明了传承抗战精神的重要意义，肯定广西抗战文化研究会多年来的工作成绩和研究成果，勉励各位代表要更加努力地学习习近平总书记系列重要讲话精神,以优异成绩迎接党的十九大召开。

8月11日晚上,广西抗战文化研究会召开六届一次理事会。会议由王建平主持。理事会选举王建平为会长,李建平等8人为副会长,李建平兼任秘书长。通过聘请魏华龄为名誉会长,李乐年等6人为顾问的决定。

广西抗战文化研究会第六次会员代表大会会场(陆璎 摄)

(七)第七次会员代表大会

广西抗战文化研究会于2022年10月29日在南宁市召开第七次会员代表大会。出席会议会员48人。大会听取并通过了王建平作的第六届理事会工作报告、李建平作的财务报告、黄燕熙作的章程修改报告。大会选举了王建平等36人为理事。会员大会后举行七届一次理事会,王建平主持会议。会议选举王建平为会长,选举陆璎等10人为副会长,陆璎兼任秘书长,选举严颖为监事。理事会聘请魏华龄、李建平为名誉会长。

广西抗战文化研究会第七次会员大会会场(陆璎 摄)

广西抗战文化研究会第七次会员大会与会者合影(吴能贞 摄)

三、历届理事会概况

(一)第一届理事会

第一届理事会于1988年12月成立,工作至1993年10月。

第一届理事会成员名单如下:

会　长:林焕平

副会长:魏华龄、丘振声、蔡定国、刘泰隆、江浩、张文祥、邓小飞

秘书长:李建平

副秘书长:刘寿保、唐国英

理事:刁紫梦、万一知、王定国、韦文华、韦芳、邓小飞、邓冠濂、刘焕林、刘泰隆、刘寿保、刘业林、江浩、丘振声、吴辰海、吴立德、苏关鑫、李建平、何英、林焕平、张文样、张雨夏、张伴娣、罗标元、周继南、顾建国、梁克虎、梁碧兰、高榕、唐国英、雷锐、蔡定国、魏华龄

第一届理事会聘请夏衍、韦纯束为名誉会长,聘请谢和赓、莫乃群、曾敏之、阳太阳、黄独峰、廖行健、朱荣、尹羲、梁宁、潘古为顾问。

(二)第二届理事会

第二届理事会于1993年10月成立,工作至2001年12月。第二届理事会工作期

间，按照广西民政厅关于社会团体登记管理的规定，于1996年向中共广西壮族自治区委员会宣传部提交请求其担任主管单位的请示，经批准同意后向广西民政厅提交了成立广西抗战文化研究会的申请报告，于1996年12月获批成立，正式将广西抗战文艺研究会更名为广西抗战文化研究会。原第二届理事会工作班子及成员延续工作至2001年12月。

第二届理事会成员名单如下：

会　　长：丘振声

副会长：魏华龄、蔡定国、祝锦炎、苏关鑫、曾有云

秘书长：李建平

副秘书长：刘寿保、唐国英、左超英

理事：丘振声、魏华龄、蔡定国、祝锦炎、苏关鑫、曾有云、李建平、刘寿保、唐国英、左超英、雷锐、罗标元、郭志高、彭安文、熊正作、郑妙昌、党玉敏、聂震宁、顾建国、吴辰海、唐侬麟、龙谦、韦文华

第二届理事会聘请林焕平为名誉会长。聘请钟家佐、杜晶一、阳太阳、李俊康、朱荣、刘泰隆、林志仪为顾问。

（三）第三届理事会

第三届理事会于2001年12月成立，工作至2006年12月。第三届理事会工作期间，召开了8次理事会。

第三届理事成员名单如下：

会　　长：李建平

副会长：万一知、邓群、王小昆、蔡定国、雷锐、冼培芳、周德荣、肖启明

秘书长：黄燕熙

副秘书长：王绍辉、刘春燕、盘福东

理事：李建平、万一知、邓群、王小昆、蔡定国、雷锐、冼培芳、周德荣、肖启明、黄燕熙、郭志高、王绍辉、江建文、唐凌、刘春燕、盘福东、文丰义、张子模、苏关鑫、覃静、覃可霖、陈铁生、李宜霞、翟鹏玉

第三届理事会聘请魏华龄、丘振声为名誉会长。

（四）第四届理事会

第四届理事会于2006年12月成立，工作至2011年12月。第四届理事会工作期间，召开了5次理事会。

第四届理事会成员名单如下：

会　　长：李建平

副会长：万一知、文丰义、邓群、李乐年、李江、唐凌、黄晓娟、黄燕熙、盘福东、覃可霖

秘书长：王建平

副秘书长：王绍辉、刘春燕

理事：李建平、邓群、万一知、文丰义、唐凌、黄燕熙、覃可霖、李江、黄晓娟、李乐年、盘福东、王建平、王绍辉、刘春燕、施延、刘绍卫、翟鹏玉、江建文、肖启明、周德荣、王小昆、黄伟林、雷锐、陈欣德、钟琼、覃静、凌世君、陈铁生、韦芳

第四届理事会聘请魏华龄、黄铮、丘振声为名誉会长。

（五）第五届理事会

第五届理事会于2011年12月成立，工作至2017年8月。第五届理事会工作期间，召开了7次理事会。

第五届理事会成员名单如下：

会　　长：李建平

副会长：王建平、文丰义、刘春燕、李乐年、李江、钟琼、唐凌、黄晓娟、黄燕熙

秘书长：王建平（兼）

副秘书长：王绍辉、陆璎、盘福东、凌世君

理事：李建平、文丰义、唐凌、黄燕熙、覃可霖、李江、黄晓娟、李乐年、盘福东、王建平、王绍辉、刘春燕、万一知、方建诠、刘绍卫、雷锐、黄伟林、陈欣德、钟琼、覃静、凌世君、罗自强、韦芳、蒋延、何成学、陆璎、温存超、程州、李燕宁

常务理事：王建平、文丰义、李乐年、李江、李建平、刘绍卫、刘春燕、钟琼、唐凌、黄伟林、黄晓娟、黄燕熙、王绍辉、陆璎、凌世君、盘福东、万一知、韦芳、蒋延、温存超、覃可霖

第五届理事会聘请魏华龄、黄铮、丘振声为名誉会长。

（六）第六届理事会

第六届理事会于2017年8月成立，工作至2022年10月。第六届理事会工作期间，召开8次理事会。

第六届理事会成员名单如下：

会　　长：王建平

副会长：文丰义、李建平、刘频、何成学、钟琼、唐凌、黄伟林、黄燕熙

秘书长：李建平（兼）

副秘书长：陆瓔、宋泉、万玉琴、凌世君、林艳红、刘铁群

理事：王建平、李建平、文丰义、黄燕熙、唐凌、黄伟林、钟琼、刘频、何成学、刘春燕、陆瓔、宋泉、林艳红、万玉琴、凌世君、韦芳、刘绍卫、容杰、黎学锐、刘铁群、卢芳明、张明学、陈洪波

监事：严颖

第六届理事会聘请魏华龄为名誉会长。聘请李乐年、苏关鑫、黄绍清、江建文、周德荣、陈欣德为顾问。

在六届三次理事会上，增补蒋宁华、曾强、韩继伟为理事。在六届四次理事会上，增补陈梅云为理事。在六届五次理事会上，增补李萍为理事。在六届七次理事会上，增补黄璐为理事。在六届八次理事会上，增补帅民风为理事，聘请黄璐为副秘书长。

（七）第七届理事会

第七届理事会于2022年10月29日成立。第七届理事会成员名单如下：

会　　长：王建平

副会长：文丰义、刘绍卫。张明学、何成学、陆瓔、宋泉、凌世君、蒋宁华、黄伟林、曾强

秘书长：陆瓔（兼）

副秘书长：万玉琴、黄璐、林艳红、刘铁群

理事：王建平、陆瓔、李萍、黄璐、陈梅云、薛辉、冯名梦、过竹、李建平、吴能贞、宋泉、张明学、何成学、刘绍卫、蒋宁华、陈洪波、帅民风、农华霞、欧阳宜文、陶志红、黄海云、容杰、黄少雄、文丰义、黄伟林、凌世君、唐凌、万玉琴、刘铁群、林艳红、曾强、彭志创、邱洁玲、潘晓军、韦芳、韩继伟

监事：严颖

第七届理事会聘请魏华龄、李建平为名誉会长。

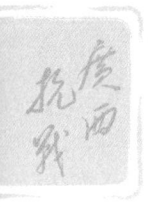

四、广西抗战文化研究会的主要活动

（一）召开学术研讨会、座谈会、纪念会37次（含联办、协办、承办）

自1993年举办第一届桂林抗战文化研究研讨会以来，至2023年6月，广西抗战文化研究会共举办（含联办、承办、协办）各类学术研讨会、座谈会、纪念会37次。各次会议情况如下：

1. 广西首届桂林抗战文化研究研讨会（1993年）

会议详情见第二章"召开学术研讨会或座谈会"一节。

2. 广西抗战文化学术研讨会（1995年）

会议详情见第二章"召开学术研讨会或座谈会"一节。

3. 全国第五届八办纪念馆研讨会暨广西第三届抗战文化研讨会（1998年）

会议详情见第二章"召开学术研讨会或座谈会"一节。

4. 学习江泽民同志"三个代表"重要思想暨纪念九一八事变70周年座谈会（2001年）

2001年9月17日下午，广西抗战文化研究会与广西新四军历史研究会、广西中共党史学会在南宁联合召开"学习江泽民同志'三个代表'重要思想暨纪念九一八事变70周年座谈会"，在邕的新四军老战士和有关专家学者共50多人参加了会议。三个学会的代表共6人在会上作了发言。广西抗战文化研究会法人代表、秘书长李建平在会上作了题为《纪念九一八，把抗战文化研究深入开展下去》的发言。

5. 广西第四届桂林抗战文化研讨会（2001年）

2001年12月10日，广西抗战文化研究会与中共桂林市委宣传部、桂林市政协文史资料委员会、桂林市社科联联合召开"广西第四届桂林抗战文化研讨会"，来自重庆和广西桂林、南宁的专家学者40多人参加会议。会议总结了近几年来广西抗战文化研究的工作实绩，探讨了今后工作的新思路。会议围绕桂林抗战文化与建设中国特色社会主义文化的理论形态、实践形态和桂林抗战文化研究自身建设与资料中心建设等问题展开讨论。会议认为，自20世纪80年代初开展的桂林抗战文化研究，经过众多专家学者和有关文化人的努力，已取得了出版《桂林抗战文学史》、《桂林文化大事记（1937—1949）》、《抗战时期文化名人在桂林》、《桂林抗战文化研究文集》（1~6集）等专著、论文集和资料集20余部，发表论文600多篇，总计

1000余万字的研究成果，为开展爱国主义教育、弘扬优秀传统文化作出了应有的成绩。大家认为，桂林抗战文化经过20年的发展，已逐步从单纯的文学和历史研究中走了出来，正在形成一种集文学、艺术、文化、党史、地方史、新闻出版、教育、图书馆等众多学科联合攻关、有现代信息技术参与、为改革开放和当前的经济社会发展服务的现代新兴学科的雏形。与会代表一致认为，面对新世纪新形势、新任务，广西抗战文化研究要以"三个代表"重要思想为指导，强化学术研究的当代性、先进性和科学性，围绕增强广西的文化力展开相关研究，积极为经济建设和社会发展服务，为建设中国特色社会主义文化作出贡献。

6. 广西抗战文化史迹、史料调查与开发研讨会暨三届二次理事会（2002年）

2002年9月12—13日，广西抗战文化研究会在桂林举办"广西抗战文化史迹、史料调查与开发研讨会暨三届二次理事会"。李建平会长主持会议。来自南宁、柳州和桂林的30多名专家、教授出席了会议。在12日的研讨会上，与会者围绕着如何进一步发掘广西抗战文化史迹、史料，开发利用这一宝贵文化资源进行了深入的探讨。广西桂林图书馆、桂林市文化局、柳州市图书馆专家和广西师范大学唐凌教授分别在会上作了重点发言。

7. 广西抗战文化研究与文化资源开发研讨会（2004年）

2004年12月28日，广西抗战文化研究会与广西社会科学院文史研究所联合召开"广西抗战文化研究与文化资源开发研讨会"，出席会议40多人，收到论文28篇。李建平主持会议。会议围绕以下问题展开研讨：广西抗战文化图片资料的收集与出版研究、抗战文化史实与电视剧创作、抗战文化遗产保护开发与红色旅游线路的设计、广西抗战文化网站的建设与信息化时代的传播策略。

8. 广西抗战精神与抗战文化学术研讨会（2005年）

2005年12月16—17日，广西抗战文化研究会与广西社会科学院文史研究所、柳州市文化局在柳州市联合召开"广西抗战精神与抗战文化学术研讨会"。出席会议38人，会议收到著作和论文集4部，论文11篇。会议探讨了"广西抗战精神"及弘扬抗战精神等问题。江建文、李建平、刘春燕、黄铮、文丰义、李江、凌世君、陈欣德等学者发言。会议期间，与会人员参观考察了胡志明故居、大韩民国临时政府柳州旧址与抗日斗争纪念馆、美国空军"飞虎队"柳州机场旧址、蒋介石莅柳暨桂南会议旧址等柳州市抗战遗址。

9. 国际视野下的抗战文化学术研讨会（2006年）

2006年12月15日，广西抗战文化研究会举行"国际视野下的抗战文化学术研讨会"，出席会议42人，会议收到论文10篇。会议探讨了抗战文化研究的国际性问题。李建平、黄铮、唐凌、姚蓝、覃可霖、文丰义、李乐年、李江、陈欣德等学者宣读论文或发言。会议期间，与会人员考察了南宁市昆仑关战役遗址。

10. 广西抗战文化遗产与旅游开发研讨会（2007年）

2007年12月28—29日，广西抗战文化研究会与广西社会科学院文史研究所在南宁市联合召开"广西抗战文化遗产与旅游开发研讨会"。出席会议37人，会议收到论文12篇。会议探讨了广西抗战文化遗产现状和旅游开发构想，介绍了南宁昆仑关抗战园区建设情况。李建平、邓群、李乐年、姚蓝、江建文、文丰义、黄伟林、刘春燕、陈欣德、陈铁生、王咏等学者宣读论文或发言。李建平介绍了《抗战文化研究》第1辑出版情况和第2辑组稿意向。29日，与会人员考察了大明山风景区历史遗迹。

11. 广西抗战文化与地方文化学术研讨会（2008年）

2008年12月27日上午，广西抗战文化研究会与桂林抗战文化研究会联合举办"广西抗战文化与地方文化学术研讨会"。会议在桂林召开。会长李建平主持会议。他首先提出，随着区域文化研究的兴起，抗战文化与地方文化的关系和发展问题提上了议事日程。他说，过去我们的抗战文化研究基本上是以时代性为特征，以全国性的学术指向和研究模式为旨归，与广西地域文化联系较少。随着研究的深入，应该发掘抗战文化与广西地域文化的连接点，分析桂林抗战文化蓬勃兴起并在全国形成巨大影响的文化基因和时代机缘，总结广西本土文艺家的创作成就和文化贡献，研究战争年代的文化传承问题。广西师范大学李江教授就抗战文化研究与当代广西文化建设的关系和作用问题发言。桂林市李宗仁文物陈列馆副馆长韦芳就文化与政治的关系发言，柳州市文化局党委书记、副局长李乐年介绍柳州抗战文化研究情况，中共广西区委党史研究室陈欣德就广西抗战题材电视剧的剧本撰写和制作问题作了发言。魏华龄、文丰义、李江、盘福东、李建平、王小昆、陆璎、覃国康等向会议提交了论文。

12. 纪念昆仑关大捷70周年学术研讨会（2009年）

2009年12月17日上午，由民革中央、民革广西区委、南宁市政府联合举办，广西抗战文化研究会与南宁市社会科学院、昆仑关战役遗址保护管理委员会承办的"纪念昆仑关大捷70周年学术研讨会"在南宁红林大酒店举行。出席会议的有中国社会科学院、民革中央和广西的专家学者100多人。全国人大常委会副委员长、民革中央主席周铁农，自治区党委常委、南宁市委书记车荣福出席会议并作重要讲话。会议收到论文40余篇。广西抗战文化研究会名誉会长黄铮与有关专家李建平、王建平、唐凌、万一知、靖鸣、文丰义、何成学等学者参加会议。会长李建平、副会长唐凌在大会作了题为《抗战遗址保护与旅游开发》和《论昆仑关战役的意义及其遗址的利用价值》的主题发言。

13. 抗日战争与广西地方文化建设研讨会（2009年）

2009年12月17日下午，广西抗战文化研究会在南宁召开"抗日战争与广西地方文化建设研讨会"。会议由秘书长王建平主持，李建平致开幕词。会议收到论文11篇，来自南宁、桂林、柳州、宜州、区直机关、科研院所和高等院校的专家学者共46人出席会议。广西社会科学界联合会副主席汤竹庭、广西社会科学院院长吕余生应邀出席会议并作重要讲话。会议邀请中国社会科学院文学研究所现代文学研究室主任、中国现代文学研究会副会长张中良研究员出席会议并作学术报告。黄铮、唐凌、万一知、文丰义、李江、陈本林、刘春燕等在会上宣读论文或发言。会议探讨了抗日战争与广西文化发展的关系和抗战时期广西文化建设的具体内容，总结了一些有益于当今文化建设的经验。18日，与会人员到昆仑关参加南宁市委、市政府举行的"纪念昆仑关大捷七十周年缅怀抗日英烈祭祀大典"，并参观昆仑关战役博物馆。

14. 魏华龄《桂林抗战文化史》学术研讨会（2011年）

2011年8月20日，广西抗战文化研究会、桂林市政协文史资料委员会、桂林市社会科学界联合会、桂林抗战文化研究会、八路军桂林办事处纪念馆联合举办的"魏华龄《桂林抗战文化史》学术研讨会"在桂林市政协会议室召开。来自桂林市政协、桂林市委宣传部、桂林市文化局、广西社会科学院、广西抗战文化研究会、桂林市博物馆、桂林市图书馆、广西师范大学、广西大学等单位和高校、科研单位的40多位专家学者出席会议。李建平主持会议，桂林市政协副主席李世荣、广西社会科学院副院长黄志勇、桂林市委宣传部委员何永平、桂林市文化局局长张执雪、桂林社会科学界联合会主席周明忠、桂林市委政策研究室副主任王清荣出席会议并发表讲话。钱宗范、文丰义、周德荣、王建平、雷猛发、黄绍清、刘小冬等专家作了学术发言。92岁高龄的魏华龄先生始终精神饱满地听取各位专家学者的发言，最后发表了感言，感谢到会领导和专家的评价和意见，并表达了希望年轻一代进一步推进桂林抗战文化研究，把抗战精神传承下去的心愿。

15. 纪念李宗仁诞辰120周年学术研讨会（2011年）

2011年12月13日，广西抗战文化研究会与广西桂学研究会、桂林市政协文史资料委员会、桂林市李宗仁文物管理处联合主办"纪念李宗仁诞辰120周年学术研讨会"。会议探讨李宗仁爱国主义思想和抗战业绩等学术议题。会议收到论文22篇。

16. 以社科管理创新推进文化大发展大繁荣座谈会（2012年）

2012年3月16日，广西抗战文化研究会承办由广西壮族自治区社科联和广西社会科学院联合主办的"以社科管理创新推进文化大发展大繁荣座谈会"。会议在南宁举行，广西科学界专家20多人参加会议。

17. 桂林抗战艺术史与广西当代文艺发展研讨会（2012年）

2012年9月12日，广西抗战文化研究会主办"桂林抗战艺术史与广西当代文艺发展研讨会"，会议围绕李建平等著的《桂林抗战艺术史》（征求意见稿）探讨了桂林抗战艺术发展史实、过程、贡献和对当代文艺发展的作用，名誉会长黄铮、广西大学教授王建平、广西师范大学教授张利群、广西美术出版社编审苏旅作专题发言。

18. 抗战时期桂林出版物和抗战史料保护利用研讨会（2013年）

2013年12月14日，广西抗战文化研究会与广西桂林图书馆、桂林抗战文化研究会、八路军桂林办事处纪念馆等单位在桂林联合主办"抗战时期桂林出版物和抗战史料保护利用研讨会"。来自南宁、桂林、柳州、自治区直属机关、科研院所和高等院校的专家学者共45人出席会议。李建平致开幕词。广西桂林图书馆、自治区图书馆和柳州市图书馆就桂林、南宁、柳州等地现存抗战出版物的情况作了介绍。专家们还对抗战书刊、抗战文物等抗战史料的保护利用问题进行了探讨。

19. 丘振声学术思想研讨会（2014年）

2014年3月21日，广西抗战文化研究会与广西社会科学院文化研究所联合举办"丘振声学术思想研讨会"。丘振声是广西社会科学院文学研究所原所长、广西抗战文化研究会原会长、名誉会长，广西社科界首批获得国家人事部有突出贡献专家荣誉称号专家，出版著作多部，在古典文学、桂林抗战文艺研究、文艺评论等领域多有贡献。来自广西高校、各界专家以及广西社会科学院的领导和同事共22人出席会议。与会专家探讨了丘振声的学术思想，高度评价他的学术贡献。丘振声发表感言，表达了他对社会科学事业的追求，感激友人关怀。

20. "广西抗战文化研究丛书"编撰出版学术研讨会（2014年）

2014年7月24日上午，广西抗战文化研究会与广西社会科学院文化所在南宁联合主办"广西抗战文化研究丛书编撰出版学术研讨会"。来自南宁、桂林、柳州、区直单位的专家学者共30人出席会议。副会长兼秘书长王建平主持会议。李建平介绍了"广西抗战文化研究丛书"获得自治区党委宣传部2014年广西文化精品项目立项的情况和编撰构想。与会专家研讨了"广西抗战文化研究丛书"的内容与构成，会议确定编撰《桂林抗战艺术史》《桂林抗战文化综论》《广西抗战文化史》《广西抗战文化大事记》《广西在抗日战争中的历史作用与贡献》《中共中央南方局与广西抗战文化》6部专著。广西抗战文化研究会与作者签订了约稿合同。

2014年7月24日,广西抗战文化研究会召开"广西抗战文化研究丛书编撰出版学术研讨会",图为会场座谈情景(陆璎 摄)

21. 西部地区抗战遗址调查与抗战精神传承学术研讨会(2014年)

2014年7月24日下午,广西抗战文化研究会在南宁召开"西部地区抗战遗址调查与抗战精神传承学术研讨会"。会议研讨做好抗战遗址保护、促进抗战精神传承等学术议题。参会人员为广西社会科学院、各高校、区党校、区直文化部门和桂林市、柳州市文化单位的专家,共25人。副会长兼秘书长王建平主持会议,李建平作主旨报告,并对《中国西部地区抗战遗址调查与保护利用研究》课题做了说明,并提出工作要求。万忆、文丰义、王建平等专家对会议议题发表意见。会议还对开展西部地区抗战遗址考察工作作出部署和分工。

22. 中国人民抗日战争胜利纪念日(2014)座谈会(2014年)

2014年9月3日,广西抗战文化研究会与广西社会科学院联合召开"中国人民抗日战争胜利纪念日(2014)座谈会",广西社会科学院副院长黄天贵主持会议,副院长黄志勇发表讲话。会长李建平、理事覃振锋、副会长兼秘书长王建平等专家对如何开展纪念抗日战争胜利的活动和研究工作提出了建设性意见。会议还对明年将要开展纪念中国人民抗日战争胜利70周年的活动安排进行商议。

23. 广西社科界纪念中国人民抗日战争胜利暨世界反法西斯战争胜利70周年学术座谈会(2015年)

2015年8月21日,由广西壮族自治区社科联主办,广西抗战文化研究会协办的"广西社科界纪念中国人民抗日战争胜利暨世界反法西斯战争胜利70周年学术座谈会"在南宁召开,来自有关学会(协会、研究会)的专家学者以及自治区社科联机关干部等近100人与会。广西壮族自治区社科联主席沈德海作主题报告,广西抗战

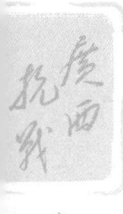

文化研究会专家黄伟林、李建平、盘福东等作了学术发言,王建平主持大会的学术发言并作点评。会上举行了"纪念中国人民抗日战争暨世界反法西斯战争胜利70周年论文评奖"颁奖仪式。

24.《抗战文化研究》编委会工作会议(2015年)

2015年8月28日上午,广西抗战文化研究会在南宁举办"《抗战文化研究》编委会工作会议"。来自北京、上海、山东、四川、重庆、广西的9位编委会委员张泉、张中良、陈青生、黄万华、李光荣、张凤琦、郝明工、黄伟林、李建平,以及来自北京、成都、重庆、昆明和桂林、南宁的10余位专家出席会议。主编李建平介绍了《抗战文化研究》9年来的工作情况;《抗战文化研究》编委会副主任、上海交通大学文学院教授张中良评议了《抗战文化研究》学术定位与走向,介绍了其相关社会影响。与会委员和有关专家评议了《抗战文化研究》9年来的工作,对今后进一步办好《抗战文化研究》提出了建设性意见。

25."广西抗战文化研究丛书"出版座谈会(2015年)

2015年8月28日,广西抗战文化研究会和广西人民出版社在南宁联合召开"'广西抗战文化研究丛书'出版座谈会"。该丛书(共6本)由李建平主编,魏华龄、李建平、何成学、万忆、刘绍卫、文丰义等撰写,广西人民出版社出版。座谈会上,丛书主编李建平介绍了编撰宗旨和丛书的内容。他说,广西人民在抗日战争中,以出兵数十万北上抗日并在本省开展昆仑关战役、桂柳会战等军事抗战和中共中央南方局领导下的桂林文化城文化抗战等光辉业绩,为中国抗日战争的胜利作出了巨大贡献。广西抗战文化是中国抗战文化的重要组成部分,在广西近代革命史上书写了重要的一页,也为今天广西的发展留下了宝贵的文化遗产。编撰"广西抗战文化研究丛书",就是要对广西抗日战争史和抗战文化遗产做广泛而深入的考察调研,追根溯源,发掘价值,论述精义,保护和整理广西文化遗产,促进爱国主义宣传教育,深化社会科学研究。此次编撰的"广西抗战文化研究丛书"虽然只是6部,但内容上涵盖了广西抗战文化的大部分内容,有基础资料性的"大事记",也有全面介绍性的"文化史",还有关于"作用与贡献"的理论论述以及关于"中共中央南方局与广西抗战文化"和"桂林抗战艺术史"的专题性研究;文体上史、记、论均具,基本上涵盖了广西抗战文化的主要内容。广西社会科学院副院长黄天贵在谈话中说,该丛书从总体上扩展了广西抗战史研究的研究领域,提升了整体研究的高度,是社科界一个很好的学术成果。他提出,今后要进一步学习好习近平总书记关于抗日战争研究的重要讲话,做好抗日战争研究和社会科学各领域的研究,让社会科学研究成果为经济社会发展提供更多更好的学术支撑。广西人民出版社总编温六零介绍了出版社组织力量编辑丛书的情况。

26. 中国西部地区抗战遗址调查研讨会（2015年）

2015年8月28日下午，广西抗战文化研究会在南宁召开"中国西部地区抗战遗址调查研讨会"。来自重庆、四川、云南、北京、上海、山东的学者与广西的抗战文史专家20多人聚集在一起，对抗战遗址的史学价值和保护抗战遗址的政治意义、文化价值发表了意见，并肯定了广西学者开展西部地区抗战遗址调查的成绩与意义。29—30日，与会专家还重返历史现场，到南宁昆仑关战役旧址、桂林保卫战战场遗址与八百壮士墓、美国空军"飞虎队"桂林机场遗址等地考察。

27. 2016年广西各地抗战文化活动学术研讨会（2016年）

2016年10月28日，广西抗战文化研究会主办的"2016年广西各地抗战文化活动学术研讨会"在柳州市举行，来自北京和南宁、桂林、柳州、玉林、贺州、河池等市和自治区直属科研单位、高校的专家学者共38人出席会议。会议的开幕式由副会长唐凌主持，柳州市政协副主席温其辉发表讲话。学术研讨由副会长李乐年主持。柳州市博物馆馆长程州、中共桂林市委政策研究室凌世君、国家人力资源和社会保障部劳动科学研究所哈晓斯研究员分别作了题为《柳州抗战历史的发掘整理》《桂林抗战图影史料的发掘与利用》《桂林风雨社与哈庸凡在桂林的抗日新闻活动》的学术报告，中共玉林市委党史研究室赵彦行、河池市环江县党史研究室蒙祖升、贺州市教育局薛世安、中共广西区委党校何成学、广西师范大学唐凌、广西民族文化艺术研究院院长黄燕熙作专题发言。李建平作会议总结。

28. 纪念中华民族全面抗战爆发80周年座谈会（2017年）

2017年7月7日，广西抗战文化研究会与八路军桂林办事处纪念馆、广西社会科学院文化研究所联合主办"纪念中华民族全面抗战爆发80周年座谈会"，来自南宁、桂林、柳州等地的专家学者聚集在八路军桂林办事处旧址举行座谈。王建平主持会议，李建平作主旨讲话。文丰义、黄燕熙、唐凌、黄伟林、钟琼、李乐年、刘铁群等专家对如何深入开展抗日战争史研究特别是抗日战争史教育活动提出了多项建设性意见。

29. 广西抗战遗址保护暨《中国西部地区抗战遗址调查与保护利用》编撰研讨会（2017年）

2017年8月11日下午，广西抗战文化研究会在南宁召开"广西抗战遗址保护暨《中国西部地区抗战遗址调查与保护利用》编撰研讨会"。来自南宁、桂林、柳州、百色等市和自治区直属科研单位、高校的专家学者共41人出席会议。研讨会由王建平主持。李建平代表《中国西部地区抗战遗址调查与保护利用》作者团队作主旨报告。多位专家学者作了学术发言。

30. 纪念秦似先生诞辰100周年座谈会及学术研讨会（2017年）

2017年10月15日，广西抗战文化研究会与广西桂林图书馆联合主办"纪念秦似先生诞辰100周年座谈会及学术研讨会"，广西桂林图书馆馆长、广西抗战文化研究会副会长钟琼主持会议，广西抗战文化研究会副会长兼秘书长李建平作学术发言。钟琼副会长还主持了秦似文献向广西桂林图书馆捐赠仪式、秦似诞辰100周年纪念专题展览揭幕仪式等活动。

31. 纪念广西部队暨李宗仁北上抗日80周年学术研讨会（2017年）

2017年10月16日，广西抗战文化研究会与桂林市李宗仁文物管理处联合主办"纪念广西部队暨李宗仁北上抗日80周年学术研讨会"。30多名来自南宁、桂林的专家学者和抗日将领后裔出席会议。研讨会由广西抗战文化研究会副会长李建平主持，谭肇毅、韦芳、庞铁坚等专家学者和抗日将领后裔何平等发表讲话。中共桂林市委副秘书长刘春燕出席会议并发表讲话。

32. 广西抗日战争研究专家座谈会（2018年）

2018年11月28日，广西壮族自治区社科联主办、广西抗战文化研究会承办的"广西抗日战争研究专家座谈会"在南宁召开，来自南宁、桂林、柳州、百色市共22个研究院所、高等院校、文化单位、学术团体的59位专家学者与会，会议收到论文25篇。会议由王建平、李建平先后主持。广西壮族自治区社科联党组副书记、副主席庞卡在开幕式上致辞。王建平对会议进行总结。

2018年11月28日，由广西壮族自治区社科联主办、广西抗战文化研究会承办的"2018年广西抗日战争研究专家座谈会"在南宁召开，图为会场情景（陆璎 摄）

33. 新中国70年与广西抗战文化研究专家座谈会（2019年）

2019年8月20日下午，广西壮族自治区社科联主办、广西抗战文化研究会承办的"新中国70年与广西抗战文化研究专家座谈会"在南宁召开，来自南宁、桂林、梧州、贺州、柳州市和自治区直属机关的研究院所、高等院校、政府厅局、图书馆、博物（纪念）馆、学术团体的56位专家学者与会，共提交论文25篇。20多位专家发言，王建平会长对会议进行总结。

34. 田汉在桂林学术研讨会（2019年）

2019年8月30日，广西抗战文化研究会与中国田汉研究会、广西桂林图书馆、桂林抗战文化研究会在桂林联合主办"田汉在桂林学术研讨会"。副会长钟琼主持"为了前进的事业——田汉生平事迹展（桂林站）"揭幕仪式后举行研讨会，中国田汉研究会副会长兼秘书长郭超与广西抗战文化研究会副秘书长、桂林抗战文化研究会会长凌世君主持会议，李建平、文丰义、黄伟林和副秘书长刘铁群在会上作主题发言。

35. "民族战争的伟大胜利——纪念中国人民抗日战争胜利75周年"专家座谈会（2020年）

2020年8月29日，由广西社科联和广西社会科学院联合主办、广西抗战文化研究会和广西社会科学院文化研究所承办的"'民族战争的伟大胜利——纪念中国人民抗日战争胜利75周年'专家座谈会"在南宁召开。广西社科机构、高校、党校和来自南宁、桂林、柳州、梧州、百色、贺州等市的专家学者59人出席会议。王建平主持会议。广西社科联副主席杨东星和广西社会科学院副院长黄天贵发表讲话。会议收到论文和书面发言提纲27份。专家们发表了学习习近平总书记关于抗日战争系列重要讲话的心得体会，就如何深入开展抗日战争史研究特别是抗战文化研究发表研究成果，提出多项建设性意见。

36. "中国共产党与广西抗战"专家座谈会（2021年）

2021年7月28日，由广西社会科学院主办、广西抗战文化研究会承办的"'中国共产党与广西抗战'专家座谈会"在南宁召开。来自南宁、桂林、柳州、梧州、百色和自治区直属机关、高校、科研单位的40多位专家学者出席会议。会议收到论文和发言提纲24份。广西社会科学院院长陈立生出席会议并作重要讲话。王建平、文丰义、李建平、何成学、凌世君、韦芳、万玉琴、曾强、黄少雄、谷昀凌、林艳红、李萍、任旭彬、韦俊海、薛辉、侯巍等专家作了发言。

37. 抗战精神传承与传播学术座谈会（2022年）

2022年10月29日，由广西社会科学界联合会主办、广西抗战文化研究会和广西社会科学院文化研究所联合承办的"抗战精神传承与传播学术座谈会"在南宁召开。来自南宁、桂林、柳州、梧州和自治区直属机关、高校、科研单位的40多位专家学者出席会议。会议收到论文和发言提纲27份。李建平、何成学、文丰义、张明学、万玉琴、凌世君、李萍、陆璎、宋泉、曾强、谷昀凌等专家作了学术发言。王建平作会议总结。

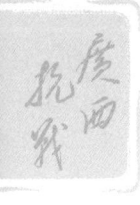

（二）撰写出版大批学术著作、资料集和论文集，发表大量研究论文

40多年来，广西抗战文化研究专家学者们深入钻研，勤奋写作，撰写和编辑出版学术专著和论文集69部、资料集74部（不含《广西文史资料》《桂林文史资料》和各种志书），学术成果获自治区级奖20项（广西社科奖17项，广西文艺铜鼓奖3项）。2014年承担中共广西壮族自治区委员会宣传部"广西文化精品项目""广西抗战文化研究丛书"一套6本的编撰任务，2015年出版，成为代表广西社科界向纪念中国人民抗日战争胜利70周年献礼的重要成果。

（三）举办和协办评奖活动

1. 独立举办广西抗战文化研究会学术成果评奖活动

2003年3月，广西抗战文化研究会举办首届优秀论文（著作）评奖。共征集到参评著作和论文42篇（部）。由李建平、万一知、邓群、江建文、龙谦组成的评选委员会经过认真评选，评出获奖著作3部：一等奖1部，二等奖2部；评选出获奖论文14篇：一等奖1篇，二等奖3篇，三等奖5篇，优秀奖5篇。

评奖获奖名单如下：

（1）著作

一等奖：魏华龄等《抗战时期文化名人在桂林》

二等奖：刘泰隆《历史的高峰——桂林文化城的鲁迅研究精华探索》

　　　　柳州图书馆《尘封的历史——从柳州发现的史料看日本侵华战争》

（2）论文

一等奖：刘春燕《试论抗战时期桂林社会科学的发展及其对当代文化建设的启示》

二等奖：姚蓝、邓群《周恩来在桂林文化城形成和发展中的作用》

　　　　王小昆《中国现代音乐史上的一桩公案》

　　　　黄燕熙《桂林文艺"大众化""民族形式"论争与现代文化的民族化》

三等奖：魏华龄《试析"一个独特的历史现象"》

　　　　盘福东《桂林抗战文化工作对人民的引导作用》

　　　　文丰义《论抗战时期茅盾提出文化发展"两个需要"的现实意义》

　　　　彭梅玉《抗战时期文化名城的颂歌》

　　　　韦　芳《略析新桂系对桂林文化城的作用》

2. 协办广西社科界纪念中国人民抗日战争胜利70周年座谈会暨征文评奖

2015年8月，广西抗战文化研究会协办广西社会科学界联合会举办"广西社科界纪念中国人民抗日战争胜利70周年座谈会暨征文评奖"，会议筹备组组成评奖专家组,对收到的127篇论文进行评审,评出获奖论文50篇。广西抗战文化研究会多名专家的论文获奖:黄伟林、李建平、盘福东获一等奖;欧阳宜文、何成学、魏华龄获二等奖。

(四)主办《抗战文化研究》学术年刊

《抗战文化研究》为广西抗战文化研究会会刊,2007年创办,每年1辑,至2023年6月出版至第14辑,每辑约30万字,先后由广西师范大学出版社(第1~13辑)和中共党史出版社(第14辑)出版,中国知网(CNKI)全文转载,发行的电子版被剑桥大学、牛津大学、耶鲁大学、纽约大学、芝加哥大学、苏黎世大学、澳大利亚国立大学、墨尔本大学、日本国会图书馆、东京大学、新加坡国立大学、新加坡国家图书馆等世界各国重要机构、大学和图书馆收藏。

(五)合作摄制大型电视纪录片《方舟——桂林文化城纪事》

2011年,广西抗战文化研究突破传统纸质成果方式,与广西电视台联合策划并摄制推出了电子传媒作品:大型电视纪录片《方舟——桂林抗战文化城纪事》。该项成果2011年12月27—31日在广西电视台播出五集版,2013年9月13—15日在中央电视台9频道黄金时间(20:00—20:30)播出三集版,影响广泛。2012年5月10日,广西电视台携《方舟——桂林抗战文化城纪事》参加在乌克兰举办的"我们共同的胜利"国际电影电视节,获优秀节目奖。

(六)组织开展数次抗战遗址调查活动

1. 2005年广西抗战遗址调查

2005年4—5月,广西抗战文化研究会组织首次广西抗战遗址调查。调查组由李建平任组长,成员有文丰义、王建平、凌世君、刘乔叶、廖铁星、李乐年、覃静等。调查组到南宁、柳州、桂林、来宾、玉林、梧州等地考察抗战遗址80多处,编写《抗战遗踪——广西抗战文化遗产图集》一书,由广西人民出版社当年11月出版。

2. 2010年湘西抗战遗址调查

2010年11月5—7日,广西抗战文化研究会组织抗战遗址考察团前往湖南芷江开展抗战遗址考察活动。考察团由正副会长、正副秘书长、理事和会员共21人组成,会长李建平领队。考察期间,专家学者参观了抗战胜利受降纪念坊、受降大院旧址(包括受降堂、中国陆军总司令部、何应钦办公室)、中美空军机场指挥塔等多处抗战遗址和两个纪念馆——中国人民抗日战争胜利受降纪念馆、飞虎队纪念馆。

2010年11月7日,广西抗战文化研究会专家到湖南芷江中国人民抗日战争胜利受降纪念遗址考察(广西抗战文化研究会供图)

3.2014—2016年"中国西部地区抗战遗址调查"

详见第二章第四节。

4.2018—2022年"广西军队北上抗日行踪遗址调查"

详见第二章第四节。

5.2022年"共产党军队广西籍将领抗战行踪遗址调查"

2022—2023年,由李建平任课题组长的"共产党军队广西籍将领抗日行踪遗址调查"课题组到陕西、山西两省开展实地调查活动。调查组前往陕西西安、甘肃庆阳、山西太原、阳泉、大同、长治等市,考察了八路军西安办事处旧址、八路军太原办事处旧址、八路军三八五旅旅部旧址、平型关战役旧址、王家峪八路军总部旧址、八路军总部办事处故县旧址、神头岭战役遗址、关家垴战斗遗址、黄崖洞保卫战旧址、长乐村战斗遗址、晋绥边区革命纪念馆、百团大战纪念碑、八路军太行纪念馆等抗战遗址和纪念馆。李建平领队,陆璎、过竹、黄璐、岑贞需参加调研。2023年4月10—23日,课题组又到安徽、江苏开展了对新四军广西籍将领抗战行踪遗址的调查。

(七)举办抗日战争史宣讲活动,宣传爱国主义和抗战精神

习近平总记在2015年7月30日中共中央政治局的第25次集体学习讲话中指出:"要通过多种形式的宣传阐释和主题教育活动,使全国各族人民牢记由鲜血和

生命铸就的中国人民抗日战争的伟大历史，牢记中国人民为维护民族独立和自由、捍卫祖国主权和尊严建立的伟大功勋，牢记中国人民为世界反法西斯战争胜利作出的伟大贡献，弘扬伟大抗战精神。"

广西抗战文化研究会积极响应习近平总书记的号召，多次深入基层，举行多次学习习近平新时代中国特色社会主义思想和关于抗日战争史、抗战精神的宣讲活动。下面列出2019年和2020年两年广西专家学者参与的宣讲活动情况。

2019年宣讲活动有：

副会长李建平为昆仑关战役博物馆党课学习班作《学习习近平抗日战争史观推进抗战遗址保护工作》讲座。

副会长何成学在广西、福建两省区高校学报培训班、自治区人社厅、中国工商银行广西分行、广西师范大学马克思主义学院等单位作《从党史国史解读党的十九届四中全会精神》等讲座5次。

理事容杰以昆仑关战役遗址为爱国主义的研学教育平台，先后给各地政府机关部队学校上课，其中有广东省肇庆市政府、广西民族大学、自治区公安警察系统等讲述昆仑关战役故事。

副会长文丰义配合中共广西壮族自治区委员会宣传部组织的全区新闻媒体"壮丽70年、奋斗新时代"有关广西"红色文化宣传"大型采访团活动，并接受有关桂林红色文化内涵的专题采访；接受中央电视台、广西高校媒体、梧州电视台等的"红色文化传播与作用""抗战时期的李济深在桂林"专题采访；接待中央电视台"中国人民解放军新闻传播中心广播电视部"（中央七台）"传承红色基因，弘扬革命精神"新闻宣传片《红色故乡》采访组采访和帮助搜集素材。

理事韦芳应桂林市中山中学邀请，于10月7日为该校师生作了《台儿庄的桂林记忆》讲座。

2020年宣讲活动：

会长王建平9月24日应邀在广西社会主义学院为新的社会阶层代表人士研讨班二班学员及学院部分干部教师作《"一带一路"倡议下的文化软实力建设》的宣讲。

会长王建平11月25日应邀在桂林为"2020年导游专业素养研培计划（广西）试点培训班"作《"一带一路"倡议下的广西旅游文化建设》的宣讲。

会长王建平和副会长李建平9月3日在中共桂林市委党史研究室和桂林抗战文化研究会举办的"追忆桂林抗战往事 保护桂林抗战遗址座谈会"作演讲。

副会长李建平10月20日应中共梧州市委党史研究室邀请作《学习习近平抗日战争史观，准确认识广西抗日斗争和历史贡献》宣讲；10月22日应中共南宁市江南区委员会组织部邀请作《广西的抗日斗争与历史贡献》宣讲。

理事陈洪波受中共广西壮族自治区委员会宣传部讲师团委派，7月2日到合山市为党政领导干部、扶贫专干作脱贫攻坚宣讲；10月15日到来宾市兴宾区向科级以上领导干部宣讲《习近平谈治国理政》第三卷学习体会。

副会长黄伟林10月21日应桂林电子科技大学信息科技学院邀请，作《图说桂林文化城——桂林的历史文化》主题演讲。

副秘书长陆璎10月28日应桂林电子科技大学信息科技学院邀请作《浩歌声里请长缨——广西抗战文化纪事》专题讲座；11月14日，应广西艺术学院邀请作《浩歌声里请长缨——广西抗战文化纪事》专题讲座。

副会长唐凌6月23日应中共全州县委和广西知青文化研究会邀请，在全州县才湾镇金堂村作《悲壮的湘江战役》专题报告。

理事韩继伟8月17日至20日，在百色市右江区2020年暑期初中历史教师全员培训班作《中国历史概要和世界历史概要》专题讲座。

第六章 主要专家学者

广西抗战文化研究由参与过当年抗战文化活动的老一辈文化人林焕平、魏华龄发起并牵头组织引导，40多年来，吸引了大批专家学者参与研究，使该项研究工作从最初的五六人做起，如今发展到近百人参与，始终保持活力，持续蓬勃开展，成果不断涌现，队伍逐渐壮大。下面对作出较好成绩且保持相应研究时段长度、有一定社会影响的41位专家学者作一介绍，其中，学术简历仅限有关抗日战争史和抗战文化研究的活动经历。

此处介绍的专家，依据以下两条标准入选：

（一）从事抗日战争史（含抗战文化）研究八年以上者（以首次发表抗战文化研究成果的时间计算）；

（二）以下五项条件中符合任意两项者：

1.撰写（主编）出版抗日战争史（含抗战文化）研究著作或重要资料集的主要作者（前两名）。

2.主持或参与完成与抗日战争史和抗战文化研究课题相关的国家社科基金项目（含文化部艺术学项目和教育部教育学项目）的主要成员（前三名）。

3.获广西社会科学优秀成果奖一等奖或广西壮族自治区人民政府文艺创作铜鼓奖的前四名获奖者；获广西社会科学优秀成果奖二等奖的前三名获奖者；获广西社会科学优秀成果奖三等奖的前两名获奖者（限抗日战争史和抗战文化研究成果）。

4.获"有突出贡献的中青年专家""广西优秀专家"等荣誉称号，被评为享受国务院特殊津贴专家。

5.担任全国性与抗战文化研究相关的学会、研究会（如中国近现代史史料研究会、中国现代文学研究会、中国茅盾研究会、中国田汉研究会等）理事以上职务；担任广西与抗日战争史研究相关的学术社团的会长、副会长和名誉会长（如广西抗战文化研究会、广西新四军历史研究会、广西中共党史学会、广西党史人物研究会、广西历史学会）职务；担任桂林抗战文化研究会会长、副会长职务。

专家介绍顺序以首次发表抗战文化研究成果时间为序。

一、抗战文化研究专家

(一) 林焕平

1. 简历

生平简历 林焕平（1911—2000），广东新宁（今台山）人。文学评论家、教授。1930年参加左联。1933年赴日本留学期间任左联东京支盟书记。1937年回国后任民族革命通讯社香港分社社长、香港南方学院院长、大夏大学教授。中华人民共和国成立后，历任广西大学、广西师范大学中文系主任、教授。

学术简历 林焕平是中国最早开展抗战文艺研究的学者之一。1937年，林焕平从日本回国后，就开始关注抗战文艺动态，1939年由民革出版社出版的《抗战文艺评论集》，就是他1937年至1939年所写的抗战文艺评论文章合集。这些文章，较系统地论述了抗战文艺运动和创作的基本问题，如"世界观与创作方法""创作技术问题""抗战文艺的批评基准""形式问题""组织问题""作家的基础条件问题""新文学与旧形式问题""文艺通讯员运动""街头剧的创作和演出方法""抗战文艺与心理描写""抗战诗的诸问题""剧本的单调问题"等，对抗战文艺运动的发展，提出了及时而中肯的意见，对创作中的缺陷和不良倾向，提出了自己的批评。该书是较早开展中国抗战文艺研究的一份成果。2010年，国家图书馆出版社编印的《抗战文献类编·文艺卷》五册、《抗战文艺评论集》成为入选的34种经典文献之一。

首次发表成果 1939年由民革出版社出版的《抗战文艺评论集》可视为首次发表成果。1979年5月1日写作《抗战时期的"桂林文化城"》（资料长文），1980年在《叠彩》第2期发表，是研究桂林抗战文艺的最早的奠基性文章。

2. 主要成果

专著《茅盾在香港和桂林的文学成就》，独著，浙江人民出版社1982年出版，是第一部以大量篇幅论述桂林抗战文艺有关内容的专著。

论文《世界反法西斯战争的伟大胜利》发表于1995年《社会科学家》，《桂林抗战文艺的成就和意义——评〈桂林抗战文艺概观〉》发表于1991年《学术论坛》，序文《〈桂林文化城大全〉总序》（1991）发表于《桂林文化城大全·文学卷·小说分卷》，广西师范大学出版社1991年出版。

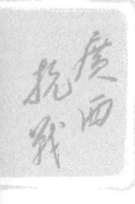

3. 社会职务、主要贡献和社会影响

社会职务　担任广西文联副主席，中国作家协会广西分会名誉主席，中国文艺理论学会第三、第四届副会长，广西抗战文艺研究会第一届会长（1988—1993）。

主要贡献　发起研究桂林抗战文化，是最早开展桂林抗战文艺研究的学者、推动者和核心人物。撰写出版专著和一批论文，提出抗战文艺"北有延安，南有桂林"的论断，给桂林抗战文化研究以积极引导。

社会影响　1992年，被美国传记研究所评为"80年代最受尊敬的人"。1999年英国剑桥大学国际传记中心评为"二十世纪世界杰出作家"，授予"二十世纪成就奖"。

（二）魏华龄

1. 简历

生平简历　魏华龄，1918年2月生，广西龙胜人。20世纪40年代初由广西省立桂林师范学校毕业。中华人民共和国成立后历任桂林市文化局副局长、桂林市政协副主席。

学术简历　20世纪60年代起收集桂林抗战文化资料，70年代末开始研究，至今仍在写作，2020年102岁时撰写的论文《再论桂林抗战文化的分期问题——兼论桂林抗战文化的变迁及特征》发表于《抗战文化研究》第14辑。1988年12月与丘振声联合主持广西抗战文艺研究会成立大会和第一次会员大会。1993年与丘振声联合主持召开广西首届桂林抗战文化研究学术研讨会和广西抗战文艺研究会第二次会员代表大会。2001年与李建平联合主持召开广西第四届桂林抗战文化研讨会和广西抗战文化研究会第三次会员代表大会。

首次发表成果　1979年论文《欧阳予倩与桂林剧运》在《广西日报》1979年12月23日发表。

2. 主要成果

专著《桂林文化城史话》，独著，广西人民出版社1987年出版。

主编《抗战时期文化名人在桂林》，第一作者，漓江出版社2000年出版。

主编《抗战时期文化名人在桂林（续集）》，第一作者，桂林市政协文史资料委员会2004年9月印行。

专著《桂林抗战文化史》，独著，漓江出版社2011年出版。

主编《桂林抗战文化研究文集》（与丘振声、曾有云、苏关鑫、李建平等合编）1～8集，1992—2005年漓江出版社、广西师范大学出版社分别出版。

在《学术论坛》《社会科学家》《抗战文化研究》《广西日报》《桂林日报》等报

刊、文集发表《抗战时期桂林文化城的形成》《抗战时期桂林文化城的历史地位》《文化城的出版事业与党对出版事业的领导》《抗战时期毛泽东思想在桂林文化城的传播与影响》《西南剧展的历史意义》《抗战时期桂林的音乐活动》《邵荃麟在桂林》等论文、考证文章、书评100多篇，大多收入文集《一个独特的历史现象：桂林文化城（上、下）》（漓江出版社2003年出版）、《一个独特的历史现象：桂林抗战文化》（漓江出版社2008年出版）。

3. 社会职务、主要贡献和社会影响

社会职务 担任广西抗战文化研究会第一、第二届副会长（1988—2001），第三、第四、第五、第六、第七届名誉会长。桂林抗战文化研究会第一届会长（1993—1996）。

主要贡献 桂林抗战文化研究的首倡者和推动者，广西抗战文化研究会和桂林抗战文化研究会主要创建者和组织者。发表于1979年12月23日《广西日报》的论文《欧阳予倩与桂林剧运》是广西抗战文化研究的第一篇论文，具有开拓性意义。

社会影响 《桂林抗战文化研究文集》，第一作者，获广西第四次社会科学研究优秀成果奖三等奖。桂林市社会科学研究终身贡献奖。

（三）万一知

1. 简历

生平简历 万一知（1937—2013），上海人。1960年毕业于复旦大学新闻系。曾任《广西日报》记者，《广西日报》新闻研究室主任、高级编辑，《南国早报》副总编辑，《广西老年报》总编辑。

学术简历 20世纪70年代末开始收集抗战文化研究资料。1980年起发表多篇资料性文章。1986年编选出版资料集《桂林文化城概况》《文艺期刊索引》等。

首次发表成果 1980年4月发表《桂林文化城记事》（资料长文），《广西师范学院学报》1980年第2~3期连载。

2. 主要成果

编著《抗战时期桂林文艺期刊简介和目录汇编》（第一作者，与苏关鑫合编），广西师范大学中文系现代文学研究室和科研生产处1984年10月内部印刷。

编著《桂林文化城概况》（第三作者，与杨益群等合著），广西人民出版社1986年出版。内容包括抗战时期桂林文化运动大事记、文艺报刊介绍、出版的文学书目、文艺团队和文化人简况等，整个抗战时期桂林文艺活动的情况，几乎涵盖齐全。

编著《广西抗战文化史料汇编》（第1辑·文艺期刊卷）（第二作者，与万忆合

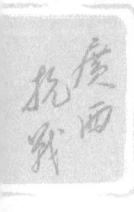

作），人民日报出版社2015年出版。

论文《"文协桂林分会"的历史作用》发表于《学术论坛》1982年第4期，《西南戏剧展览会纪实》发表于《抗战文艺研究》1982年第2期，《茅盾在桂林的创作》发表于《广西师范学院学报》1983年第4期，《新发现毛泽东的一篇轶文：序〈论持久战〉的英译——抗战与外援》发表于《桂林抗战文化研究文集（五）》，《〈救亡日报〉大事记》发表于《抗战文化研究》第4～6辑（连载）。

3. 社会职务、主要贡献和社会影响

担任广西抗战文化研究会第三届、第四届副会长（2001—2011）。

是20世纪80年代初首批从事桂林抗战文化研究的学者之一。其在20世纪80年代初期推出的《抗战时期桂林文艺期刊简介和目录汇编》《桂林文化城概况》等资料集为该项研究奠基性成果之一。

（四）丘振声

1. 简历

生平简历 丘振声（1934—2015），笔名丘峥、赵平、林泉等，广东惠州人。历任广西艺术学院文艺理论教研室负责人，广西社会科学院文学研究所所长、研究员，《沿海企业与科技》杂志总编辑，广西抗战文化研究会会长，中国《三国演义》学会理事，中国作家协会会员。

学术简历 主要从事《三国演义》研究、广西地方文化研究和桂林抗战文化研究。1988年发起筹建广西抗战文艺研究会，并于当年12月与魏华龄联合主持成立大会暨第一次会员大会。1992年起参与主编《桂林抗战文化研究文集》。1993年与魏华龄联合主持召开广西首届桂林抗战文化研究学术研讨会和广西抗战文艺研究会第二次会员代表大会。

首次发表成果 论文《欧阳予倩与桂剧改革》发表于《学术论坛》1980年第4期。

2. 主要成果

编选《西南剧展（上下册）》，第一作者，漓江出版社1984年出版。

编选《欧阳予倩与桂剧改革》，第一作者，广西人民出版社1986年出版。

编选《抗战时期文化研究资料·戏剧运动》，第二作者，广西人民出版社1992年出版。

参与主编《桂林抗战文艺辞典》，副总编纂，广西人民出版社1989年出版。

参与主编《桂林抗战文化研究文集》（与魏华龄等合作）1～6集，1992—2000年漓江出版社、广西师范大学出版社分别出版。

在《学术论坛》《广西社会科学》《桂林抗战文化研究文集》等报刊、文集发表《抗日时期周钢鸣在文艺理论上的建树》《论桂林抗战时期的戏曲改革运动》等抗战文化研究论文30多篇。

3. 社会职务、主要贡献和社会影响

担任广西抗战文化研究会第一届副会长（1988—1993），第二届会长（1993—2001），第三、第四、第五届名誉会长。

是20世纪80年代初首批从事桂林抗战文化研究的学者和广西抗战文化研究会主要创建者、组织者之一。其在20世纪80年代初期推出的《西南剧展（上下册）》《戏剧研究》等资料集为广西抗战文化研究早期成果之一。

获"有突出贡献的中青年专家"称号，被评为享受国务院特殊津贴专家。

（五）李建平

1. 简历

生平简历　李建平，1952年10月生于广西桂林市，原籍广西陆川。广西大学中文系毕业。历任广西社会科学院文学研究所副所长、副研究员，文史研究所所长、研究员，《沿海企业与科技》杂志社总编辑、社长。

学术简历　1979年开始收集整理桂林文化城期刊资料，并于1981年发表资料性长文《"桂林文化城"期刊简介》和短论《茅盾在桂林的文学活动》。1988年参与筹建广西抗战文艺研究会，任秘书长。1992年起参与主编《桂林抗战文化研究文集》。2007年起主编《抗战文化研究》集刊。2001年与魏华龄联合主持召开广西第四届桂林抗战文化研究学术研讨会和广西抗战文化研究会第三次会员代表大会。2006年主持召开广西抗战文化研究会第四次会员代表大会。2011年与魏华龄联合主持召开第五次会员代表大会。2017年与王建平联合主持召开第六次会员代表大会。2022年与王建平、陆璎联合主持召开第七次会员代表大会。2001—2022年策划和主持广西抗战文化研究会学术研讨会15次，作为主要策划和参与主持学术研讨会（座谈会）9次。2005年策划并主持广西抗战遗址首次调查，2014—2016年策划和主持中国西部抗战遗址调查并开展研究。2018—2020年参与国家重大科研项目子课题《广西抗日战争志》编撰工作，在其中主持第十编《抗战遗址、纪念馆和抗战文物》组稿和撰稿工作。

参与和主持与抗战文化研究相关的国家社科基金项目四项：（1）1987—1993年参与国家社科"七五"规划项目《桂林抗战文学史》课题组，排名第三。已结项，广西教育出版社1994年出版。（2）1992—1993年参与国家社科"八五"规划项目《抗日战争文化史》课题组，排名第八。已结项，中共党史出版社1993年出版。（3）

2009年主持国家社科基金艺术学项目《桂林抗战艺术史》(09BA008)，排名第一。已结项，广西人民出版社2014年出版。(4) 2014年主持国家社科基金西部项目《中国西部地区抗战遗址调查与保护利用研究》，排名第一。已结项，广西师范大学出版社2017年出版。

首次发表成果 1981年《"桂林文化城"期刊简介》（资料长文）在《广西大学学报》第1～2期连载，同年还在《语文园地》第2期发表《茅盾在桂林的文学活动》。

2. 主要成果

编写《桂林抗战文艺辞典》，第三作者，广西人民出版社1989年出版。

专著《桂林抗战文艺概观》，独著，漓江出版社1991年出版。

专著《桂林抗战文学史》，第三作者，广西教育出版社1994年出版，50万字，个人18万字，承担小说研究、散文研究两篇。

编著《抗战时期桂林文学活动》，独编著，漓江出版社1996年出版。

传记《抗战时期文化名人在桂林》，第二主编，第三作者，漓江出版社2000年出版。

主编《抗战遗踪——广西抗战文化遗产图集》，第一作者，广西人民出版社2005年出版。

参与策划和撰写电视纪录片《方舟——桂林文化城记事》，任第三策划和第一撰稿。2011年广西电视台、中央电视台纪实频道播出。

文集《桂林抗战文艺论》，独著，台北秀威资讯科技股份有限公司2013年出版。

专著《桂林抗战艺术史》，第一作者，广西人民出版社2014年出版。

专著《广西抗战文化史》，第一作者，广西人民出版社2015年出版。

专著《中国西部抗战遗址调查与保护利用》，第一作者，广西师范大学出版社2017年出版。

专著《广西抗战文化遗产保护与旅游开发研究》，第一作者，广西人民出版社2017年出版。

1981—2022年在《广西大学学报》《抗战文艺研究》《抗战史料研究》《抗战文化研究》《中国现代文学研究丛刊》《茅盾研究论文选集》《郭沫若学刊》《田汉研究》《学术论坛》《广西社会科学》《重庆社会科学》《中国美术》《中华文化论坛》《艺术探索》《文化与传播》《当代广西》《广西文史》《广西师范学院学报》《广西教育学院学报》《中国文化报》《广西日报》《桂林抗战文化研究文集》等报刊和文集发表《"桂林文化城"期刊简介》(1981)、《论桂林文化城在国统区抗日文艺运动的地位和作用》(1982)、《论一九四二年茅盾在桂林的文学活动》(1983)、《桂林抗日文艺运动发展的几个阶段》(1986)、《抗战时期桂林进步戏剧运动述评》(1987)、《桂林文化城成因初探》(1988)、《毛泽东思想在桂林文化城的传播与影响》(1994)、《论桂林抗战文化的特殊文化含量》(2000)、《抗战精神：凝聚中华民族的伟大精神》(2005)、《抗日战争对中国先进文化建设的贡献》(2005)、《桂林抗战文艺的繁盛景观及其效应》(2011)、《广西抗战文化研究35年综述》(2015)、《中国西部地区抗战遗址调查研究概论》(2015)、《抗日大背景下左翼文艺家的活动和左翼文学的变迁》(2018)、《抗战时期桂林美术盛况与贡献》(2020)和关于郭沫若、茅盾、田汉、柳亚子、王鲁彦、盛成、秦似、林焕平、秦牧等作家在桂林活动的研究论文、考证文章、书评80多篇。部分文章收入《广西社会科学专家文集·李建平集·桂林抗战文化研究》和《桂林抗战文艺论》。

3.社会职务、主要贡献和社会影响

担任广西抗战文化研究会第一、第二届秘书长（1988—2001），第三、第四、第五届会长（2001—2017），第六届副会长兼秘书长（2017—2022），第七届名誉会长，广西壮族自治区社会科学界联合会第七届常委、中国田汉研究会理事、中国近现代史料学学会理事，广西大学、广西民族大学兼职教授。

任职会长期间，广西抗战文化研究会获得全国社科联授予的"2016年度全国社科联先进学会"荣誉，全国社科联第17次学会工作会议大会主席团和河南省社科联联合颁发证书。

是20世纪80年代初首批从事桂林抗战文化研究的学者之一。其在1981年发表的《"桂林文化城"期刊简介》和1982年发表的《论桂林文化城在国统区抗日文艺运动的地位和作用》等成果为该项研究早期成果之一。

合著《桂林抗战文学史》，第三作者，获广西第五次社会科学优秀成果二等奖。

论文《从桂林抗战文学研究看史料发掘和思路拓展》获广西第十二次社会科学优秀成果二等奖。

系列论文《中国西部地区抗战遗址调查研究》获广西第十四次社会科学优秀成果三等奖。

著作《广西抗战文化史》，第一作者，获广西第十四次社会科学优秀成果三等奖。

著作《中国西部地区抗战遗址调查与保护利用》，第一作者，获广西第十五次社会科学优秀成果三等奖。

著作《桂林抗战艺术史》，第一作者，获第七届广西文艺创作铜鼓奖（文艺理论类）。

2007年被评为享受国务院特殊津贴专家，2007年获中共广西壮族自治区委员

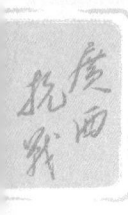

会、广西人民政府颁发的"广西优秀专家"证书，2011年获广西"五一劳动奖章"，2023年获全国社科联第二十一次学会工作会议评议的"全国优秀社会组织工作者"表彰。

（六）雷锐

1. 简历

生平简历　雷锐，1947年2月生，广西南宁人。文学博士。广西师范大学文学院教授，硕士研究生导师。1979年考取广西师范大学中文系硕士研究生，攻读中国现代文学专业。1982年毕业，获文学硕士学位。2001年以同等学力获南京大学文学博士学位。从1982年起留校工作至退休。

学术简历　1982年7月自广西师范大学中文系硕士研究生毕业后留校工作起从事中国现代文学研究与教学，同时研究桂林文化城文学活动。

首次发表成果　论文《典型，质朴，锋芒内敛——谈艾芜抗战时期的小说》发表于《广西师范学院学报》1982年第3期

2. 主要成果

主编《桂林文化城大全·文学卷·小说分卷》（1~4册），第一作者，广西师范大学出版社1991年、1992年出版。

专著《桂林文化城小说研究》，第一作者，中国社会科学出版社2006年出版。

发表抗战文化研究论文《再论抗战文学中"救亡"与"启蒙"的关系》《译笔浓墨　诗笔淡彩——论穆木天桂林时期的文学实践》《论端木蕻良在桂林创作的风格转换》等20多篇。

3. 社会职务、主要贡献和社会影响

担任广西抗战文化研究会第三届副会长，是20世纪80年代初首批从事桂林抗战文化研究的学者之一。

著作《桂林文化城大全·文学卷·小说分卷》，第一作者，获广西第四次社会科学优秀成果二等奖。

1991年获国务院学位委员会、国家教委授予"作出突出贡献的硕士学位获得者"称号。1998年获"广西壮族自治区优秀教师"，2000年获"广西壮族自治区有突出贡献的科技工作者"称号。

（七）苏关鑫

1. 简历

生平简历　苏关鑫，1936年生，上海南汇人。毕业于复旦大学。广西师范大学

教授，硕士生导师。历任广西师范大学中文系现当代文学教研室主任、系副主任、系主任、《东方丛刊》常务主任委员。

学术简历 20世纪80年代初开始从事桂林抗战文化研究，编撰《欧阳予倩资料集》和《旅桂作家》，发表多篇论文。参与主编《桂林抗战文化研究文集》第7、第8集。

首次发表成果 《欧阳予倩年表》（资料长文）1982年发表于《广西师范学院学报》第4期。

2. 主要成果

资料集《欧阳予倩研究资料》，独编，中国戏剧出版社1989年出版。

编写《旅桂作家（上下册）》，第一作者，广西人民出版社1989年出版。

文集《广西社会科学专家文集·苏关鑫集》，线装书局2010年出版。

主编《桂林抗战文化研究文集（七）》，第一主编，广西师范大学出版社2003年出版。

主编《桂林抗战文化研究文集（八）》，第二主编，广西师范大学出版社2005年出版。

论文《欧阳予倩年表》发表于《广西师范学院学报》1982年第4期，《野草——四十年代弘扬鲁迅杂文战斗传统的光辉代表》发表于1992年《桂林抗战文化研究（一）》，《高屋建瓴 砥柱中流——略述邵荃麟在桂林文化城的贡献》发表于1994年《桂林抗战文化研究（二）》，《动机立意、戏剧冲突及其他——阳翰笙、欧阳予倩同题材历史剧之比较》发表于2003年《桂林抗战文化研究（七）》，《西南剧展与欧阳予倩》发表于2005年《桂林抗战文化研究（八）》。论文大多收入《广西社会科学专家文集·苏关鑫集》。

3. 社会职务、主要贡献和社会影响

担任广西抗战文艺研究会第二届副会长，是20世纪80年代初首批从事桂林抗战文化研究的学者之一。

《欧阳予倩研究资料》获广西第三次社会科学优秀成果三等奖。

被评为享受国务院特殊津贴专家。

（八）杨益群

1. 简历

生平简历 杨益群，笔名杨群，1942年6月生，广东澄海人。1966年毕业于中山大学中文系。曾任广西社会科学院文学所桂林抗战文化研究室主任。1986年11月调深圳市委宣传部，历任深圳市社科联（筹）办公室主任和深圳市社会科学院文化研究所所长、研究员、教授。

学术简历 20世纪80年代初从事抗战文化资料收集和研究，编著《桂林文化城概况》等为抗战文化研究奠定基础，坚持研究桂林抗战文化40年。

首次发表成果 论文《桂林文化城概况、历史地位及成因》，第一作者，1983年发表于《学术论坛》第3期。

2. 主要成果

编著《桂林文化城概况》，第一作者，广西人民出版社1986年出版。

编著《文艺期刊索引》，第一作者，广西人民出版社1986年出版。

合著《桂林抗战文学史》，第二作者，广西教育出版社1994年出版。

编著《抗战时期桂林美术运动（上下册）》，独编著，漓江出版社1995年出版。

合编《司马文森研究资料》，第一作者，北京十月文艺出版社1998年出版。

在《学术论坛》《抗战文艺研究》《抗战文化研究》《南宁师范学院学报》《桂林抗战文化研究文集》等报刊、文集发表《高举团结抗战旗帜的文协桂林分会》《西南戏剧展览会纪实》《艾芜在桂林的文学活动与成就》《抗战时期桂林美术运动的作用、意义及影响》《田汉抗战剧论及剧作浅谈》《巴金在桂林的文学活动及其成就》《司马文森在桂林的文学活动及成就》《能文善武　一代宗师——赖少其抗战光彩生涯述评》《不该被遗忘的广西本土画家徐杰民》《台湾义勇队创始人李友邦爱国抗日功绩略论》《桂林抗战文化研究的引领者——魏华龄》等论文30多篇。

3. 社会职务、主要贡献和社会影响

担任深圳市文学学会副会长兼秘书长，深圳市世界华文文学学会副会长。

是20世纪80年代初首批从事桂林抗战文化研究的学者之一。其在20世纪80年代初期推出的桂林文化城研究资料为该项研究的早期成果之一。

《桂林抗战文学史》曾获第三届广西文艺创作最高奖——铜鼓奖、中国西南西北九省区优秀教育图书一等奖、广西第五次社会科学研究优秀成果奖二等奖。

（九）唐国英

1. 简历

生平简历 唐国英，1938年生，广西全州人。曾任广西桂林图书馆地方文献部主任。副研究馆员。

学术简历 长期从事桂林地方历史文化和桂林抗战文化研究。参与"抗战时期桂林文化运动资料丛书"和《桂林文化大事记（1937—1949）》编写工作。

首次发表成果 1984年参与编选《西南剧展（上下册）》，第三编者，由漓江出版社出版。

2. 主要成果

合编《西南剧展（上下册）》，第三编者，漓江出版社1984年出版。

合编《桂林文化大事记（1937—1949）》，第二编者，漓江出版社1987年出版。

合编《戏剧运动》，第三编者，广西人民出版社1992年11月出版。

论文《李文钊与桂林抗战文化运动》发表于《桂林抗战文化研究文集（二）》，《李文钊与西南剧展》发表于《桂林抗战文化研究文集（三）》，《桂林文化城的国际反法西斯阵线》发表于《桂林抗战文化研究文集（四）》，《"我不入地狱　谁入地狱"——桂林佛教界的抗日救亡运动》发表于《桂林抗战文化研究文集（六）》，《抗日战争时期桂林回教界抗日救亡运动》（第二作者）发表于《桂林市教育学院学报》1999年第3期。

3. 社会职务、主要贡献和社会影响

担任广西抗战文艺研究会第一、第二届副秘书长。

《桂林文化大事记（1937—1949）》，第二作者，获广西第三次社会科学优秀成果二等奖。

（十）蔡定国

1. 简历

生平简历　蔡定国，1939年5月生，广西兴安县人。1963年大学本科毕业。历任广西社会科学院文学研究所副所长、所长、研究员，《沿海企业与科技》杂志社社长。

学术简历　主要从事抗战文学和广西地方戏剧文学方面的研究。20世纪80年代中期开始从事抗战文化研究。1987—1993年主持国家社科基金项目《桂林抗战文学史》，1993年结项。1998年与文丰义联合筹备和主持广西第三次桂林抗战文化研究学术研讨会。

首次发表成果　1986年《共产党的领导是西南剧展的灵魂》发表于《广西社会科学》1986年第2期。

2. 主要成果

专著《桂林抗战文学史》，第一作者，广西教育出版社1994年出版。

论文《试论桂林文化城戏剧运动的特征》发表于《学术论坛》1991年第5期，《简论田汉抗战时期在桂林的诗创作》发表于《广西社会科学》1992年第8期，《抗战时期的阳太阳教授》发表于《社会科学家》1994年第7期，《试论广西抗战救亡戏剧运动中"三杰"之一——熊佛西》发表于《桂林抗战文化研究文集（二）》，《〈秋声赋〉的特色初探》发表于《桂林抗战文化研究文集（三）》，《日本反战作家鹿地亘在桂林初探》发表于《学术论坛》1996年第9期,《田汉抗战时期在桂林的诗创作探微》《新发现的欧阳予倩歌剧本事稿》两文发表于《桂林抗战文化研究文集（五）》,《试论田汉在中国抗战戏剧中的地位——为纪念田汉诞辰100周年而作》发表于《学术论坛》1998年第10期。

3. 社会职务、主要贡献和社会影响

担任广西抗战文化研究会第一、第二、第三届副会长。

《桂林抗战文学史》获第三届广西文艺创作最高奖——铜鼓奖、中国西南西北九省区优秀教育图书一等奖、广西第五次社会科学研究优秀成果奖二等奖。中国作家协会副主席张炯研究员评论该书"是一部开创性的著作",认为该书"填补了我国现代文学史研究方面的一个重要的空白,更为我国抗战文学史研究作出了十分可贵的贡献。"[张炯：《祝贺〈桂林抗战文学史〉的出版》,收入《桂林抗战文化研究文集（三）》第560页]。

（十一）刘寿保

1. 简历

生平简历　刘寿保,1942年生,广西桂林人。曾任桂林市人民政府文化发展中心副主任、副研究员。

学术简历　长期从事桂林地方历史文化和桂林抗战文化研究。主持《桂林文化大事记（1937—1949）》编写工作。

首次发表成果　1987年主持编写《桂林文化大事记（1937—1949）》由漓江出版社出版。

2. 主要成果

合著《桂林文化大事记（1937—1949）》,第一作者,漓江出版社1987年出版。

主编《桂林抗战文化研究文集（五）》,第二主编,广西师范大学出版社1997年11月出版。

论文《桂林文化城的成就和贡献》发表于《桂林抗战文化研究文集（一）》,《抗战文化历史经验谈片——两个需要、改革、创新》发表于《桂林抗战文化研究文集（二）》,《浅论抗战时期桂林国际文化大交流》发表于《桂林抗战文化研究文集（三）》,《论桂林抗战文化的国际特征》发表于《社会科学家》1995年第4期。

3. 社会职务、主要贡献和社会影响

担任广西抗战文艺研究会第一、第二届副秘书长。

《桂林文化大事记（1937—1949）》,第一作者,获广西第三次社会科学优秀成果二等奖。

（十二）凌世君

1. 简历

生平简历　凌世君，女，1966年生，广西桂林人。曾任桂林市档案局科长，现任中共桂林市委党史研究室副主任，研究员。

学术简历　长期从事中共广西地方史、桂林地方历史文化和桂林抗战文化研究。参加《桂林文化大事记（1937—1949）》《桂林抗战文艺词典》《抗战遗踪——广西抗战文化遗产图集》编写工作。

首次发表成果　1987年参与编写《桂林文化大事记（1937—1949）》由漓江出版社出版。

2. 主要成果

合著《桂林文化大事记（1937—1949）》，第三作者，漓江出版社1987年出版。

编著《抗战遗踪——广西抗战文化遗产图集》，第四作者，广西人民出版社2005年出版。

论文《论桂林文化在抗战文化中的演进》和《后桂林文化城时期广西抗战文化的新亮点——黄姚及其抗战文化资源的开发与利用》发表于《桂林抗战文化研究文集（五）》和《桂林抗战文化研究文集（八）》。

专访《艺术大师周令钊的桂林情缘》，发表于《桂林日报》2014年3月21日。

承担并完成桂林市2022年哲学社会科学重点课题《桂林抗战文化遗产的保护与利用研究》（课题组长、主要执笔人）。

3. 社会职务、主要贡献和社会影响

担任桂林抗战文化研究会第七届会长、广西抗战文化研究会第七届副会长。

《桂林文化大事记（1937—1949）》，第三作者，获广西第三次社会科学优秀成果二等奖。

（十三）黄绍清

1. 简历

生平简历　黄绍清，1934年生，壮族，广西上林人。教授。1958年毕业于广西师范大学中文系，后留校任教至退休。历任广西师范大学中文系主任、副教授、教授，硕士研究生导师。1997年加入中国作家协会。

学术简历　长期从事写作学和民族文学研究，1985年参与写作《旅桂作家（上下册）》开始抗战文化研究，1990年参与《桂林文化城大全·文学卷·小说分卷》写作，2008年参与《桂林文化城文学研究·诗歌研究》出版，2015年主编《不屈的诗城　愤怒的战歌——抗战时期桂林文化城诗歌荟萃》出版。

首次发表成果　1989年编写《旅桂作家（上下册）》，广西人民出版社出版。

2. 主要成果

合著《桂林文化城文学研究·诗歌研究》，第二作者，中国社会科学出版社2008年出版。

主编《不屈的诗城　愤怒的战歌——抗战时期桂林文化城诗歌荟萃》，第一作者，中国文史出版社2015年出版。

发表《抗战时期桂林文化城诗歌漫论》（《社会科学家》1994年第1期）、《桂林文化城时期的胡风》（《南方文坛》2006年第6期）、《桂林文化城的诗性抒写与文学现场表达》（《贺州学院学报》2015第4期）、《为了"胜利日"的纪念——〈不屈的诗城　愤怒的战歌〉主编手记》（《抗战文化研究》第12辑，2019）等抗战文化研究论文十多篇。

3. 社会职务、主要贡献和社会影响

担任桂林抗战文化研究会副会长、中国写作学会理事。

《桂林文化城大全·文学卷·小说分卷》，第三作者，获广西第四次社会科学优秀成果二等奖。

（十四）盘福东

1. 简历

生平简历　盘福东，瑶族，1950年生，广西全州人。桂林博物馆研究馆员。

学术简历　长期研究博物馆学、民族学和广西地方历史与文化。20世纪90年代开始研究桂林抗战文化。

首次发表成果　1993年《抗战时期广西地方政府文化政策的形成及其特点》发表于《学术论坛》第3期。

2. 主要成果

合著《广西抗战文化史》，第二作者，广西人民出版社2015年出版。

合著《血铸的丰碑：中国抗战文化》，第三作者，广西师范大学出版社2003年出版。

在《社会科学家》《抗战文化研究》《桂林抗战文化研究文集（四）》《中共桂林市委党校学报》等报刊、文集发表《在桂林抗战文化在世界反法西斯运动中的地位和作用》、《凝注着民族血泪的思考与探索——兼谈欧阳予倩的桂剧改革及对今天戏剧改革的启示》、《国际视野下的广西抗战文化研究》、《巴金〈公式主义者〉对中国知识分子的影响》、《桂林抗战文化研究的回顾及展望》（第二作者）、《广西抗战文化：灿烂多彩的青史华章》等论文10余篇。

3. 社会职务、主要贡献和社会影响

担任广西抗战文化研究会第四届副会长、桂林抗战文化研究会副会长。

《广西抗战文化史》，第二作者，获广西第十三次社会科学优秀成果三等奖。

（十五）刘泰隆

1. 简历

生平简历　刘泰隆，(1927—2004)，福建武平人。1956年毕业于上海华东师范大学中文系中国现代文学专业，研究生。历任广西师范大学中文系助教、讲师、副教授、教授、研究生导师，广西师大中国语言文学研究所所长。

学术简历　主要从事鲁迅研究、中国现代文学研究。20世纪80年代末开始从事桂林抗战文化研究。

首次发表成果　1994年《略论桂林文化城的鲁迅研究论著》发表于《社会科学家》第4期。

2. 主要成果

专著《历史的高峰——桂林文化城的鲁迅研究精华探索》，广西师范大学出版社1998年出版。论证抗战时期桂林文化城是鲁迅研究的历史高峰。

论文《重大的贡献　宝贵的经验——略论桂林文化城的鲁迅研究论著》发表于《桂林抗战文化研究文集（二）》；《评五十多年来阿Q典型论的发展——从桂林文化城时期的研究谈起》发表于1995年《社会科学家》；《爱国主义：宋云彬抗战杂文的总主题》发表于《桂林抗战文化研究文集（四）》；《毛泽东的鲁迅论及其在桂林文化城的传播和发展》，发表于1999年《广西社会科学》；《略评邵荃麟等论述〈阿Q正传〉主题和思想意义的贡献》和《论桂林文化城的鲁迅杂文研究》发表于《桂林抗战文化研究文集（五）》；《论毛泽东对鲁迅的总体认识及桂林文化城对它的阐释》发表于《桂林抗战文化研究文集（六）》。

3. 社会职务、主要贡献和社会影响

担任广西抗战文艺研究会第一届副会长。曾任中国现代文学研究会第一、第二、第三、第四届理事，中国鲁迅研究学会第二、第三、第四、第五届理事，广西中国现代文学研究会会长。

专著《历史的高峰——桂林文化城的鲁迅研究精华探索》获广西第六次社会科学优秀成果奖二等奖。

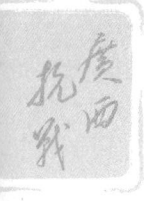

（十六）文丰义

1. 简历

生平简历 文丰义，1965年生，广西灌阳人。1986年毕业于广西师范大学历史系。现任桂林市八路军桂林办事处纪念馆副馆长、研究员。

学术简历 1989年参与桂林博物馆"桂林抗战文化城史料"调查、资料搜集工作和专题展览陈列提纲编写。1996年到八路军桂林办事处纪念馆工作后，一直从事抗日战争史和中共党史研究。1998年参与筹备和主持召开广西第三次桂林抗战文化研究学术讨论会暨八路军桂林办事处成立50周年学术研讨会。2014年筹备和主持召开纪念西南剧展70周年学术研讨会。2014年参与国家社科基金西部项目《中国西部地区抗战遗址调查与保护利用研究》，课题组第二成员。2018—2020年参与国家重大科研项目子课题《广西抗日战争志》编撰工作，主持第五编《桂林文化城》组稿和撰稿工作。

首次发表成果 1996年论文《论桂林抗战文化对世界反法西斯斗争的贡献》发表于《桂林抗战文化研究文集（四）》。

2. 主要成果

合著《血铸的丰碑：中国抗战文化》，第一作者，广西师范大学出版社2003年出版。

合著《桂林抗战文化城奇闻异事》，第一作者，广西师范大学出版社2013年出版。

合著《抗战丰碑——八路军桂林办事处》，第一作者，中央文献出版社2015年3月出版。

合著《抗战时期的桂林"八办"》，第一作者，2015年广西社科精品图书，线装书局2015年10月出版。

合著《桂林抗战文化遗产》，第二作者，广西师范大学出版社2015年9月出版。

合著《中共中央南方局与广西抗战文化》，第二作者，广西人民出版社2016年出版。

主编《丰碑：桂林抗战纪实文物史料集》，第一作者，广西师范大学出版社2008年出版。

主编《桂林抗战文物精品集萃》，第一作者，广西师范大学出版社2014年出版。

编著《记录历史的瞬间——抗战时期的桂林影像》，第一作者，武汉大学出版社2017年出版。

在《中国博物馆》《抗战文化研究》《兰州党史》《南京党史》《文化与传播》《桂林文史》等刊物上发表学术论文100余篇。

3. 社会职务、主要贡献和社会影响

担任全国革命纪念馆专业委员会副会长，广西抗战文化研究会第四、第五、第六、第七届副会长，桂林抗战文化研究会第四、第五届会长（2006年至2019年）。

（十七）王小昆

1. 简历

生平简历 王小昆（1950—2013），安徽凤阳人。桂林旅游高等专科学校艺术表演系教授、硕士生导师。

学术简历 主要从事民族音乐和中国现代音乐史研究。20世纪90年代开始研究桂林抗战音乐活动。

首次发表成果 1997年《简论陆华柏教授在桂林抗战音乐文化中的贡献》发表于《桂林抗战文化研究文集（四）》。

2. 主要成果

专著《桂林抗战音乐文化研究》，大众文艺出版社2005年7月出版。

资料集《抗战时期桂林音乐文化活动》，内部资料，桂林市政协文史资料委员会2008年印刷。

论文《中国新音乐运动的杰出战士——薛良》发表于《艺术探索》2000年第4期，《"抗战歌曲到农村去！"——一个具有历史意义的战斗口号》《奇山秀水间的呐喊——抗战时期桂林的音乐创作述评》和《桂林版〈扫荡报〉与抗战音乐文化》发表于《桂林抗战文化研究文集（八）》。

3. 社会职务、主要贡献和社会影响

担任广西抗战文化研究会第三届副会长、桂林抗战文化研究会副会长。

（十八）何成学

1. 简历

生平简历 何成学，1967年生，广西灌阳人，中共广西区委党校教授。曾任广西区委党校邓小平理论研究中心副主任、《桂海论丛》副主编、党史研究所所长，现任广西马克思主义理论研究和建设工程自治区党校基地办主任。

学术简历 长期从事中共党史和马克思主义政治理论研究。20世纪90年代开始从事广西抗日战争史和抗战文化研究。

首次发表成果 1997年论文《试析抗战时期毛泽东思想在桂林文化城广泛传播的原因》发表于《桂林抗战文化研究文集（四）》。

2. 主要成果

专著《广西在抗日战争中的历史作用与贡献》，第一作者，广西人民出版社2015年出版。

论文《论广西人民在全国抗战中的重要贡献与地位》发表于2005年《广西文史》，《论张云逸对抗日民族战争胜利的历史贡献》发表于2006年《百色学院学报》，《论华侨华人对抗日战争的伟大历史贡献》（第二作者）发表于2011年《百色学院学报》，《广西抗战之卓越贡献》发表于2014年《当代广西》，《抗战艺术史研究的一部力作——评李建平等著〈桂林抗战艺术史〉》发表于《抗战文化研究》第9辑，《重温抗战历史 传承抗战精神——评〈中国西部抗战遗址调查与保护利用〉》发表于《抗战文化研究》第12辑。

3. 社会职务、主要贡献与社会影响

担任广西抗战文化研究会第六、第七届副会长，广西党史人物研究会副会长。2018年被评为享受国务院特殊津贴专家。

（十九）刘春燕

1. 简历

生平简历 刘春燕，女，1965年生，广西兴安人。曾任桂林市人民政府发展研究中心副主任，中共桂林市委办公室副主任，市委副秘书长、办公室主任（兼），现任中共桂林市委二级巡视员，副研究员。

学术简历 长期从事桂林历史文化和桂林抗战文化研究。参加《桂林市志·人物志》《中国历史文化名城大词典·桂林》编写工作；参加《桂林抗战文化研究文集（三）》《桂林抗战文化研究文集（七）》《桂林抗战文化研究文集（八）》的编辑工作。

首次发表成果 1997年论文《桂林文化城时期的青年运动初论》发表于《桂林抗战文化研究文集（五）》（广西师大出版社1997年出版）。

2. 主要成果

论文《桂林文化城时期的青年运动初论》（独著）、《试论抗战时期桂林的农村经济问题研究》（独著）、《论抗战时期桂林社会科学的发展及其对当代文化建设的启示》（独著）、《论桂林抗战文化精神与民族精神》（独著）、《抗战时期桂林社会团体的作用刍议》（独著），分别发表于《桂林抗战文化研究文集》第5~8集。论文《论桂林抗战文化精神》（独著）和《桂林抗战文化研究的回顾及展望》（与盘福东合著）分别发表于《社会科学家》2005年5期、2013年第12期。《烽火岁月铸就激越华章——桂林抗战文化城》发表于《南方文学》2005年第2期。

3. 社会职务、主要贡献和社会影响

担任桂林抗战文化研究会副会长、广西抗战文化研究会第三、第四届副秘书长。

(二十) 刘小林

1. 简历

生平简历 刘小林，女，1951年生，广西桂林人。历史学硕士，先后就学于哈尔滨师范大学、广西师范大学、北京师范大学、中国音乐学院，现任广西师范大学历史文化与旅游学院教授，硕士生导师。

学术简历 长期从事中国近代史、中国近代文化史的教学与研究。2000年后结合广西抗战文化研究中国近现代文化史。先后主持广西教育厅科研项目"五四以来启蒙思潮与20世纪三四十年代广西文化建设"、广西科技厅科研项目"新桂系与近现代广西社会"、广西哲学社会科学科研项目"广西抗战文化与民族和谐精神的历史考察"等课题研究。

首次发表成果 1997年论文《桂林文化城的抗日救亡歌咏运动及其思考》（第一作者）发表于《桂林抗战文化研究文集（五）》。

2. 主要成果

专著《桂林抗战文化与中华民族精神》，第一作者，广西师范大学出版社2018年出版。

专著《近代中国文化的嬗变》，中国文史出版社2001年出版。

专著《思潮·观念·范式——20世纪前后的文化思索》，中国文史出版社2005年出版。

专著《近代社会思潮与广西》，广西师范大学出版社2012年出版。

在报刊发表《抗战音乐文化特征解析》（《文化学刊》2008年第4期，第一作者）、《论桂林抗战戏剧与受众接受关系》（《南宁师范高等专科学校学报》2009第2期）、《抗战时期广西文化政策略论》（《玉林师范学院学报》2011年第1期）、《桂林抗战文化与中华民族精神传承》（《抗战文化研究》第6辑，2012）等抗战文化研究论文十余篇。

3. 社会职务、主要贡献和社会影响

曾任桂林市史志学会副秘书长兼理事、武昌辛亥革命史研究会常务理事。

(二十一) 李江

1. 简历

生平简历 李江（1964—2015），重庆人。广西师范大学文学院教授，文学博士,硕士生导师。

学术简历 1997年就读南京大学中文系博士研究生时开始研究抗战戏剧。主持2006年国家社科基金项目《抗战时期桂林文化城戏剧家群及其成因研究》(06XZW007),已结项。参与2009年国家社科基金项目《桂林抗战艺术史》研究(课题组第二成员)。

首次发表成果 1998年《抗战戏剧思潮的形态观念》发表于《艺术百家》第4期。

2. 主要成果

专著《抗战时期大后方戏剧主潮论》,独著,中国文史出版社2005年出版。

专著《桂林抗战艺术史》,第二作者,广西人民出版社2014年出版。

3. 社会职务、主要贡献和社会影响

担任广西抗战文化研究会第四、第五届副会长。

合著《桂林抗战艺术史》,第二作者,获第七届广西文艺创作铜鼓奖。

(二十二)张红

1. 简历

生平简历 张红,女,1963年12月生,广西桂林人。1988年6月毕业于广西师范大学,获历史学硕士学位。现为广西师范大学马克思主义学院教授,博士生导师。

学术简历 主要从事中国近现代史基本问题、中国共产党与先进文化建设研究。2000后开始研究抗战文化。主持2011年度国家社会科学基金项目(一般项目)《西南抗战文化人中的共产党员群体作用研究》,已结项;主持2018年度国家社会科学基金项目(一般项目)《抗战时期马克思主义在西南国民党统治区青年学生中的传播研究》(在研);主持广西教育科学"十五"规划课题《文教事业的内迁与抗战时期的广西教育》,已结项。

首次发表成果 2002年《抗战时期内迁进步知识分子对其历史使命认识刍论》发表于《广西社会科学》。

2. 主要成果

专著《抗战中内迁西南的知识分子》,独著,江西人民出版社2004年出版。

论文《抗战时期国统区进步文化界对青年的培养》发表于《广西社会科学》2003年第6期,《文协桂林分会与桂林抗战文化运动》发表于《广西大学学报(哲学社会科学版)》2004年第1期,《抗战时期根据地民众历史教育的措施和启示》发表于《北华大学学报:社会科学版》2016年第4期,《抗战时期广西地干校加强学员思想政治教育的措施及启示》发表于《江苏第二师范学院学报》2016年第5期，《抗战时期〈新华日报〉传播马克思主义的策略及启示》发表于《社会科学家》2020年第5期。

3. 社会职务、主要贡献和社会影响

桂林抗战文化研究会副会长。广西高校思想政治教育卓越人才。

（二十三）邓群

1. 简历

生平简历　邓群（1953—2011），湖南祁阳人。广西区党校在职大学学历，历任中共广西壮族自治区委员会党史研究室副主任、研究员。

学术简历　长期从事中共党史和广西地方史研究，21世纪初开始研究抗日战争史和桂林抗战文化。

首次发表成果：2002年《桂林抗战文化与社会主义先进文化的意义和作用》，第二作者，与姚蓝合著，发表于《广西党史》2022年第3期。

2. 主要成果

专著《湘桂战役与桂林文化城的陷落》，第一作者，与姚蓝合著，中共党史出版社2004年出版。

专著《中国共产党与桂林抗战文化》，第一作者，广西人民出版社2005年出版。

传记《隐蔽战线春秋书系·传记卷：谢和赓传》，第二作者，与姚蓝合著，中共党史出版社2018年出版。

论文《论桂林抗战文化工作的战略意义》，第二作者，与姚蓝合著，发表于《桂林抗战文化研究文集（七）》，《论中国共产党在抗战时期对桂系的统战工作》发表于《传承》2010年第2期。

3. 社会职务、主要贡献和社会影响

担任广西抗战文化研究会第三届副会长。

（二十四）王建平

1. 简历

生平简历　王建平，1962年9月生，广西贺州人。1983年7月毕业于南开大学中文系，曾任广西大学教授、戏剧影视文学教研室主任、硕士研究生导师，广西社会科学院文化研究所所长、《沿海企业与科技》杂志主编。

学术简历　长期研究中国现代文学、影视戏剧艺术理论和创作，从2005年参加广西抗战遗址调查开始进入抗战文化研究领域。2014—2016年参与国家社科基金项目《中国西部地区抗战遗址调查与保护利用研究》课题组（课题组第三成员）。2018—2022年主持广西社会科学院院级项目《广西军队北上抗日行踪遗迹遗址调查》，连续五年主持开展到沪、苏、鲁、鄂、豫、皖等省市的桂军抗战遗址调查。2017年与李建平联合筹备和主持广西抗战文化研究会第六次会员代表大会暨"广西抗战遗址保护暨《中国西部地区抗战遗址调查与保护利用》编撰研讨会"。2018—2022年与李建平联合筹备和主持召开"广西抗日战争研究专家座谈会"、"新中国70年与广西抗战文化研究专家座谈会"、"民族战争的伟大胜利——纪念中国人民抗日战争胜利75周年"专家座谈会、"中国共产党与广西抗战"专家座谈会、"广西抗战精神的传承与传播专家座谈会"。2022年主持召开广西抗战文化研究会第七次会员大会。

首次发表成果 合著《抗战遗踪——广西抗战文化遗产图集》，第六作者，广西人民出版社2005年出版。

2. 主要成果

合著《抗战遗踪——广西抗战文化遗产图集》，第六作者，广西人民出版社2005年出版。

合著《中国西部地区抗战遗址图说》，第三作者，江苏大学出版社2015年出版。

合著《中国西部抗战遗址调查与保护利用》，第二作者，广西师范大学出版社2017年出版。

研究报告《广西部队北上抗日史迹遗址调查（以淞沪会战为中心）》（第一作者）发表于《抗战文化研究》第13辑，《广西部队北上抗日史迹遗址调查（以徐州会战为中心）》（第一作者）发表于《抗战文化研究》第14辑、《广西部队北上抗日史迹遗址调查（以武汉会战为中心）》（第一作者）发表于《抗战文化研究》第15辑。

3. 社会职务、主要贡献和社会影响

担任广西抗战文化研究会第四届秘书长、第五届副会长兼秘书长，第六、第七届会长（2017年8月至今），广西社会科学界联合会第八届常委。

在全国社科联第16次学会工作会议上被评为"2015年度全国社科联优秀学会工作者"，大会主席团与全国社科联第16次学会工作会议承办单位——广东省社科联联合颁发证书。2019年获全国社科联联席会议"2019年度全国社科联优秀社会组织工作者"表彰。

合著《中国西部抗战遗址调查与保护利用》，第二作者，获广西第十五次社会科学优秀成果三等奖。

获广西壮族自治区党委宣传部批准的首届广西文化名家暨"四个一批"人才称号。

(二十五)刘绍卫

1. 简历

生平简历 刘绍卫,1972年生,广西兴安人。陕西师范大学本科、广西师范大学研究生班毕业,曾任高校教师,现任中共广西壮族自治区委员会党史研究室征调一处处长、研究员。

学术简历 长期从事中国古典文学和中共党史研究。2005年起研究广西抗日战争史和抗战文化。2012年申报的《中国共产党在民族地区的文化建设的历史考察及经验研究》获国家社科基金项目立项。

首次发表成果 2005年《论抗日民族文化统一战线的形成与在抗战中的作用》发表于《楚雄师范学院学报》第6期。

2. 主要成果

专著《中国共产党与广西抗战——政治交往理性的实践》,独著,广西人民出版社2006年出版。

专著《中共中央南方局与广西抗战文化》,第一作者,广西人民出版社2016年出版。

论文《中国共产党在桂林文化城形成和发展中的作用》(第三作者)发表于《桂林抗战文化研究文集(八)》;《抗日民族文化统一战线的精神内涵与其在抗战中的作用》,发表于《抗战文化研究》第1辑;《范长江在桂林的红色新闻活动》发表于2013年《传承》第3期;《论湘江战役与抗日民族统一战线的形成——整体视域下湘江战役与中国特色革命道路系列论文之二》发表于2016年《桂海论丛》第6期。《全面抗战视域下的中共中央南方局的历史贡献》发表于《传承》2015年第9期。

3. 社会职务、主要贡献和社会影响

担任广西抗战文化研究会第七届副会长。

获全国优秀社会科学普及专家、全国社科联优秀学会工作者、全国社科联优秀社会组织工作者。

2016年获广西壮族自治区党委宣传部批准的首届广西文化名家暨"四个一批"人才称号。

(二十六)袁斌业

1. 简历

生平简历 袁斌业,1962年6月生,广西平南人。广西师范大学外国语学院英语语言文学学士、硕士,华东师范大学外语学院英语语言文学专业翻译学博士。

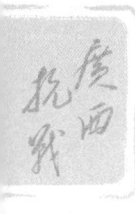

2010—2022年任广西师范大学外国语学院教授、研究生导师组组长、翻译系主任、翻译硕士（MTI）教育中心负责人。

学术简历 长期从事研究翻译理论研究与翻译实践、外语教学，21世纪以来结合桂林文化城翻译活动研究中国近现代翻译史。曾主持教育部人文社会科学一般项目一项、广西社科项目一项、广西人文社会科学发展研究中心项目一项。

首次发表成果 2005年《抗战时期对外译介的中国抗战歌曲》发表于《上海翻译》第3期。

2. 主要成果

专著《桂林抗战文化城译介活动研究》，第一作者，广西师范大学出版社2013年出版。

专著《桂林抗战文化城翻译出版研究》，独著，广西师范大学出版社2015年出版。

专著《桂林抗战文化城翻译家研究》，第一作者，广西师范大学出版社2021年出版。

论文《桂林抗战文化城的翻译活动》发表于2005年《广西师范大学学报：哲学社会科学版》第3期，《桂林抗战文化城文艺期刊与翻译的互动》发表于2006年《钦州学院学报》第3期，《马君武经济文献翻译活动及其翻译报国思想介绍》发表于2009年《商场现代化》第3期，《翻译报国，译随境变：马君武的翻译思想和实践研究》，2009年华东师范大学博士论文，《桂林抗战文化城文艺翻译活动的成就及贡献》发表于《抗战文化研究》第6辑，《桂林抗战文化城音乐翻译研究》发表于《抗战文化研究》第7辑，《胡明树在桂林抗战文化城的翻译活动》发表于2014年《桂林师范高等专科学校学报》第3期，《庄寿慈在桂林抗战文化城的翻译实践研究》发表于《抗战文化研究》第10辑，《何家槐的苏联工厂史翻译及其影响》发表于《抗战文化研究》第12辑《桂林文化城的翻译教育实践研究》发表于2022年《翻译教学与研究》第1期。

3. 社会职务、主要贡献和社会影响

兼任桂林电子科技大学外国语学院、广西右江民族医学院外语系、梧州学院外语系兼职教授，中国译协专家会员。

专著《桂林抗战文化城译介活动研究》，第一作者，获广西第十三次社会科学优秀成果奖三等奖。

专著《桂林抗战文化城翻译出版研究》，独著，获广西第十四次社会科学优秀成果奖二等奖。

(二十七）黄伟林

1. 简历

生平简历 黄伟林，壮族，1963年生，广西桂林人。北京师范大学文学学士、硕士，武汉大学文学博士。现任广西师范大学文学院教授、博士生导师。

学术简历 1984年开始任教于广西师范大学文学院，从事教学与科研。主要的科研方向是中国现当代文学、文艺评论和桂林地方文化研究，2005年后开始研究桂林抗战文化。2013—2015年主持广西特聘专家项目《广西抗战暨桂林文化城研究》，已完成。2019年获国家社科基金一般项目《桂林文化城文学编年史》立项，进行中。

首次发表成果 2008年主编《桂林文化城作家研究》由中国社会科学出版社出版。

2. 主要成果

主编《桂林文化城作家研究》，中国社会科学出版社2008年出版。

执行主编《抗战桂林文化城史料汇编》（15卷），广西桂学研究会2015年内部印刷。

主编《新西南剧展》，第一作者，广西师范大学出版社2017年出版。

专著《历史的静脉——桂林文化城的另一种温故》，独著，广西师范大学出版社2018年出版。

系列论文《抗战桂林文化城系列论文》，包括《田汉的桂林时间》《艾青的桂林时间》《刘雯卿的桂林时间》，还有论巴金、徐悲鸿、欧阳予倩、丰子恺、吴伯超、戴爱莲、沈起予、储安平在桂林活动等文章，共15篇，发表于《贺州师院学报》。在《抗战文化研究》《南方文坛》《贺州学院学报》《广西日报》《桂林日报》等报刊发表《抗战时期旅桂作家创作综论》《抗战时期桂林文化城的文化变迁》《李宗仁抗战理论探要》等报刊、文集抗战文化研究论文60余篇。

3. 社会职务、主要贡献和社会影响

担任中国田汉研究会第五届理事、广西抗战文化研究会第六届、第七届副会长、《抗战文化研究》集刊编委。

策划、创办新西南剧展，将田汉话剧《秋声赋》、欧阳予倩话剧《桃花扇》《旧家》重新搬上舞台，自2014年起，分别在北京、上海、南宁、桂林、贺州、玉林等城市演出60多场次，获中国校园戏剧节优秀剧目奖，在全国范围内产生较大影响，成为广西高校重要的文化品牌。

创建广西桂学博物馆·抗战桂林文化城主题馆。2018年，承担筹建广西师范大学桂学博物馆文物收集和布展陈列，负责广西当代文学、抗战桂林文化城、八桂学术三个主题馆。搜寻了一大批文人著作、手稿、照片和文物，2021年7月5日，广西师范大学桂学博物馆正式开馆。

主讲《桂林文化城文学研究》本科、硕士研究生选修课程，该课程入选广西高校课程思政示范课程，入选广西高校课思政名师。

（二十八）刘铁群

1. 简历

生平简历　刘铁群，女，1973年出生于黑龙江省，湖南攸县人。2002年获文学博士学位。现为广西师范大学文学院教授，硕士研究生导师。

学术简历　1999年开始任教于广西师范大学文学院，从事教学与科研。主要的科研方向是中国现当代文学研究。2005年开始关注桂林文化城文学研究，2008年《桂林文化城散文研究》获得广西社科基金青年项目。2013年获国家社科基金一般项目《抗战时期桂林文化城文艺期刊研究》立项（13BZW115），已结项。2021年获国家社科基金一般项目《桂林文化城文学名家作品版本流变研究》立项，进行中。2013年，参与策划新西南剧展，改编并导演了田汉的话剧《秋声赋》。

首次发表成果　2008年论文《穿越黑暗得飞翔——论巴金在桂林文化城时期的散文创作》发表于《东方丛刊》第4期。

2. 主要成果

专著《桂林文化城散文研究》，第一作者，中国社会科学出版社2009年出版。

主编《新西南剧展》，第二作者，广西师范大学出版社2017年出版。

专著《广西现当代文学研究》，广西师范大学出版社2019年出版（该著作包括广西小说研究、广西散文研究和桂林文化城文学研究三个板块）。

在《中国现代文学研究丛刊》《抗战文化研究》《南方文坛》《延安职业技术学院学报》等报刊发表《关于茅盾"雨天杂写"系列杂文的史料问题》（2019）、《〈文学创作〉生长环境探析》（2018）、《凤子的回忆录与桂林版〈人世间〉的前身后世》（2018）、《抗战时期旅桂作家笔下的桂林》（2017）、《〈野草〉杂志定位探析》（2012）等抗战文化研究论文20篇。在《桂林晚报》开设专栏"漓水春秋"发表桂林抗战文化题材学术随笔65篇。

3. 社会职务、主要贡献和社会影响

担任中国茅盾研究会常务理事、广西抗战文化研究会第六届理事会副秘书长。

2020年，关于桂林文化城文学史料研究的两项成果获得广西第十六次社会科学优秀成果奖：《关于茅盾雨天杂写系列杂文中的史料问题》获二等奖，《沈从文〈芸庐记事〉的相关史料问题》获三等奖。

2014年,改编、导演的田汉话剧《秋声赋》参加第4届中国校园戏剧节,获优秀剧目奖、优秀导演奖。

(二十九)陆璎

1. 简历

生平简历 陆璎,1977年生,广西桂林人。广西艺术学院毕业,获艺术学硕士学位。曾任广西师范大学出版社编辑、接力出版社副编审,现任广西社会科学院文化研究所副研究员。硕士研究生导师。

学术简历 参与完成2009年国家社科基金项目《桂林抗战艺术史》(课题组第四成员)和2014年国家社科基金项目《中国西部地区抗战遗址调查与保护利用研究》(课题组第四成员)。

首次发表成果 2008年《抗战音乐家张曙研究综述》发表于《抗战文化研究》第2辑。

2. 主要成果

合著《桂林抗战艺术史》,第四作者,广西人民出版社2014年出版。

合著《中国西部抗战遗址调查与保护利用》,第四作者,广西师范大学出版社2017年出版。

论文《抗战时期音乐家林路在桂林的生活与创作》发表于《抗战文化研究》第3辑,《抗战时期音乐家吴伯超在桂林》《抗战时期音乐家陆华柏在桂林》(以上两篇发表于《抗战文化研究》第5辑),《弦鸣山水间——抗战时期音乐家马思聪在桂林》《抗战时期音乐家满谦子在桂林活动概述》(以上两篇发表于《抗战文化研究》第7辑),《贵州省抗战遗址调查报告》《云南省抗战遗址调查报告》(以上两篇发表于《抗战文化研究》第10辑),《桂林文化城的新兴木刻版画》发表于《抗战文化研究》第11辑,《八路军桂林办事处纪念馆馆藏音乐书刊经眼录》发表于《抗战文化研究》第13辑,《田汉与张曙的艺术情缘》发表于《抗战文化研究》第14辑。

3. 社会职务、主要贡献和社会影响

担任广西抗战文化研究会第六届副秘书长、第七届副会长兼秘书长。

合著《桂林抗战艺术史》,第四作者,获第七届广西壮族自治区人民政府文艺创作铜鼓奖,合著《中国西部抗战遗址调查与保护利用》(第四作者)获广西第十五次社会科学优秀成果奖三等奖。

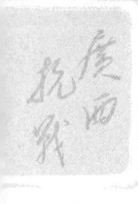

（三十）张明学

1. 简历

生平简历 张明学，1964年生，吉林省吉林市人。哲学博士、广西大学教授，博士生导师，双学科带头人。

学术简历 长期研究艺术理论、中国画、插画设计艺术，2010年后从事抗战艺术史研究。2017年获国家社科基金一般项目《中国抗战美术史研究》（17BDJ015）立项。

首次发表成果 2013年《文化视野下的艺术家帅础坚》发表于《艺术探索》2013年第5期。

2. 主要成果

主编《抗战漫画》，河南大学出版社2018年出版。

论文《抗战时期的桂林木刻版画》（第一作者）发表于《美术》杂志2014年第4期（8月），《文化名人在桂林——林半觉与郭沫若、徐悲鸿、罗香林》（第一作者）发表于《中华书画家》2014年，《抗战时期桂林中国人物画画家及作品研究——以文化城丹青人物画三杰为例》（第一作者）发表于《文史杂志》2015年第3期，《桂林文化城抗战美术教育研究》（第一作者）发表于《艺术工作》（CSSCI）2016年第1期，《桂林文化城文艺刊物及美术作品研究》（第一作者）发表于《美术大观》2020年第7期，《欧阳予倩与林半觉的交谊及书札往来》（第一作者）发表于《中华书画家》（第一作者）2015年第2期，《云南抗战美术代表画家及其作品》（第一作者）发表于《抗战文化研究》第12辑，《一册桂林抗战美术，凝视七十载史学脉络——评李普文等著〈桂林抗日战争美术史〉》（第一作者）发表于《抗战文化研究》第12辑，《抗战时期漫木艺术研究》（第一作者）发表于《抗战文化研究》第13辑，《广东梅州抗战木刻版画研究》（第一作者）发表于《抗战文化研究》第11辑，《桂林文化城抗战漫画研究》（第一作者）发表于《抗战文化研究》第9辑。

3. 社会职务、主要贡献和社会影响

担任广西抗战文化研究会第七届副会长。中国社科基金艺术学项目评审专家，广西高校教学指导委员会委员。

（三十一）宋泉

1. 简历

生平简历 宋泉，1980年生，广西龙胜人，文学博士。广西大学本科、广西师范大学硕士研究生、华中科技大学博士研究生学历。现任广西艺术学院人文学院副教授，硕士研究生导师。

学术简历 主要从事文化产业和新闻出版史研究，2013年发表学术论文，2015年开始从事抗战文化研究。

首次发表成果 2015年论文《论陈劭先的民主思想与出版活动》发表于《华中学术》第12期。

2. 主要成果

专著《抗战时期桂林文化供应社研究（1939—1945）》，独著，广西人民出版社2023年出版。

论文《抗战时期桂林文化供应社企业组织制度建设研究》发表于《华中学术》（2017年第2期），《时局·文化·市场——从〈大公报〉（桂林版）出版广告看战时桂林的出版文化生态》（第一作者，与宋菁合著）发表于《出版科学》（2017年第2期），《非常态社会环境下的媒介研究——基于抗战时期桂林文化供应社特殊历史现象的思考》（第一作者，与刘文军合著）发表于《抗战文化研究》第12辑，《"大众化"传播语境下的抗战出版生态研究》发表于《华中学术》（2019年第3期），《大众话语与舆论动员——论〈新道理〉杂志的抗战歌谣》发表于《抗战文化研究》第14辑，中共党史出版社。

3. 社会职务、主要贡献和社会影响

担任广西抗战文化研究会第六届副秘书长、第七届副会长。

二、抗日战争史研究专家

在抗日战争史研究领域，广西有一批专家做出优异成就，撰写出版多项成果，值得关注学习和作研究参考。这里依据自己粗浅的了解作些介绍，所选专家不受本章开篇所述的条件限制。

（一）黄铮

1. 简历

生平简历 黄铮，原名黄铮凤，1943年5月生，广东梅县（今梅江区状元桥小溪唇）人。毕业于中山大学历史系。历任广西社会科学院印度支那研究所（今东南亚研究所）副所长、历史研究所所长，广西社会科学院副院长、党组副书记，广西壮族自治区政协第七、第八届委员。现任广西壮族自治区文史研究馆馆员。

学术简历　1980年发表第一篇学术论文《关于马援征交趾研究》，主要研究方向为中越关系史、广西抗日战争史等。对胡志明与中国关系问题的研究有较深造诣。

首次发表成果　1985年《越南八月革命前胡志明在广西的革命活动》发表于《学术论坛》第5期（10月28日）。

2. 主要成果

主编《广西抗日战争史料选编》（三卷），广西人民出版社2005年出版。

辑注《胡志明狱中诗注释》，胡志明原著、黄铮注释，广西教育出版社1992年出版。

专著《胡志明与中国》，独著，解放军出版社1987年出版。

论文《中越人民友好关系史上光辉的一页——胡志明为桂林〈救亡日报〉撰文纪实》发表于新华出版社1987年7月出版的《救亡日报的风雨岁月》，《胡志明主席与中国人民的革命情谊》1990年发表于《学术论坛》第2期，《胡志明在中国的革命活动与20世纪越南民族的独立》2000年发表于《东南亚纵横》第6期，《胡志明在桂林的革命活动及其意义》2001年发表于《中共桂林市委党校学报》第1期，《教师·牧师·学者徐松石》2006年发表于《广西民族研究》第2期，《罗尔纲与广西史学界》2007年发表于《广西地方志》第6期，《东方文化的一份珍贵遗产——胡志明汉文诗赏析》2010年发表于《学术论坛》第2期，《胡志明培养青少年人才的思想与实践——中国南宁、桂林育才学校史事述要》2010年发表于《东南亚纵横》第3期，《在中国广西靖西县探寻胡志明革命活动遗迹》2013年发表于《东南亚纵横》第6期，《我们该向廖冰兄学习什么——序〈漫画艺术大师廖冰兄〉》2014年发表于《广西文史》第3期。

3. 社会职务、主要贡献和社会影响

担任广西抗战文化研究会第四、第五届名誉会长，广西历史学会会长，广西社会科学联合会副主席，广西壮族自治区政协第七、第八届委员。

对胡志明与中国关系问题的研究有较深造诣，整理研究胡志明抗战时期在广西活动史实有独特发现和独家成果。

专著《胡志明与中国》1991年获广西第三次社会科学优秀成果奖二等奖。获"国家有突出贡献的中青年专家""广西优秀专家"荣誉称号，被评为"享受国务院特殊津贴专家"。

(二)唐凌

1. 简历

生平简历 唐凌,1955年8月生,广西灵川人。广西师范大学历史与旅游文化学院二级教授。硕士及博士研究生导师。曾任广西师范大学历史系主任、历史文化与旅游学院院长、漓江学院党委书记兼常务副院长,广西地方民族史研究所所长,广西师范大学社会科学界联合会常务副主席等职,现任广西师范大学学术委员会副主任。

学术简历 长期从事中国近现代经济史、广西近现代和抗日战争史的教学与研究。1986年发表第一篇学术论文(有关中法战争研究),2011年主持国家社科基金项目《"战时农都"在外来旱地农作物本土化进程中的作用》(批文号11BZS081)研究;2019年主持国家社科基金西部项目《抗战时期桂越国际交通线文献资料整理与研究》(批文号19XZS011)。2018—2020年,参与国家重大科研项目子课题《广西抗日战争志》编撰工作,在其中主持第四编《抗战经济》组稿和撰稿工作。2020年启动《新广西抗战史(六卷本)》编著工作,任课题组长。

首次发表成果 1993年《抗战时期国民政府的矿业政策》发表于《抗日战争研究》第4期。

2. 主要成果

专著《历史年代学》,独著,广西师范大学出版社1992年出版。

专著《桂林战时损失调查报告》,第一作者,文献科学出版社2009年出版;2020年经修订,由南京出版社以《全面抗战时期期间桂林损失调查研究》书名再版。

专著《开发与掠夺——抗战时期的中国矿业》,独著,广西师范大学出版社2000年出版。

专著《战时农都:外来旱地粮食作物的引进、改良与传播》,独著,广西师范大学出版社2022年出版。

论文《抗战时期的中国煤矿市场》发表于《近代史研究》1996年第5期,《关于抗战时期广西矿业损失的调查》发表于《历史档案》1999年第4期,《抗战时期大后方科技力量的检阅及动员——中国工程师学会第12届年会在桂林》发表于《桂林抗战文化研究文集(六)》(2003年),《抗战时期日军侵略广西资料辑录及考评——以末次情报为范围》发表于《华南理工大学学报(哲社版)》2003年第4期,《昆仑关战役遗址的开发和利用价值》发表于《广西社会科学》2006年第7期,《桂柳会战前后的美国飞虎队》发表于《抗日战争研究》2007年第3期,《抗战时期湘桂铁路股票发行成效及其原因评析》发表于《桂海论丛》2007年第1期,《美国"飞虎队"轰炸机在广西兴安县坠毁事件调查述评》发表于《广西师范大学学报》2014年第2期，《柳州沙塘——抗战时期的中国农都》发表于《古今农业》2015年第3期，《战时农都促进外来旱地粮食作物本土化效益分析》发表于《古今农业》2017年第1期。

3. 社会职务、主要贡献和社会影响

担任广西抗战文化研究会第四、第五、第六届副会长，广西历史学会会长、桂林历史文化研究院院长。

获"广西优秀专家""全国模范教师"荣誉称号，被评为"享受国务院特殊津贴专家"。

专著《历史年代学》1993年获广西第四次社会科学研究优秀成果奖二等奖，论文《抗战时期国民政府的矿业政策》1996年获广西第五次社会科学研究优秀成果奖三等奖，论文《抗战时期的中国煤矿市场》1998年获广西第六次社会科学研究优秀成果奖二等奖，专著《开发与掠夺——抗战时期的中国矿业》获广西第七次优秀社会科学成果二等奖，论文《桂柳会战前后的美国飞虎队》获广西第十次社会科学优秀成果奖三等奖。

（三）沈奕巨

1. 简历

生平简历　沈奕巨，1933年11月生，广西防城人。研究员。曾任广西壮族自治区通志馆副馆长，广西社会科学院副厅级研究员。1945年参加钦廉抗日武装起义。1949年参加游击战争，在粤桂边区纵队三支队当文化教员、排长、代指导员。新中国成立后考进中山大学历史系学习，1959年毕业回广西，先后在广西通志馆任研究组长、副馆长，广西壮族自治区博物馆任部主任，广西社会科学院研究员。1996年离休。

学术简历　从事历史研究40多年，在晚清广西地方史、中共广西地方史、中法战争史、抗日战争史等专题有较深造诣，出多项成果。

首次发表成果　论文《碧血洒蓝天——广西空军的抗战业绩》发表于《文史春秋》1995年第4期。

2. 主要成果

专著《广西抗日战争史稿》，广西人民出版社1995年出版；2005年修订后更名为《广西抗日战争史》出版。

论文《桂林"八办"是创建桂林文化城的领导者》发表于1996年《学术论坛》第3期，《日军侵略广西的破坏罪行》发表于2005年《经济与社会发展》（8月30日），《1945年光复广西作战概述》发表于2005年《广西地方志》（8月25日）。

3. 社会职务、主要贡献和社会影响

专著《广西抗日战争史稿》1996年获广西第五次社会科学研究优秀成果奖三等奖。

(四) 刘文俊

1. 简历

生平简历 刘文俊，1968年生，湖南耒阳县人。2007年南京大学中国近现代史专业博士毕业后到广西师范大学历史系任教，硕士生导师，现任《广西师范大学学报》副主编、研究员。

学术简历 长期从事中国近现代史、广西近现代史和抗日战争史的教学与研究。2012年主持国家社科基金项目《国民兵团制度在国统区的存在形态研究（1939—1945）》。

首次发表成果 2006年《民团体制与抗战时期广西的军事动员》发表于《学术论坛》第9期。

2. 主要成果

专著《广西新民团研究（1930—1940）》，独著，合肥工业大学出版社2007年出版。

专著《桂林抗战文化城的社团》，独著，黄山书社2008年出版。

合著《近代中国西南地区的经济开发与对外关系》，第一作者，陕西师范大学2007年出版。

合著《桂系战史》，第二作者，广西师范大学出版社2013年出版。

论文《广西民团与抗日战争——从两份档案文献说起》发表于《民国档案》2007年第3期，《广西"新民团"与乡村建设运》发表于《安徽大学学报》2007年第6期，《"全面战"思想与广西"新民团"的职责》（第二作者）发表于《党史研究与教学》2008年第6期，《〈建设研究〉与时局变动》发表于《民国档案》2013年第2期。

3. 社会职务、主要贡献和社会影响

合著《广西近代圩镇研究》，第三作者，获广西第六次社会科学研究优秀成果一等奖。

合著《近代中国西南地区的经济开发与对外关系》，第一作者，获广西第十次社会科学优秀成果三等奖。

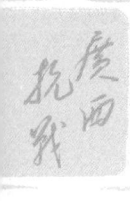

（五）谭肇毅

1. 简历

生平简历 谭肇毅，1949年12月生，广西南宁邕宁人。广西师范大学历史系毕业。现任广西师范大学历史系教授，硕士生导师，广西师范大学历史文化与旅游学院中国近现代史教研室主任。

学术简历 长期从事中国近现代史、广西近现代史和抗日战争史的教学与研究。20世纪80年代重点研究大革命时期史，1990年后扩展研究抗日战争史。主持广西社科十五规划项目《新桂系时期广西社会发展水平研究》。

首次发表成果 1990年《桂系与皖南事变》发表于《广西师范大学学报（哲学社会科学版）》第2期。

2. 主要成果

专著《抗战时期的广西经济》，独著，广西师范大学出版社2011年出版。

专著《桂系史探研》，独著，中国文史出版社2005年出版。

主编《新桂系政权研究》，广西人民出版社2011年出版。

论文《抗日战争与中国革命》发表于1995年《广西师范大学学报（哲学社会科学版）》第5期，《蒋桂矛盾与桂林抗战文化运动》发表于1996年《广西师范大学学报（哲学社会科学版）》第6期，《论三十年代的广西经济建设》发表于1997年《广西社会科学》第1期，《桂林抗战文化运动中的"成人教育年"》发表于2001年《桂林抗战文化研究文集（六）》，《马君武改造国民性思想初探》发表于2002年《广西师范大学学报（哲学社会科学版）》第5期，《雷沛鸿教育理论的现实意义》发表于2004年《广西文史》，《广西人民对抗战的贡献》发表于2005年《广西文史》第3期，《民国时期新桂系的民族政策述评》发表于2005年《广西师范大学学报（哲学社会科学版）》第2期，《20世纪30年代新桂系治理乡村的模式》发表于2006年《广西社会科学》第5期，《论新桂系民团制度》发表于2008年《桂海论丛》第5期，《新桂系的"三自政策"》发表于2010年《广西地方志》第1期。

3. 社会职务、主要贡献和社会影响

合著《广西通史》（三卷本），第三卷的第一作者，获广西第七次社会科学优秀成果一等奖。

（六）陈欣德

1. 简历

生平简历 陈欣德，1936年生，广东普宁人。曾任中共广西区委党史研究室处长，研究员。

学术简历 长期从事中共广西地方史、中共党史人物研究。编著有《广西革命烈士诗抄》《邓小平与香港》《左右江革命根据地》等书。

首次发表成果 1995年论文《周恩来三进桂林城》发表于《文史春秋》1995年第9期。

1987年参与编写《桂林文化大事记（1937—1949）》由漓江出版社出版。

2. 主要成果

论文《广西党组织和人民群众的抗日斗争》发表于《广西党史》2005年第2期，《党的抗日民族统一战线与桂林文化城》发表于《学术论坛》1997年第2期，《以史为鉴　毋忘国耻——纪念九一八事变70周年》发表于《广西党史》2001年第12期，《一部颇具特色的广西抗战史专著——评〈广西抗日战争史稿〉》发表于《广西党史》1995年第12期，《胡志明在广西写的狱中诗》发表于《文史春秋》2010年第7期，《张云逸在新四军的统战工作》发表于《铁流：新四军统一战线工作专辑——新四军统一战线工作学术研讨会论文集》1999年。

3. 社会职务、主要贡献和社会影响

担任广西新四军历史研究会副会长、广西抗战文化研究会第六届顾问。

（七）姚蓝

1. 简历

生平简历 姚蓝，1928年生，广西桂平人，1949年5月参加桂北游击队，同年12月加入中国共产党。新中国成立后，历任桂林军分区组织干事、广西军区训练团文化助理员，来宾华侨衣场直属队支部书记兼队长，南宁归国华侨中等补习学校教导处主任，南宁师范大专班政治教研组副组长，中共桂林市委党史研究室研究员，中共广西区委党史研究室党史刊物执行编委、研究员。

学术简历 长期从事中共广西地方史、桂林抗战文化研究。发表党史和抗战文化论文上百篇。独著和合作成果获省级一、二、三等奖多项，出版学术专著七八本。

首次发表成果 1993年《桂林文化城之成因是桂系起主要作用——答曹裕文同志的〈管见〉》，发表于《桂海论丛》1993年第2期。

2. 主要成果

专著《湘桂战役与桂林文化城的陷落》，第二作者，中共党史出版社2004年10月出版。

传记《隐蔽战线春秋书系·传记卷：谢和赓传》，第一作者，中共党史出版社2018年出版。

论文《桂林文化城的形成及党的领导作用新探》发表于《桂林抗战文化研究文集（二）》，《论桂林伟大的文化决战——抗战文化对人民思想的引导作用》发表于《桂林抗战文化研究文集（四）》，《论桂林抗战文化工作的战略意义》（第一作者）发表于《桂林抗战文化研究文集（七）》，《毛泽东对新民主主义文化观念的创建和发展》（第一作者）发表于《安庆师范学院学报（社会科学版）》2003年第6期，《论杨东莼在桂林文化城形成和发展中的杰出贡献》（第一作者）发表于《桂林抗战文化研究文集（六）》。

3. 社会职务、主要贡献和社会影响

《隐蔽战线春秋书系·传记卷：谢和赓传》有党和国家领导人习仲勋、李德生、张爱萍、陈慕华、杨成武、何鲁丽、史进前等七人题词，孙毅老将军写序，赵朴初题签书名，影响广泛。

独著和合作成果获省部级成果一、二、三等奖多项。

（八）韩继伟

1. 简历

生平简历　韩继伟，1964年生，山东济宁人，百色学院历史人类学研究所负责人。曾任贵州兴义民族师范学院政史系副主任兼党总支负责人、历史学学科带头人。

学术简历　长期从事二战史、滇黔桂抗战史、西南边疆治理、广西地方史研究。2016年申报《抗日战争期间西南边疆经略与交通变迁二维互动研究（1931—1945）》（序号208）获国家社科基金西部项目立项。

首次发表成果　2011年《史迪威公路在二战中的战略地位与历史作用》发表于《兴义民族师范学院学报》第3期。

2. 主要成果

专著《重启史迪威公路的多视角分析——以贵州晴隆"二十四道拐"为切入点》，齐鲁书社2014年4月出版。

专著《抗战的贵州》，贵州教育出版社2016年出版。

在《广西社会科学》《抗战文化研究》《军事历史研究》《中共贵州省委党校学报》《重庆社会主义学院学报》等刊物发表《从抗战时期滇缅公路运输的三个阶段看中英美日等国际关系》（2012年）、《史迪威公路抗战文化遗产的精神内涵与价值分析》（2012年）、《史迪威公路与战时美援物资运输》（2012年）、《抗战时期国民参政会在多党合作中的地位与作用》（2015年）《鲜为人知的战时桂越国际交通运输线》（2016年）、《全面抗战时期国民政府过境印支运输外交磋商述评》（2020年）等抗日战争史研究论文10余篇。

3. 社会职务、主要贡献和社会影响

专著《重启史迪威公路的多视角分析——以贵州晴隆"二十四道拐"为切入点》获贵州省第十一次哲学社会科学三等奖。

(九) 庚新顺

1. 简历

生平简历　庚新顺，1953年生，广西灵川县人。1977年天津南开大学历史系中国历史专业毕业。历任中共广西壮族自治区委员会党史研究室处长、副巡视员，《铁军风采》杂志主编。

学术简历　长期从事中共党史、革命史、抗日战争史研究。主持国家社科基金特别委托项目子课题《广西抗战时期人口伤亡和财产损失》工作，任课题组长。

2. 主要成果

调研报告《广西抗战时期人口伤亡和财产损失》，第一作者，中共党史出版社2011年出版。

传记《广西新四军人物（第一集）》，副主编，广西人民出版社1998年11月出版。

传记《广西新四军人物（第二集）》，主编，广西新闻出版局2006年9月印行，内部资料。

传记《八桂将军风云录》，主编，广西人民出版社2001年1月出版。

专著《铁证如山：日军入侵广西暴行录》，第一作者，广西人民出版社2014年出版。

论文《八桂抗战铸丰碑》发表于《广西党史》2005年第3期，《广西抗日战争历史述评》之一、二、三、四发表于《广西日报》2005年8月12—17日连载，《抗战伟大胜利的重要启示》（合著）发表于《今日南国》2005年第21期，《坚持广西团结抗战胜利的中流砥柱》发表于《文史春秋》2011年第3期，《国共谈判与抗日战争的胜利》发表于2005年《广西纪念抗日战争胜利60周年学术研讨会论文集》。

3. 社会职务、主要贡献和社会影响

担任广西新四军历史研究会副会长、广西历史学会常务理事、广西党史学会常务理事。

(十) 容杰

1. 简历

生平简历　容杰，1947年8月生于广东省广州市，原籍广西灵山。画家、民间学者。1975年在南宁市塑料制品厂当车床工人、美术设计。1984年到广西壮族自治区防疫站（现广西壮族自治区疾病预防控制中心）工作，从事美术宣传工作。2007年9月退休。

学术简历　长期从事昆仑关战史研究，主要做战场遗址考察、抗战史宣讲、昆仑关战役史实咨询等工作。数十年来踏遍昆仑关战役战场的大小山头，勘查抗战史迹，遍访抗战老兵。发起并推动广西关爱抗战老兵行动，访问抗战老兵100多人，记录口述历史文稿数十份。先后在中共隆安县委党校、广西民族学校相思湖学院、南宁市西乡塘社区及武鸣社区各学校、广东肇省庆市高新区市政交通管理中心党支部、南宁市昆仑关遗址保护管理委员会机关等机关学校讲授以"铭记历史，纪念抗战胜利"为主题的"广西抗战史"讲座17场。

2. 主要成果

访谈文章《铁血撼敌胆　重返昆仑关》发表于《环球军事》2015年第9期。

论文《滇西抗日与战场遗址行》发表于《黄埔》2006年第3期。

论文《昆仑雄关俎豆新》发表于《铁血昆仑关　铸就民族魂——纪念昆仑关大捷七十周年学术论文集》，广西人民出版社2010年出版。

3. 社会职务、主要贡献和社会影响

担任广西抗战文化研究会第五、第六届理事，昆仑关战役博物馆专家顾问，南宁市直机关工委党史学习教育宣讲团特聘讲师。

因发现和保护昆仑关战役遗址和关爱抗战老兵的事迹引人关注，产生社会影响。解放军报社主管的《环球军事》杂志2015年9月号《铁血撼敌胆　重返昆仑关》介绍容杰，《广西日报》2015年9月4日发表《重返历史现场——记一群锲而不舍寻找抗战遗址的广西学者》介绍容杰。2015年8月20日，容杰作为抗战军人后代受到中共中央军委、民政部、国务院的邀请，陪同广西的原国民党抗战老兵赴北京参加纪念中国人民抗日战争胜利70周年大阅兵仪式。

第七章 社会作用与影响

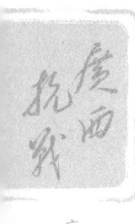

一、社会作用

（一）深化中国现代文学和艺术史研究

经过广西学者四十几年的史料发掘整理和深入研究，浩瀚的文史资料和大量的研究成果揭示了广西抗战文化研究对于中国抗日战争史和中国近现代史研究有着极端的重要性。正如有学者所说："抗战时期桂林文化城是一份珍贵的文化遗产"①，"一部桂林抗战文化史，堪称半部中国抗战文化史"②。以往的中国现代文学史著作，大多缺少桂林抗战文化活动内容。而发掘整理抗战时期广西（桂林）抗战文化史迹，对于编撰中国现代文学史、文化史，是一个极为丰富的资料宝库和学术智库，甚至成为其不可或缺的内容。

在广西（桂林）生活两年以上的现代文学重要作家有巴金、夏衍、柳亚子、艾芜、王鲁彦、端木蕻良、盛成、司马文森、骆宾基、邵荃麟、宋云彬、秦似、林焕平等，艺术家有徐悲鸿、田汉、欧阳予倩、熊佛西、丰子恺、黄新波、林路、满谦子等。生活一年或将近一年且在桂林写出重要作品的作家有：茅盾、艾青、胡风、聂绀弩、黄药眠等。想一想，如果《中国现代文学史》《中国现代艺术史》或《中国现代文艺史》中缺少了这些作家、艺术家桂林时期的创作内容，缺少了对桂林抗战文化的研究，会是多大的残缺。吴福辉的《插图本中国现代文学发展史》已注意到了这一点，并在内中对抗战时期桂林文化城的文学创作作了较多关注。

（二）创建广西社会科学特色优长学科（专题）

广西（桂林）抗战文化研究从改革开放初期起步，经过40多年发展，已成为广

---

① 林焕平：《〈桂林文化城大全〉总序》，见雷锐主编《桂林文化城大全·文学卷·小说分卷》（第一册），广西师范大学出版社1991年第1版。
② 黄伟林：《丛书总序》，潘琦主编、黄伟林执行主编《抗战桂林文化城史料汇编》，广西内部资料性出版物准印证号：2002002，2015年8月印刷，第2页。

西社会科学特色优长学科（专题）。广西地方志办公室和广西社科联编纂的史志成果作了以下定位和评述。

1.20世纪90年代中期，广西地方志办公室编纂《广西通志·社会科学志》（1999年广西人民出版社出版）中对"桂林抗战文化研究"作了近万字的介绍。广西（桂林）抗战文化研究作为广西特色优长学科（专题）已具雏形。

2.2003年，广西社科联编纂首部《广西社会科学年鉴》，方志出版社出版。在这部《广西社会科学年鉴·2003》里，肯定了中华人民共和国成立以来广西学术界形成的6个"研究成绩较为突出，引起国内同行的重视"的广西特色学科（专题），即壮学、瑶学、太平天国研究、中法战争研究、东南亚研究（后改称中国—东盟研究）和桂林抗战文化研究。这一定位，肯定了这6个学科（专题）的学术实力与研究成绩，也反映广西学术学科发展的独特性和优势所在。

3.2014—2015年，广西地方志办公室编纂新版《广西通志》（6卷本），其中，在《广西通志·文化卷》（2016年方志出版社出版）的第三篇"社会科学"里，设置"特色学科研究"专章，介绍了6个特色学科，列第六节为"抗战文化"，介绍了广西（桂林）抗战文化的研究概况和主要成果。将"广西（桂林）抗战文化研究"定位为"特色学科"。

（三）拓展了学术研究方法

历史学研究，自古代以来，主要是文献研究。20世纪初，王国维将考古学的地下材料引入历史学研究，谓之二重证据法。广西抗战文化研究，在继承传统研究方法的基础上，拓展了研究方法，主要以下列方式开展研究：

1.文献学方法：辑录、校勘、考订，如"抗战时期桂林抗战文化资料丛书"。

2.考古学方法：调查、发现、勘查抗战遗址，补充、印证史书记载，如《中国西部地区抗战遗址图说》。

3.文学批评方法：描述、分析、鉴赏、价值判断，如《桂林文化城大全》。

4.专门史编撰法：编述、评论、总结，如《桂林抗战文学史》《桂林抗战文化史》《桂林抗战艺术史》《广西抗战文化史》。

5.比较文学方法：平行比较，如关于"桂林与延安""桂林与香港"抗战文化的比较研究。

6.社会学方法：统计、访谈、问卷调查，如《桂林战时损失调查报告》。

7.文化人类学方法：田野调查、遗址考古和文献分析、文化比较等方法，如《中国西部抗战遗址调查与保护利用》。

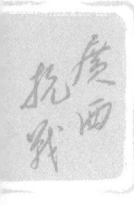

(四）为国家社会科学研究贡献优秀成果

广西（桂林）抗战文化的重要性，已得到学术界的关注和认可。20世纪80年代，最先有蔡定国、杨益群、李建平的《桂林抗战文学史》在国家社科基金立项。21世纪以来，自2006年起，几乎每年都有关于广西或桂林抗战文化研究课题入选国家社科基金，初步统计，从2006年到2022年，共获18项。详见本书第四章第十节。

(五）为广西文化旅游增添新内容和新景观

广西抗战文化研究在文化遗产整理和保护方面做了许多工作，形成的研究成果为广西文化旅游增添了新内容新景观。

一是首次发起调查整理广西抗战遗址，为文化旅游提供红色文化内涵。例如2005年开展的广西抗战遗址调查，调查整理了广西抗战遗产92处（种），除了八路军桂林办事处旧址暨纪念馆原已开发为旅游参观景点，其余多处都是新发现的抗战遗址，为红色文化旅游的开展提供了具有实质性内涵的项目内容。

二是调查整理资料为后来的文化旅游项目建设提供了历史背景材料，帮助了文化旅游建设。如西南剧展暨广西省立艺术馆旧址，过去长期重视不够，只是作为一般剧场使用，经过广西抗战文化研究专家学者们的研究努力，在桂林市文化局等单位的大力支持下，召开了纪念西南剧展40周年、60周年、70周年等数次学术座谈会、研讨会，逐步发掘其重大历史和文化价值，使其价值提升，声誉日隆，2020年被列入全国第八批重点文物保护单位。再如昆仑关战役旧址，广西抗战文化研究专家们协助南宁市昆仑关战役旧址管理委员会开展遗址调查和文物鉴定等工作，促进了遗址保护和昆仑关战役博物馆建设，昆仑关战役旧址2006年被列入全国重点文物保护单位、2015年被列入第二批全国抗战遗址和纪念设施名录。如今，广西抗战文化研究专家学者共整理了广西抗战遗址160多处，许多已开辟为文化旅游新景观。

二、获奖与荣誉

(一）学术成果多次获社会科学优秀成果奖

广西抗战文化研究成果，在历次广西社会科学优秀成果评奖中获得多个奖项，据统计有17项，情况如下：

第二次（1984—1986年）一项：魏华龄《桂林文化城史话》获三等奖。

第三次（1987—1990年）两项：刘寿保等《桂林文化大事记（1937—1949）》获二等奖，苏关鑫编的《欧阳予倩研究资料》获三等奖。

第四次（1991—1993年）两项：雷锐主编《桂林文化城大全·文学卷·小说分卷》获二等奖；魏华龄等主编《桂林抗战文化研究文集》获三等奖。

第五次（1994—1996年）一项：蔡定国、杨益群、李建平著《桂林抗战文化史》获二等奖。

第六次（1997—1999年）一项：刘泰隆《历史的高峰——桂林文化城的鲁迅研究精华探索》获二等奖。

第十一次（2009—2010年）一项：李江《论新中国剧社的管理智慧》获二等奖。

第十二次（2010—2011年）一项：李建平《从桂林抗战文学研究看史料发掘和思路拓展》获二等奖。

第十三次（2012—2013年）一项：袁斌业等《桂林抗战文化城译介活动研究》获三等奖。

第十四次（2014—2015年）三项：袁斌业《桂林抗战文化城翻译出版研究》获二等奖；李建平《中国西部地区抗战遗址调查研究》（系列论文）获三等奖；李建平、盘福东《广西抗战文化史》获三等奖。

第十五次（2016—2017年）两项：李建平等《中国西部地区抗战遗址调查与保护利用》获三等奖，陈洪波《抗战时期〈广西日报〉（桂林）广告研究（1937—1945）》获三等奖。

第十六次（2018—2019年）两项：刘铁群《关于茅盾雨天杂写系列杂文中的史料问题》获二等奖，刘铁群《沈从文〈芸庐记事〉的相关史料问题》获三等奖。

（二）学术成果获广西壮族自治区人民政府文艺最高奖——铜鼓奖

1996年，蔡定国、杨益群、李建平合著的《桂林抗战文化史》获第三届广西文艺创作铜鼓奖（文艺理论类）。

2016年，李建平、李江、覃国康、陆璎合著的《桂林抗战艺术史》获第七届广西文艺创作铜鼓奖（文艺理论类）。

2016年，李建平、王建平、文丰义、蒋延担任策划和文字撰稿的电视纪录片《方舟——桂林抗战文化城记事》获第七届广西文艺创作铜鼓奖（影视类）。

（三）研究会集体获全国社科联系统先进学会奖和广西社科联先进学会奖

2000—2010年，广西抗战文化研究会被广西社科联多次评选为"先进学会"。

2016年9月7日，广西抗战文化研究会获全国社科联第17次学会工作会议授予的"2016年度全国社科联先进学会"奖状。

2016年，广西抗战文化研究会获评为"全国社科联先进学会"，图为荣誉证书。

（四）专家学者获得多项荣誉

丘振声，广西社会科学院研究员、广西抗战文化研究会第二届会长，获得国家级有突出贡献的中青年专家称号，被评为享受国务院特殊津贴专家。

黄铮，广西社会科学院研究员，广西抗战文化研究会第四、第五届名誉会长，广西历史学会会长，广西社会科学联合会副主席，广西壮族自治区政协第七、第八届委员。获国家级有突出贡献的中青年专家称号、广西壮族自治区党委和政府颁授的"广西优秀专家"称号，被评为享受国务院特殊津贴专家。

李建平，广西社会科学院研究员，广西抗战文化研究会第三、第四、第五届会长，第六届副会长、第七届名誉会长，获广西壮族自治区党委和政府颁授的"广西优秀专家"称号，被评为享受国务院特殊津贴专家，并于2011年获"广西五一劳动奖章"。

唐凌，广西师范大学教授，广西抗战文化研究会第五、第六届副会长，被评为享受国务院特殊津贴专家。

何成学，中共广西区委党校研究员，广西抗战文化研究会第六、第七届副会长，被评为享受国务院特殊津贴专家。

王建平，广西社会科学院研究员，广西抗战文化研究会第六届、第七届会长，获中共广西壮族自治区委员会宣传部批准的广西文化名家暨"四个一批"人才称号。

刘绍卫，中共广西区委党史研究室研究员，获中共广西壮族自治区委员会宣传部批准的广西文化名家暨"四个一批"人才称号。

魏华龄，桂林市政协副主席，广西抗战文化研究会第一、第二届副会长，第三、第四、第五、第六、第七届名誉会长，获桂林市社科联授予的社会科学研究"终身贡献奖"。

三、社会影响

（一）学界专家予以较高评价

广西抗战文化研究的宗旨是以抗战精神研究抗战文化，持续40多年，产生大批有分量的研究成果，在学术界形成持续关注和较大影响，出现了多次全国性评价。

一是《抗日战争研究》1998年第4期发表中南民族大学教授章绍嗣题为《抗战文艺研究60年回眸》的评论，其中评论广西的抗战文化研究时说："自1988年后，全国的抗战文艺研究势头减弱"，而"广西取得了显著成绩。"

二是2006年，江汉大学邓正兵教授在人民出版社出版的《抗战时期的中国文化》一书上发表论文《近十年来抗战文化研究述评》，内中直接肯定了广西抗战文化研究的成绩及其对中国抗战文化研究的积极作用，他说："目前，专门研究抗战文化的学术团体不多，广西抗战文化研究会和桂林抗战文化研究会等机构对推动抗战文化研究起了重要作用。"[1]

三是2007年，中国社会科学院学部委员、原文学研究所所长杨义为李建平等著《文学桂军论——经济欠发达地区一个重要作家群的崛起及意义》写序，对李建平的研究给予肯定。他说："李建平先生由于研究桂林地区的抗战文化卓有成就而知名。"[2] 该文后在《南方文坛》2008年第1期以《布洛陀家乡的现代吟唱——关于李建平等〈文学桂军论〉》为题发表。

四是2007年，湖南学者、湘潭大学教授唐正芒在论文《近十年抗战文化研究述评》中说："当年抗战文化繁荣活跃的桂林，今天出现了同样繁荣活跃的抗战文化

---

[1] 涂文学、邓正兵主编《抗战时期的中国文化》，人民出版社，2006年。
[2] 杨义：《文学桂军论——经济欠发达地区一个重要作家群的崛起及意义·序》，中国社会科学出版社，2017年，第3页。

研究。从地区来说，当今研究抗战文化成果最多、影响最大、最为热烈而又历久不衰的大概首数桂林……桂林抗战文化研究形成了一支可观的、比较稳定的研究队伍，其研究成果已引起了中外学界的瞩目。"①

五是中共中央党史研究室副主任（副部级）冯俊为李建平主持的2014年国家社科基金项目《中国西部地区抗战遗址调查与保护利用研究》写作序言和评介文章，给予高度评价。2016年6月，《中国西部抗战遗址调查和保护利用》结项，2017年8月在广西师范大学出版社出版。冯俊高度关注，写来序言，评价该书"是一项包含史实调查、史料整理、问题分析和关于保护利用对策建议的综合性研究，涉及基础性研究、理论研究和对策研究，学术价值极高"，并说："李建平等学者的《中国西部地区抗战遗址调查和保护利用研究》提供了抗战史研究的新视角新结论，值得我们在研究中加以借鉴。"冯俊又将该序言改写成《承继抗战精神 砥砺奋勇前行——评李建平等〈中国西部抗战遗址调查与保护利用〉》在《抗战史料研究》2018年第1期发表。

这些评价，充分显示了广西（桂林）抗战文化研究和广西抗战文化研究会在国内学术界的影响力和所发挥的积极作用。

（二）《中国西部地区抗战遗址调查和保护利用研究》课题成果影响广泛，课题负责人多次接受专访和受邀演讲

李建平担任2014年国家基金项目《中国西部地区抗战遗址调查和保护利用研究》课题组长开展抗战遗址调查研究，成果影响较大。2015—2017年期间，李建平先后受第五届江苏书展组委会、香港浸会大学中国历史研究中心、中国近现代史料学学会等单位的邀请，在江苏省第五届书展和香港、新疆等地召开的抗日战争历史研究研讨会上作专题演讲。《中国社会科学报》《中国民族报》《文化与传播》三家报刊刊登了对李建平的专访。

（三）《抗战文化研究》在学界影响好，发行海外多个国家和地区

广西抗战文化研究会自2007年起编辑学术集刊《抗战文化研究》，每年出版一辑，至2022年，已出版14辑，在国内学术界产生重要影响，成为国内抗战史研究界有相当号召力、影响力的重要期刊，每期都有中国社会科学院和十余个省（自治区、直辖市）的专家学者发表最新学术成果②，在学术界同行中被视为具有核心期

---

① 唐正芒：《近十年抗战文化研究述评》，《湘潭大学学报》2007年第4期。
② 《抗战文化研究》用稿规划：每期广西学者和外省学者稿件用稿比例为1∶2。

刊分量的集刊。2023年,经中国社会科学院评价研究院评审,《抗战文化研究》入选中国社会科学集刊首次评选入库集刊。

《抗战文化研究》影响大、传播广,连续多年进入世界重要的政府、科研机构和公共图书馆等。据中国知网2016年的统计数据显示,2015年,《抗战文化研究》海外订户414家,中国大陆订户3325家,有关中国大陆和海外两大类地区的部分典型用户情况见下表:

"中国知网"《抗战文化研究》发行与传播统计报告

统计年度:2015年

发行地域	用户行业	机构用户总数	学术期刊总库	部分典型用户
中国大陆地区	高校	787	714	北京大学、复旦大学、中国人民大学 辽宁师范大学、首都师范大学、集美大学 湖南文理学院、重庆文理学院、广西艺术学院
	高职院校	1011	972	北京电子科技职业学院、杭州广播电视大学 商丘科技职业学院、大连教育学院 保山师范高等专科学校
	公共图书馆	187	169	国家图书馆、首都图书馆、天津图书馆 贵阳市图书馆、吴江市图书馆 北京顺义区图书馆、江苏溧水县图书馆

续表

发行地域	用户行业	机构用户总数	学术期刊总库	部分典型用户
中国大陆地区	党政机关	274	249	国务院发展研究中心、北京市人大常委会 中华人民共和国北京出入境检验检疫局 广东省人民政府发展研究中心办公室
	企业	27	27	云南产业投资管理有限公司 大公国际资信评估有限公司 神华神东电力有限责任公司
	医院	668	664	解放军医学图书馆 安顺市人民医院
	科研	305	229	中国科学院、交通部公路科学研究所 山东社会科学院文献信息中心 四川博物院、北京市科学技术研究院科研开发处
	军队	66	64	防化指挥工程学院、国防大学 上海航天信息研究所
	小计	3325	3088	
中国港、澳、台地区	高校	107	100	香港中文大学、台湾辅仁大学 台中教育大学、香港浸会大学 香港演艺学院、台北市立教育大学
	高职院校	16	16	香港中文大学—东华三院社区书院 台湾戏曲专科学校
	公共图书馆	10	10	台湾教育资料馆、香港公共图书馆 台中图书馆
	政府	25	23	澳门特别行政区立法会、香港教育署
	企业	6	6	香港招商局集团 台湾电力股份有限公司综合研究所
	医院	11	11	澳门镜湖医院
	科研	8	7	台湾"中央"研究院
	小计	183	173	

续表

发行地域	用户行业	机构用户总数	学术期刊总库	部分典型用户
海外	北美和俄罗斯高校	143	139	哈佛大学、耶鲁大学、纽约大学、芝加哥大学 罗切斯特大学、宾夕法尼亚州立大学 俄罗斯国家人文大学
	澳洲高校	21	21	澳大利亚国立大学、墨尔本大学 惠灵顿维多利亚大学、格里菲斯大学
	西欧高校	62	61	剑桥大学、牛津大学 苏黎世大学、根特大学 科隆大学
	韩国高校	80	70	高丽大学、首尔国立大学 韩国外国语大学、成均馆大学 崇实大学校、淑明女子大学
	日本高校、图书馆	79	75	日本国会图书馆、东京大学 立命馆大学 亚细亚大学
	东南亚高校、图书馆	29	28	新加坡国立大学、新加坡国家图书馆 拉曼大学
	小计	414	394	
总计		3922	3668	

说明：

1. 该表编制单位：中国学术期刊（光盘版）电子杂志社，报告编号M5896。制表人：李学杰，审核人：王维乾，编制时间：2016年10月。

2. 机构用户：订购本产品的机构称为机构用户；学术期刊总库即：《中国学术期刊网络出版总库》之一《中国哲学与人文科学期刊文献总库》（刊号：CN11—9106/C）。

3. 《中国城市规划知识仓库》（刊号CN11—9145/TU）大陆地区订购79册，海外地区订购1册；

4. 《中国法律知识仓库》（刊号CN11—9118/D）大陆地区订181册，海外地区订购29册。

由此可见，《抗战文化研究》在国内外学术界都引起重视，受到关注，成为学术界研究"二战"和抗日战争的重要参考文献。

结语　进一步开展广西抗战文化研究的思考

40多年来，广西抗战文化研究，在马克思主义、毛泽东思想、邓小平理论、"三个代表"重要思想、科学发展观和习近平新时代中国特色社会主义思想的指导下，在广西社会科学院文学所（今文化所）、广西师范大学中文系（今文学院）、桂林市文化研究中心、桂林市政协文史资料委员会、八路军桂林办事处纪念馆、南宁市昆仑关战役遗址保护管理委员会、广西桂林图书馆、广西人民出版社、漓江出版社和广西师范大学出版社等单位，以及有志于广西抗战文化研究的专家学者的共同努力下，取得了丰硕的成果。据笔者目前所掌握的材料，45年来，广西学者已整理、出版各种专题资料集74种，撰写专著和论文集69种，约4000万字；发表有关广西抗战文化研究的学术论文1600多篇，计1000多万字，以上合计已达5000多万字。地方学术由地方文化孕育，地方学术是地方文化的升华，它具科学性和启迪性。广西抗战文化研究由桂林地方文化和中国抗战文化孕育而生，是20世纪末到21世纪初40年间广西乃至中国学术史的独特一支。

新时代广西抗战文化研究应继续做好以下工作：

（一）全面收集整理广西（桂林）抗战文化文献和相关数据库建设

数据库建设具有较高的科学性和系统性，应由研究基础好、资料准备扎实、技术手段高的科研院所和图书馆来完成。希望广西社会科学院、广西桂林图书馆、广西师范大学文科基地、广西师范大学桂学博物馆等机构在这方面加快研究，早出成果。

（二）设计重大选题与开展研究

建议制定十年规划，设计一批重点研究课题，推进广西抗战文化的深度研究，迎接广西抗战文化研究50周年。具体课题，建议开展新编《桂林抗战文化史》《广西抗日战争史》研究，出版新著。魏华龄和沈奕巨两位老先生撰写的《桂林抗战文化史》和《广西抗日战争史》，是有着筚路蓝缕之功的开创性成果，但还有可待完善补充之处，我们可以站在巨人的肩膀上再绘新图。另外，积极推进和参与国家级《中国抗战文学史》《中国抗战艺术史》《中国抗战文化史》等重大课题研究，推出重大成果。

（三）推进突破边界的综合研究

现代科学发展到今天，传统的学科界限已经越来越模糊，许多科学研究已不是某一学科能够单独完成的，综合性系统性的研究已成为现代科研的必需。桂林抗战文化研究中的许多成果，就是多学科多方法研究的结果。我们的研究，必须顺应这种科学要求。目前，可以从改变研究方法、调整研究角度方面逐步达到现代科研发展的要求。比如，在作现代文学艺术史研究的基础上，可以从中国近代史、现代革命史、现代思想史、现代文化史、现代中外文化交流史、中国现代报刊史，以及战争与文化、中外战争文学比较研究等角度，运用社会学、历史学、经济学、文艺学、文化学、哲学、美学、信息学、考据学、版本学、统计学、大数据等方法，进行多角度、多层面的综合系统研究。广西抗战文化丰富深邃的文化内涵，有我们大显身手的广阔空间。

（四）研究力量传承与队伍建设

一是希望广西社会科学院新型智库创新团队、广西师范大学文科基地和文学院发挥更大的作用，出更多新人新著。二是巩固广西抗战文化研究会学术力量，团结更广泛的专家学者协同研究。三是期盼60后、70后领军人物把广西（桂林）抗战文化研究继续推进，再造新境；期盼80后、90后学术新人崭露头角，创新学术，把"以抗战精神研究抗战文化"的传统一代代传承下去，推出巨著新论，将广西地方学术推向中国学术的更高平台。

"国魂所系，心向力行""是抗战精神的引领，我们在抗战文化研究领域坚定前行。"十五年前，我为《抗战文化研究》第一辑撰写"卷首语"时写下了上述这句话，回首看来，广西抗战文化研究45年的学术史，确实是这么走过来的。未来几十年的新路，寄希望于学术新人。

愿广西抗战文化研究在建设中国式现代化和实现中华民族伟大复兴的时代进程中再创辉煌！

附录　广西抗战文化研究大事记

（1979—2023）

本大事记所录事项自1979年12月起至2023年6月止。所记事项，大致包括以下几类：（1）机关、社会组织和相关人物的重要活动、会议；（2）重要成果的发表或出版情况（在1988年12月广西抗战文艺研究会成立之前主要记载论文和资料长文成果，1989年以后主要记载著作成果和刊物出版情况，以及部分重要论文与资料成果）；（3）有关社会影响（含相关研究者获奖和社会荣誉）。

1979年

12月23日　魏华龄在《广西日报》发表论文《欧阳予倩与桂林剧运》，是广西抗战文化研究的第一篇论文，具有开拓性意义。

1980年

4月　林焕平的资料长文《抗战时期的"桂林文化城"》发表于《叠彩》第2期。

4月　万一知的资料长文《桂林文化城记事》发表于《广西师范学院学报》第2期，7月，该刊第3期连载。

4月　万一知的短论《茅盾在桂林的文学活动》发表于《桂林文化》第2期。

8月　丘振声的论文《欧阳予倩与桂剧改革》发表于《学术论坛》第4期。

本年　《学术论坛》开辟《桂林文化城忆旧》栏目，《广西文艺》开辟《烽火桂林》栏目，陆续发表周钢鸣、秦牧、千家驹等抗战文化人的回忆录。

1981年

1月　李建平的资料长文《"桂林文化城"期刊简介》发表于《广西大学学报》第1期，6月，该刊第2期连载。

2月　吴立德、邓小飞的论文《国统区抗日进步演剧活动的空前大检阅——一九四四年西南剧展》发表于《中国现代文学研究丛刊》1981年第1期。

5月　李建平的短论《茅盾在桂林的文学活动》发表于《语文园地》第3期。

1982年

1月　李建平的论文《论"桂林文化城"的地位和作用》发表于《广西大学学报》第1期。

12月　魏华龄的《抗日时期文艺界抗敌协会桂林分会》发表于《广西文史资料》1982年第十五辑。

本年　林焕平著的《茅盾在香港和桂林的文学成就》由浙江人民出版社出版。

1983年

1月　李建平的论文《郭老战斗生活的一个缩影——抗战时期郭沫若在桂林的活动及意义》发表于《抗战文艺研究》第1期。

7月　吴立德、邓小飞的论文《中国现代戏剧史上的光辉一页——抗战时期的"西南剧展"》发表于《广西民族学院学报》1983年第3期，该刊第4期和1984年第1期连载。

8月　李建平的论文《简论一九四二年茅盾在桂林的文学活动》发表于由湖南人民出版社出版的《茅盾研究论文选集》。

10月　李建平的论文《论桂林文化城在国统区抗日文艺运动的地位和作用》发表于《抗战文艺研究》第5期。

1984年

2月　丘振声、吴辰海、唐国英编选的《西南剧展（上下册）》由漓江出版社出版。

3月27日　由中国戏剧家协会、广西壮族自治区文化局、中国戏剧家协会广西分会主办的纪念"西南剧展"四十周年座谈会在桂林召开，至4月1日结束。来自北京、上海、江苏、湖南、广东、云南、福建、贵州和中央直属机关与文化单位的领导、专家和文艺家共132人出席会议。会议举行了五次座谈发言，举办了纪念欧阳予倩诞辰95周年座谈会，参观了桂林博物馆举办的"纪念'西南剧展'四十周年文物史料展"，到七星公园凭吊抗战时期遇难于桂林的著名音乐家张曙墓。会后，会议筹备组编印了《纪念西南剧展四十周年座谈会资料集》（内部印刷）。

11月　潘其旭、王斌、杨益群、顾绍柏编选的《桂林文化城纪事》由漓江出版社出版。

1985年

3月 李建平的论文《抗战时期王鲁彦的活动及思想》发表于《抗战文艺研究》第2期。

12月 魏华龄的资料长文《抗日战争时期桂林书店、出版社简介》发表于《桂林文史资料》第7期。

本年 广西电视台拍摄电视纪录片《桂林文化城》(4集)。陈敦德等撰稿,黄著诚摄影。

1986年

7月 杨益群、万一知等编著的《桂林文化城概况》由广西人民出版社出版。

7月 杨益群、王斌、潘其旭、顾绍柏编选的《抗战时期桂林文艺期刊目录索引》由广西人民出版社出版。

7月 李建平的论文《桂林抗日文艺运动发展的几个阶段》发表于《广西社会科学》第3期。

本年 杨益群的综述《桂林抗战文化》发表于《广西社会科学要览》,由广西民族出版社出版。

1987年

1月 魏华龄著的《桂林文化城史话》由广西人民出版社出版。

7月 广西日报新闻研究室编的《救亡日报的风雨岁月》由新华出版社出版。

11月 桂林市文化研究中心、广西桂林图书馆编的《桂林文化大事记(1937—1949)》由漓江出版社出版。

本年 广西日报新闻研究室编的《国际新闻社回忆》由湖南人民出版社出版。

1988年

7月 李建平的论文《桂林文化城成因初探》发表于《社会科学家》第3期。

12月21日上午 来自南宁、桂林等地的专家、学者及有关人员共60余人在桂林市政协会议室举行广西抗战文艺研究会成立大会。大会明确了研究会的任务。广西抗战艺研究会筹备组副组长、广西社会科学院少数民族文学艺术研究所所长丘振声报告了研究会的筹备过程,广西抗战文艺研究会筹备组组长、著名文艺理论家、左联老战士林焕平作了重要讲话。大会一致通过聘请莫乃群、曾敏之、阳太阳、黄独峰、廖行健、朱荣、尹羲、梁宁、潘古为顾问,聘请夏衍、谢和赓为名誉会长。大会选举出丘振声等第一届理事会理事31人。

12月21日下午 广西抗战文艺研究会召开第一届理事会。会议推选林焕平任会长，魏华龄、丘振声、蔡定国、刘泰隆、江浩、张文祥、邓小飞为副会长，李建平为秘书长，刘寿保、唐国英为副秘书长。理事会议定广西抗战文艺研究会挂靠在广西社会科学院少数民族文学艺术研究所工作，办公地点在南宁市新竹路5号。

1989年

1月3日 广西抗战文艺研究会编印《会务简报》第一期，刊登广西抗战文艺研究会成立大会情况综述，召开第一届理事会消息，第一届理事会名单，名誉会长、顾问、正副会长、正副秘书长名单。

4月 广西社会科学院主编、朱荣总编纂、丘振声副总编纂的《桂林抗战文艺辞典》由广西人民出版社出版。

12月 苏关鑫、雷锐、黄绍清、肖昭惠编写的《旅桂作家（上下册）》由广西人民出版社出版。

本年 罗标元、刁紫梦，左超英、陆汉卿编的《桂林旧事》由漓江出版社出版。

1990年

本年 韦文华、苏上杰的论文《党领导的桂林抗日文化运动》发表于《南方局党史资料（六）》，由重庆出版社出版。

1991年

5月 李建平著的《桂林抗战文艺概观》由漓江出版社出版。

9月 杜宣主编的《驼铃声声——新中国剧社战斗历程》由漓江出版社出版。

11月 中共桂林市委员会党史办公室编著，韦文华主编的《中共桂林市党史资料专题研究集（新民主主义革命时期）》由广西教育出版社出版。

本年 广西新闻出版局出版志编的《广西出版史志资料（四）——桂林文化城出版事业专辑》内部印刷发行。

1992年

6月 广西抗战文艺研究会与桂林市文化研究中心联合编选的《桂林抗战文化研究文集》由漓江出版社出版，丘振声、曾有云、魏华龄主编，收入论文35篇，附录1篇，许觉民、朱荣分别为文集写序，主要收录80年代各家期刊发表的研究桂林抗战文化的论文。

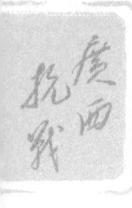

7月　魏华龄、何砺锋主编的《三十年代广西师专》由漓江出版社出版。

11月　吴辰海、丘振声、唐国英编选的《戏剧运动》，由广西人民出版社出版。

1993年

7月17日　桂林抗战文化研究会在桂林市成立。首批会员60人，来自桂林市政协文史资料委员会、广西师范大学中文系、桂林市文化局等单位。研究会以研究抗战时期桂林文化城历史和文化名人在桂林活动史实为主要内容。会议通过了桂林抗战文化研究会章程，选出魏华龄等15人为理事。在同日召开的桂林抗战文化研究会一届一次理事会上，选举魏华龄担任首届会长，苏关鑫等5人为副会长，张子模为秘书长。会议还聘请参加过桂林抗战文化城斗争生活的文化名人林焕平、阳太阳任名誉会长。

10月6—7日　由广西抗战文艺研究会、桂林抗战文化研究会、广西文史研究馆、广西艺术研究馆、广西师范大学中文系、广西师范大学出版社、广西社会科学院文艺研究所、广西当代研究所、广西教育出版社、桂林市八路军桂林办事处纪念馆、桂林市文化局、桂林市文化研究中心、桂林市社会科学联合会、桂林市政协文史资料委员会、桂林市党史办公室、桂林市博物馆、桂林地区教育学院、广西桂林图书馆、漓江出版社共19个单位联合发起、举办的首届广西抗战文化研究学术讨论会在桂林举行。来自广东、湖北、山东以及广西各地的专家、学者及有关研究人员60多人参加了会议。会议收到论文40余篇。会议以"总结桂林抗战文化运动的历史经验与优良传统，促进有中国特色的社会主义文化建设"为主题，通过宣读论文、小组发言、相互交流、讨论等形式，进行探讨。中共广西壮族自治区委员会宣传部副部长李俊康、中共桂林市委副书记杨德华出席了会议并在会上作了讲话。出席会议的还有桂林市副市长林观华、桂林市人大常委会副主任余国琨、自治区社会科学联合会副主席范阳。会议期间，与会者参观了桂林博物馆桂林抗战文化运动陈列室和桂林市民俗文化园。

10月8日　广西抗战文艺研究会举行第二次代表大会，会上进行了换届选举，推选出了第二届理事会理事。在接着举行的二届一次理事会上，选举出丘振声任会长、魏华龄等5人任副会长，李建平任秘书长。会议还聘请林焕平任名誉会长。

10月15日　广西抗战文艺研究会编印《会务简报》第二期，刊登《广西首届桂林抗战文化研究学术讨论会纪要》和广西抗战文艺研究会第二届理事会名誉会长、顾问、会长、副会长、秘书长、副秘书长及理事、特约理事名单。

1994年

7月　蔡定国、杨益群、李建平合著的《桂林抗战文学史》由广西教育出版社出版。

8月30日　由广西社会科学院、桂林市政府、广西教育出版社联合主办，广西抗战文艺研究会、桂林抗战文化研究会协办的《桂林抗战文学史》出版首发式在桂林市召开。《桂林抗战文学史》为广西社会科学院蔡定国、杨益群、李建平三人合著的地方文学史著作，中国社会科学院文学研究所原所长许觉民为该书作序。

1995年

1月　由广西抗战文艺研究会、桂林抗战文化研究会联合选编的《桂林抗战文化研究文集（二）》由广西师范大学出版社出版。

1月　广西抗战文艺研究会与桂林市抗战文化研究会联合向中共广西区党委宣传部呈送"关于召开纪念抗日战争胜利50周年广西抗战文化研讨会的请示"。

3月23日　由广西社会学院主办，广西抗战文艺研究会、广西社会科学院文学研究所承办的《桂林抗战文学史》学术研讨会在南宁召开，50多位专家、学者出席会议，广西壮族自治区政协副主席钟家佐、自治区人大常委会副主任杜晶一、自治区党委宣传部副部长李俊康等领导出席会议。

3月28日　广西抗战文艺研究会和桂林市抗战文化研究会向两会会员发出"关于召开广西第二届抗战文化研究学术研讨会的预备通知"。

7月　经中共广西壮族自治区委员会宣传部批准，"纪念中国抗日战争和世界反法西斯战争胜利50周年广西抗战文化学术研讨会"作为广西纪念抗日战争胜利50周年十大纪念活动之一筹办。由中共广西壮族自治区委员会宣传部、广西社会科学院、中共桂林市委、市政府、自治区党史研究室、广西壮族自治区社科联、广西壮族自治区文联主办，中共桂林市委、市政府承办。

8月4日　"纪念抗日战争和世界反法西斯战争胜利50周年研讨会"主办单位负责人联席会议在南宁召开，会议建立了筹备组办公室。

8月　广西中国文学学会下文，撤销二级分会，所属的包括广西抗战文艺研究会在内的7个分会，均须脱离广西中国文学学会，独立开展工作。

9月14—15日　主题为"桂林抗战文化与爱国主义"的广西抗战文化学术研讨会在桂林市召开。来自北京、广东、湖北、四川、云南、贵州、山东、江苏以及广西的70余名专家学者出席会议，提交学术论文70余篇。中共广西壮族自治区委员会常委、宣传部部长潘琦出席会议并作重要讲话。

9月　在广西纪念抗日战争胜利50周年暨广西抗战文化研讨会期间，广西抗战

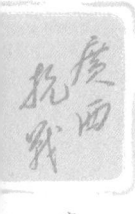

文艺研究会领导开会研究了广西抗战文化研究会申请登记成立的有关工作。

9月 杨益群编著的《抗战时期桂林美术运动》（上下册）由漓江出版社出版。

11月23日 《人民日报》发表李启瑞、李建平合写的《抗战文化与爱国主义——广西抗战文化研讨会综述》。

12月 广西抗战文化研究会筹备组正式向广西壮族自治区民政厅报送《关于筹备成立广西抗战文化研究会的请示》。

12月28日 广西民政厅下文（桂民社筹〔1995〕44号）同意广西抗战文化研究会开展筹建活动。

1996年

4月 广西抗战文艺研究会副会长、桂林抗战文化研究会会长魏华龄在桂林市社科联成立十周年纪念大会上获"1985—1995年桂林市有突出贡献的社会科学工作者"奖。

6月22日 广西抗战文化研究会筹备组向广西区党委宣传部递交《关于请求自治区党委宣传部担任广西抗战文化研究会主管单位的报告》。

8月8日 中共广西壮族自治区委员会宣传部（桂宣函〔1996〕44号）文函告："同意担任广西抗战文化研究会主管单位"。

10月 李建平编著的《抗战时期桂林文学活动》由漓江出版社出版。

12月2日 广西民政厅下文（桂民社批〔1996〕27号）同意广西抗战文化研究会成立登记，认定为法人社会团体，发给《广西壮族自治区社会团体法人登记证》。广西抗战文化研究会正式登记成立，属自治区级法人社会团体。会长、法人代表丘振声。广西抗战文化研究会由中共广西壮族自治区委员会宣传部主管，挂靠广西社会科学院文学艺术研究所，办公地点在南宁市新竹路5号。

广西抗战文化研究会领导成员及理事名单：

会　长：丘振声，副会长：魏华龄、蔡定国、苏关鑫、祝锦炎，秘书长：李建平，副秘书长：左超英、刘寿保、唐国英。理事（排名不分先后）：刘寿保、丘振声、左超英、吴辰海、祝锦炎、曾有云、苏关鑫、李建平、罗标元、唐国英、郭志高、顾建国、蔡定国、魏华龄、雷　锐、龙　谦、彭安文、郑妙昌、聂震宁、党玉敏、韦文华、唐侬麟。

12月15日 广西抗战文化研究会秘书处编印《广西抗战文化研究会会务简报》第1期，刊登内容为：1.广西抗战文化研究会经自治区民政厅批准登记正式成立；2.广西抗战文化研究会领导成员及理事名单；3.关于抗战文化研究会筹备与成立的情况报告；4.广西抗战文化研究会章程；5.学术信息：桂林抗战文学研究新作出版。

12月27日　广西抗战文化研究会在南宁召开领导成员工作会议。会长丘振声，副会长魏华龄、蔡定国，秘书长李建平、秘书黄海云出席会议。会议决定增补聂玉梅同志为广西抗战文化研究会副会长。

1997年

1月15日　广西抗战文化研究会秘书处编印《广西抗战文化研究会会务简报》第2期，刊登内容为：1.广西抗战文化研究会举行第一次领导成员会议；2.关于增补聂玉梅为副会长的决议；3.广西抗战文化研究会1997年工作计划；4.学术信息：《社科与经济信息》刊载桂林抗战文化研究概况。

2月15日　广西抗战文化研究会秘书处编印《广西抗战文化研究会会务简报》第3期，刊登内容为：1.广西抗战文化研究会与桂林抗战文化研究会合编《抗战时期文化名人在桂林》；2.《抗战时期文化名人在桂林》编写方案。

6月15日　广西抗战文化研究会秘书处编印《广西抗战文化研究会会务简报》第4期，刊登内容为：1.广西抗战文化研究会在邕会长、副会长、秘书长学习贯彻自治区关于学会整顿的有关文件；2.出版信息：《桂林抗战文化研究文集（四）》出版；3.关于《抗战时期文化名人在桂林》的编写意见。

6月　由广西抗战文化研究会、桂林市文化局、桂林抗战文化研究会合编的《桂林抗战文化研究文集（四）》由广西师范大学出版社出版，主编：魏华龄、丘振声，副主编：蔡定国、李建平。该书为"纪念中国抗日战争和世界反法西斯战争胜利50周年暨广西抗战文化研讨会专辑"，共收入会议讲话、论文44篇，会议综述2篇。

11月　广西抗战文化研究会、桂林抗战文化研究会、桂林市文化局合编的《桂林抗战文化研究文集（五）》由广西师范大学出版社出版。魏华龄主编。全书共收入论文、史料文章48篇。

12月　张鸿慰主编的《桂系报业史》由广西新闻史志编辑室发行，内部印刷。

1998年

3月24日　广西抗战文化研究会在南宁举行会员大会，到会65人，大会一致通过修订后的《广西抗战文化研究会章程》。

10月　刘泰隆著的《历史的高峰——桂林文化城的鲁迅研究精华探索》由广西师范大学出版社出版。

11月10—11日　由中共桂林市委宣传部、桂林市文化局、广西抗战文化研究会和桂林市社科联联合主办，八路军桂林办事处纪念馆、桂林抗战文化研究会承办

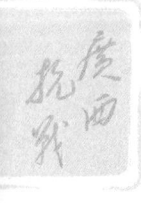

的"全国第五届八办纪念馆研讨会暨广西第三届抗战文化研讨会"在桂林召开。会议主题:"中国共产党与桂林抗战文化、八办纪念馆工作与社会主义文化建设"。来自全国10多个省市的专家学者及有关研究人员共90多人出席了会议。会议收到论文80多篇。

1999年

1月 龙谦、胡庆嘉编著的《抗战时期桂林出版史料》编入漓江出版社出版的《桂林文史资料》第三十八辑。

4月28日 广西抗战文化研究会向广西社科联递交《关于申请加入广西社科联为团体会员的报告》,申请加入广西社科联。

5月12日 广西社会科学界联合会下发(桂社科联〔1999〕31号)文件,同意广西抗战文化研究会加入广西社科联为团体会员。

11月19日 广西社会科学院文学研究所、广西抗战文化研究会联合举行欢送会,欢送广西抗战文化研究会会长、法人代表丘振声离邕,赴香港定居。

2000年

4月 广西抗战文化研究会召开二届三次常务理事会,通报2000年工作计划和关于办理更换法人代表事宜。

5月 广西抗战文化研究会副会长蔡定国、秘书长李建平赴港考察,与香港纪念抗日受难同胞联合会主席、世界抗日战争史实维护联合会会长杜学魁和已迁居香港的广西抗战文化研究会长丘振声进行了学术交流,相互就抗日战争史实维护和研究等内容进行介绍和探讨,并赠送学术著作。

5月19日 广西抗战文化研究会向中共广西壮族自治区委员会宣传部呈送"关于更改法人代表、会长的请示"。

8月3日 中共广西壮族自治区委员会宣传部下发(桂宣函〔2000〕29号)文,同意广西抗战文化研究会更换法人代表和会长。

8月 广西民政厅下文,同意李建平担任广西抗战文化研究会法人代表。

11月 魏华龄、李建平主编的《抗战时期文化名人在桂林》由漓江出版社出版。

12月25日 桂林市政协文史资料委员会召开《抗战时期文化名人在桂林》出版座谈会,广西社会科学院、桂林市政协文史资料委员会、桂林抗战文化研究会等十余位专家出席会议。

2001年

3月 由广西抗战文化研究会、桂林抗战文化研究会合编的《桂林抗战文化研究文集（六）》由广西师范大学出版社出版。该书为1998年召开的广西第三届抗战文化研究研讨会的论文合集。魏华龄、左超英主编。

5月 广西抗战文化研究会第三次会员代表大会暨第四届学术研讨会筹备组召开第二次会议，研究大会筹备工作，议定2001年11月底在桂林市召开。

9月14日 中共广西区党委宣传部发来《关于同意召开广西第四届抗战文化研讨会的批复》。

9月17日下午 广西抗战文化研究会与广西新四军历史研究会、广西中共党史学会在南宁联合召开"学习江泽民同志'三个代表'重要思想暨纪念'九一八'事变70周年座谈会"，在邕的新四军老战士和有关专家学者共50多人参加了会议。三个学会的代表共六人在会上作了发言。广西抗战文化研究会法人代表、秘书长李建平在会上作了题为《纪念"九一八"，把抗战文化研究深入开展下去》的发言。

11月 广西抗战文化研究会组织会员参加广西社科研究第7次优秀成果评奖。

12月6日 中共广西区党委宣传部批复广西抗战文化研究会呈报的《社会团体重大活动登记备案表》，同意召开广西抗战文化研究会第三次会员代表大会暨三届一次理事会。

同日 广西区民政厅民间组织管理处签批广西抗战文化研究会呈报的《社会团体重大活动登记备案表》，同意召开广西抗战文化研究会第三次会员代表大会暨三届一次理事会。

12月10日 广西抗战文化研究会与中共桂林市委宣传部、桂林市政协文史资料委员会、桂林市社科联联合召开广西第四届桂林抗战文化研讨会，来自重庆和广西桂林、南宁的专家学者40多人参加会议。会议总结了近几年来广西抗战文化研究的工作实绩，探讨了今后工作的新思路。会议论文围绕桂林抗战文化与建设中国特色社会主义文化的理论形态、实践形态和桂林抗战文化研究自身建设与资料中心建设问题展开讨论。

12月11日 广西抗战文化研究会在桂林召开第三次会员代表大会，会议审议了第二届理事会工作报告；研究了学会的工作，提出工作意见；进行了理事会换届选举。会议经过民主协商，选出了第三届理事会，选出理事23人。大会一致同意，聘请魏华龄、丘振声为广西抗战文化研究会誉会长。

同日 广西抗战文化研究会召开三届一次理事会，会议通过会长、副会长、秘书长名单。会长：李建平，副会长：万一知、邓群、王小昆、蔡定国、雷锐、冼培芳、周德荣。秘书长：黄燕熙，副秘书长：王绍辉、刘春燕、盘福东。

12月14日　《桂林日报》《南国早报》发表关于广西抗战文化研究会召开广西第四届桂林抗战文化研讨会和第三次会员代表大会的报道。

12月27日　《广西日报》发表关于广西抗战文化研究会召开广西第四届桂林抗战文化研讨会和第三次会员代表大会的报道。

2002年

7月18日　李建平出席广西社科联2002年学会工作会议，并在大会作题为《以抗战精神研究抗战文化》的工作汇报。

9月12日　广西抗战文化研究会在桂林举办"广西抗战文化史迹、史料调查与开发研讨会暨三届二次理事会"。李建平主持会议。来自南宁、柳州和桂林的30多名专家、教授出席了会议。在研讨会上，与会者围绕着如何进一步发掘广西抗战文化史迹、史料，开发利用这一宝贵文化资源进行深入探讨。在三届二次理事会上，李建平总结了上半年度的工作，提出了下半年度的工作计划：搞好学会优秀成果评奖；完成对《抗战时期文化名人在桂林（续）》的编写；撰写《广西抗战文化史迹、史料调查与开发研究》调研报告；筹建"广西抗战文化"网页。

9月13日　李建平、文丰义、王小昆、韦芳等前往桂林市郊区考察李宗仁故居、美国空军"飞虎队"桂林机场旧址等抗战遗址。

12月　毛毓松、周德荣主编的《抗战时期桂林社会科学资料目录索引》由桂林市政协文史资料委员会印刷，内部资料。

2003年

1月　广西抗战文化研究会、桂林抗战文化研究会联合编选，苏关鑫、李建平主编的《桂林抗战文化研究文集（七）》由广西师范大学出版社出版。该书以2001年12月在桂林召开的广西第四届桂林抗战文化研讨会收到的论文为主，同时收录了2001年9月在南宁召开的纪念九一八事变70周年座谈会的部分论文以及其他有关抗战文化研究的论文和资料文章。

3月15日　广西抗战文化研究会在南宁市召开常务理事会，李建平主持会议。会议研究2003年工作，并研究本会举办1996—2002年以来学术成果评奖的有关事宜。

3月　举办广西抗战文化研究会首届优秀论文（著作）评奖，在42篇（部）参评作品中，评选出获奖著作3部：一等奖1部，二等奖2部；评选出获奖论文14篇：一等奖1篇，二等奖3篇，三等奖5篇，优秀奖5篇。

7月　魏华龄著的《一个独特的历史现象：桂林文化城（上下册）》由漓江出版社出版。

2004年

5月23日 由桂林市文化局主办、桂林抗战文化研究会协办的纪念"西南剧展"60周年暨桂林抗战文化研究会成立10周年座谈会在桂林市举行。40多位专家学者出席座谈会。会议由桂林市文化局局长、桂林抗战文化研究会会长冼培芳主持，钟文典、李建平、姚蓝、杨益群、邓祝仁、朱乃文、彭源重、郭志高在会上作了发言。

9月 魏华龄主编的《抗战时期文化名人在桂林（续集）》由桂林市政协文史资料委员会印刷，内部资料。

11月26日 广西抗战文化研究会在南宁召开三届四次理事会，李建平主持会议并向各位理事报告了上半年组织会员参加广西社科优秀成果评奖、办理学会主管单位变更手续、通过广西壮族自治区民政厅年检、筹备学术研讨会等各项工作的情况。会议讨论了召开2004年度学术研讨会的具体议程，进行了工作分工并讨论通过了张红等4人的入会申请。

12月28日 广西抗战文化研究会与广西社会科学院文史研究所联合召开广西抗战文化研究与文化资源开发研讨会，出席会议40多人，收到论文28篇。李建平主持会议。会议围绕广西抗战文化图片资料的收集与出版研究、抗战文化史实与电视剧创作、抗战文化遗产保护开发与红色旅游线路的设计、广西抗战文化网站的建设与信息化时代的传播策略等问题展开研讨。

2005年

7—9月 广西抗战文化研究会与《广西日报》副刊部联合举办"历史在这里沉思"，该专栏在《广西日报》开始连载，介绍广西抗战文化遗产，共发表文章13篇。

12月16—17日 广西抗战文化研究会与广西社会科学院文史研究所、柳州市文化局在柳州市联合召开"广西抗战精神与抗战文化学术研讨会"。出席会议38人，会议收到著作和论文集4部，论文11篇。会议探讨了"广西抗战精神"及其弘扬抗战精神等问题。江建文、李建平、刘春燕、黄铮、文丰义、李江、凌世君、陈欣德等学者作了发言。与会人员参观了胡志明故居、大韩民国临时政府柳州旧址与抗日斗争纪念馆、美国空军"飞虎队"柳州机场旧址、蒋介石莅柳暨桂南会议旧址等抗战文化遗址。

本年 广西抗战文化研究会组织首次广西抗战遗址调查。调查组由李建平任组长，成员有文丰义、王建平、凌世君、刘乔叶、廖铁星、李乐年、覃静等。调查组到南宁、柳州、桂林、来宾、玉林、梧州等地考察抗战遗址90多处，编写《抗战遗踪——广西抗战文化遗产图集》一书由广西人民出版社当年11月出版。

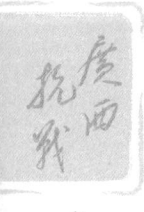

本年　　出版著作6种：魏华龄、苏关鑫主编的《桂林抗战文化研究文集（八）》，李建平主编的《抗战遗踪——广西抗战文化遗产图集》，邓群著的《中国共产党与桂林抗战文化》，李乐年等人编的《抗战中的柳州市》，王小昆著的《桂林抗战音乐文化研究》，李江著的《抗战时期大后方戏剧主潮论》等。

2006年

6月　　广西师范大学文学院李江教授获2006年国家社会科学基金项目《抗战时期桂林文化城戏剧家群及其成因研究》（06XZW007）。

9月25日　　广西抗战文化研究会在桂林召开三届八次理事会，李建平主持会议。会议研究三届理事会工作报告和12月举行会员代表大会换届选举等事宜。

12月15日　　广西抗战文化研究会举行第四次会员代表大会，到会48人，李建平主持会议。大会审议并通过李建平代表第三届理事会作的工作报告，进行理事会换届选举，选举邓群等29人为第四届理事会理事。李建平连任第四届会长，王建平担任秘书长。

12月16日　　广西抗战文化研究会与广西社会科学院文史研究所在南宁市联合召开"国际视野下的抗战文化研究学术研讨会"。出席会议42人，会议收到论文10篇。会议探讨了抗战文化研究的国际性问题。李建平、黄铮、唐凌、姚蓝、覃可霖、文丰义、李乐年、李江、陈欣德等学者宣读论文或发言。与会人员考察了南宁市昆仑关战役遗址。

本年　　在广西社科联举行的2004—2005年度学会工作评比中，广西抗战文化研究会被评为先进单位。文丰义、李乐年被评为学会工作积极分子。

2007年

3月7日　　广西人事厅根据国家人事部《关于批准2006年享受政府特殊津贴人员及做好有关工作的通知》精神发文（桂人发〔2007〕23号）通知，李建平被评为享受国务院特殊津贴专家。

9月　　广西抗战文化研究会与广西社会科学院文史研究所联合主办的《抗战文化研究》第一辑由广西师范大学出版社出版。广西抗战文化研究会李建平和中国社会科学院文学研究所张中良任主编。国内外一批重要学者应广西抗战文化研究会之邀，担任编委会成员。中国社会科学院学部委员、文学研究所所长杨义担任编委会主任，李建平、张中良任副主任，担任编委会委员的国内学者有钱理群、黄万华、章绍嗣、王培元、傅光明、刘增杰、张泉、郝明工、逄增玉、陈青生、黄伟林、张凤琦、李光荣、邓正兵，外国学者有韩国釜山大学的金惠俊。

12月28—29日　广西抗战文化研究会与广西社会科学院文史研究所在南宁市联合召开"广西抗战文化遗产与旅游开发研讨会"。37人出席会议，会议收到论文12篇。会议探讨了广西抗战文化遗产现状和旅游开发构想，介绍了南宁昆仑关抗战园区建设情况。李建平、邓群、李乐年、姚蓝、江建文、文丰义、黄伟林、刘春燕、陈欣德、陈铁生、王咏等学者宣读论文或发言。李建平介绍了《抗战文化研究》第一辑出版情况和第二辑组稿意向。与会人员考察了大明山历史文化区。

12月29日　广西抗战文化研究会在南宁召开四届二次理事会，李建平主持会议。会议讨论通过2007年工作总结和2008年工作计划，审批通过了4名新会员名单。

12月29日　广西社会科学院研究员、广西抗战文化研究会会长李建平获广西壮族自治区党委和政府颁授的"广西优秀专家"称号。

本年　邓群的著作《中国共产党与桂林抗战文化》在中央党史研究室"十六大以来党史研究优秀论文评奖"中获一等奖。

2008年

1月31日　广西抗战文化研究会副秘书长王绍辉写的书评《〈抗战文化研究〉丛刊：铸造国魂的著作》发表于由上海社会科学院主办的《社会科学报》（2008年第1102期），文章介绍《抗战文化研究》的基本概貌，评论了该刊的4个特点：弘扬民族精神、深化抗日战争研究；前沿性和实用性的学术品格；全国性和权威性的编撰人员；可贵的创业精神。

2月1日　广西壮族自治区人大常委会副主任吴恒在自治区人事厅党组副书记、副厅长何利顺等领导陪同下看望广西抗战文化研究会会长李建平和自治区农业技术推广总站站长李如平等自治区优秀专家，向他们致以新春的问候和祝福，并与他们进行科技人才新春座谈。吴恒副主任对李建平的工作给予高度肯定，并深入了解了广西文化产业和抗战文化研究的进展情况。

3月4日　广西社科联举行的2006—2007年度学会工作评比表彰大会上，广西抗战文化研究会获广西社科联2006—2007年先进学会奖，秘书长王建平获学会工作先进个人奖。

4月14日　李建平应《南国早报》网站邀请在"南国早报网"就日军侵略南宁和广西抗战史实与网民互动答疑。2个多小时内，收到网民提问280多条，点击率7000多次。

7月5日　李建平在桂林"百姓大讲堂"作桂林抗战文化科普讲座。

7月　黄伟林主编、高蔚副主编的《桂林文化城作家研究》由中国社会科学出版社出版。

7月　刘文俊著的《桂林抗战文化城的社团》由黄山书社出版。

9月　《抗战文化研究》第二辑（2008年版）由广西师范大学出版社出版并在全国发行。

10月25—26日　李建平、文丰义、盘福东在湖北武汉参加由江汉大学举办的"武汉会战70周年与民族复兴国际学术研讨会"，提交论文并作发言。

12月27日上午　广西抗战文化研究会与桂林抗战文化研究会联合举办"广西抗战文化与地方文化学术研讨会"。李建平主持会议。桂林市李宗仁文物陈列馆副馆长韦芳就文化与政治的关系发言。柳州市文化局党委书记、副局长李乐年介绍柳州抗战文化研究情况，中共广西区委党史研究室陈欣德就广西抗战题材电视剧的剧本撰写和制作问题作了发言。魏华龄、文丰义、李江、盘福东、李建平、王小昆、陆璎、覃国康等向会议提交了论文。出席会议的部分专家学者还前往位于桂林七星山下的张曙墓举行凭吊仪式。

12月30日　李建平、陆璎在广西艺术学院音乐学院作"桂林抗战文化概况"与"音乐家张曙"的讲座。

12月　王小昆编著的《抗战时期桂林音乐文化活动》纳入《桂林文史资料》第五十三辑，桂林市政协文史资料委员会印刷，内部资料。

本年　魏华龄先后应桂林逸仙中学、宝积中学、第七中学、奎光中学和广西师范大学历史学院的邀请，作访谈讲话或讲座，介绍日军入侵桂林的灾难史和桂林抗战文化城盛况。

2009年

5月9—13日　广西抗战文化研究会与广西社会科学院文史研究所联合组队赴新加坡、马来西亚，开展"二战"遗址考察活动。考察活动由李建平领队，王绍辉、过竹、覃振锋、廖大宁、黄璐、黄小青、杨映川等人参加。该次活动集体考察了位于吉隆坡的国家纪念碑公园、位于马六甲的马六甲华侨抗日殉难义士纪念碑园区，李建平、王绍辉、过竹考察了位于新加坡伊丽莎白广场的日本占领时期死难人民纪念碑公园和位于新加坡海滨公园的"一战""二战"阵亡战士纪念碑，李建平、黄小青考察了位于马来西亚新山市的新山二战殉难侨胞公墓园区，李建平考察了位于新加坡海滨公园的陆军少将林谋盛烈士纪念塔，杨映川考察了新加坡克兰芝阵亡战士纪念碑和福康宁山前远东司令部碉堡，共八个点。李建平根据此次考察活动撰写了《关于新加坡、马来西亚"二战"遗址的考察与思考》发表于《抗战文化研究》第三辑。

7月 由李建平设计并申报的《桂林抗战艺术史》项目获2009年度国家社科基金艺术学项目立项，批准号：09BA008。

7月 唐凌、付广华著的《战时桂林损失调查研究报告》由社会科学文献出版社出版。

9月12—19日 李建平在赴山东、河北参加学术研讨会，考察了山东的台儿庄抗战遗址和河北的冉庄抗日地道战遗址。

11月 王福琨主编的《抗战救亡的壮丽史诗——桂林抗战文化城》由广西人民出版社出版。

12月17日上午 由民革中央、民革广西区委、南宁市政府联合举办，广西抗战文化研究会与南宁市社会科学院、昆仑关战役遗址保护管理委员会承办的"纪念昆仑关大捷70周年学术研讨会"在南宁举行。出席会议的有中国社会科学院、民革中央和广西的专家学者100多人。全国人大常委会副委员长、民革中央主席周铁农，广西壮族自治区党委常委、南宁市委书记车荣福出席会议并作重要讲话。会议收到论文40余篇。广西抗战文化研究会会长李建平、副会长唐凌在大会作了题为《抗战遗址保护与旅游开发》和《论昆仑关战役的意义及其遗址的利用价值》的主题发言。

12月17日下午 "抗日战争与广西地方文化建设研讨会"在南宁召开。会议由王建平主持。李建平致开幕词。会议收到论文11篇，来自南宁、桂林、柳州、宜州、区直机关、科研院所和高等院校的专家学者共46人出席会议。广西社会科学界联合会副主席汤竹庭、广西社会科学院院长吕余生应邀出席会议并作重要讲话。

12月18日 广西抗战文化研究会召开四届四次理事会，李建平主持会议。会议讨论通过2009年工作总结和2010年工作计划，研究了2010年召开广西抗战时期文史资料编撰利用学术研讨会的筹备事宜，审批通过了温存超为新会员。

12月16—23日 应广西抗战文化研究会邀请，中国社会科学院文学所现代文学研究室主任、中国现代文学研究会副会长张中良前来南宁、桂林两地参加纪念昆仑关大捷70周年学术研讨会、抗日战争与广西地方文化建设学术研讨会。在两个会议上，张中良分别作了学术报告和主题发言。会后，张中良在李建平、文丰义、盘福东的陪同下，到桂林考察了八路军桂林办事处旧址、八百壮士墓、抗日三将军墓、李宗仁故居、美国空军"飞虎队"机场旧址等抗战遗址。

12月 广西抗战文化研究会名誉会长、90岁高龄的魏华龄先生的文集《九十回首》由广西新闻出版局核准出版。该书是魏华龄先生一生学术活动的回顾和总结，具有较高的史料和学术价值。

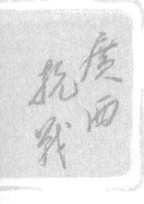

2010年

3月10日 在广西社科联举行的2008—2009年度学会工作评比表彰大会上,广西抗战文化研究会被评为先进学会。广西抗战文化研究会秘书长王建平出席颁奖大会,代表学会接受了奖牌和奖金。

3月 《抗战文化研究》第三辑(2009年版)由广西师范大学出版社出版并在全国发行。

5月 南宁市社会科学院主编的《铁血昆仑关 铸就民族魂——纪念昆仑关大捷七十周年学术研讨会论文集》由广西人民出版社出版。

6月 由徐健主持的课题《抗战时期桂林进步报人群体新闻活动研究》获国家社科基金青年项目立项(新闻学48号)。

11月5—7日 广西抗战文化研究会组织会员21人赴湖南芷江县考察抗战遗址。参观了抗战胜利受降纪念坊、受降大院旧址(包括受降堂、中国陆军总司令部、何应钦办公室)、中美空军机场指挥塔等多处抗战遗址和中国人民抗日战争胜利受降纪念馆、飞虎队纪念馆。

11月7日 广西抗战文化研究会在湖南芷江考察期间召开四届五次理事会,李建平主持会议。会议总结了2010年的工作,讨论了2011年工作计划和2011年召开会员代表大会换届选举问题,并审批通过了新会员名单。

12月 《抗战文化研究》第四辑(2010年版)由广西师范大学出版社出版并在全国发行。该刊被中国知识资源总库编辑委员会批准成为"中国学术期刊网络出版总库全文收录"丛刊。

12月28日 广西第十一次社会科学研究优秀成果评奖颁奖大会举行,广西抗战文化研究会会员获得多项奖励。李建平等的《广西文化图史》、黄海云的《清代广西汉文化传播研究》、盘福东的《瑶族文明发展历程》、何成学的《中国共产党发展非公有制经济历史考察与现实思考》、覃振锋的《广西节庆文化产业发展研究》、李江的《论新中国剧社的管理智慧》分别获二等奖,黄晓娟、王建平、陈丽琴、黄怡鹏的成果获三等奖。

2011年

4月 李建平获广西五一劳动奖章表彰。

7月 魏华龄著的《桂林抗战文化史》由漓江出版社出版。

8月20日上午 广西抗战文化研究会、桂林市政协文史资料委员会、桂林市社会科学界联合会、桂林抗战文化研究会、八路军桂林办事处纪念馆联合举办的"魏华龄《桂林抗战文化史》学术研讨会"在桂林市政协会议室召开。来自桂林市政协、桂林市委宣传部、桂林市文化局、广西社会科学院、广西抗战文化研究会、桂林市博物馆、桂林市图书馆、广西师范大学、广西大学等单位和高校、科研单位的40多位专家学者出席会议。李建平主持会议，桂林市政协副主席李世荣、广西社会科学院副院长黄志勇、中共桂林市委员会宣传部部务委员何永平、桂林市文化局局长张执雪、桂林社会科学界联合会主席周明忠、桂林市委政策研究室副主任王清荣出席会议并作重要讲话。钱宗范、文丰义、周德荣、王建平、雷猛发、黄绍清、刘小林等专家作了发言。

8月20日下午 广西抗战文化研究会举行第五次会员代表大会，唐凌主持会议。李建平作第四届理事会工作报告，王建平作财务报告，文丰义作修改章程的说明。大会选举第五届理事会理事29人。旋即召开五届一次理事会，选举会长、副会长、秘书长、副秘书长，并聘请名誉会长。

10月 《抗战文化研究》第五辑由广西师范大学出版社出版。

11月27—28日 广西抗战文化研究会与广西社会科学院文史研究所联合主办"广西北部湾地区历史文化资源保护与开发研讨会"，会议探讨了广西北部湾地区文化遗产保护现状与旅游开发问题。会议收到论文10篇，先后在《广西日报》《当代广西》《学术论坛》《广西教育学院学报》等报刊发表。

12月13日 广西抗战文化研究会与广西桂学研究会、桂林市政协文史资料委员会、桂林市李宗仁文物管理处联合主办"纪念李宗仁诞辰120周年学术研讨会"。会议探讨了李宗仁爱国主义思想和抗战业绩等学术议题。会议收到论文22篇。

12月27—31日 由广西抗战文化研究会参与策划和撰稿、广西电视台制作的电视纪录片《方舟——桂林抗战文化城记事》在广西电视台综艺频道播出。李建平、王建平、文丰义参与策划并担任主要撰稿人。

2012年

3月16日 广西社科联和广西社会科学院联合主办，广西抗战文化研究会承办召开"以社科管理创新推进文化大发展大繁荣"座谈会。

3月 李建平的抗战文化研究论文结集编入《广西社会科学专家文集·李建平集》，由线装书局出版。该集收入作者自20世纪80年代以来关于抗战文化研究的论文共26篇，内容以桂林抗战文化研究为主，兼及茅盾、田汉、艾青等重要文艺家抗战时期的活动史实研究和抗战文化遗产保护研究等。

5月 广西抗战文化研究会与广西电视台联合制作的纪录片《方舟——桂林抗战文化城记事》参加在乌克兰举办的"我们共同的胜利"国际电影电视节，获优秀节目奖，并在广西电视台综艺频道播出。会长李建平、副会长兼秘书长王建平、副会长文丰义担任主要策划和第一、第二撰稿。

6月19日　文丰义参加中国近现代史研究所与广西师范大学文旅学院联合举办的"20世纪30年代广西建设研究学术研讨会",提交论文《抗战时期新桂系对广西文化建设的作用》并在大会发言。

6月30日　广西抗战文化研究会与昆仑关战役博物馆联合举办"广西抗战遗址图片展"在昆仑关战役博物馆开展,共展出图片300余幅。

7月18日　李建平出席广西壮族自治区社科联2012年学会工作会议,并作题为《以抗战精神研究抗战文化》的工作汇报。

8月23—25日　李建平参加黑龙江省社会科学院和韩国国史编纂委员会在牡丹江共同主办的"抗日历史问题第十二次国际学术研讨会",在大会宣读《中国抗战文化研究近况述评》论文。

8月26—28日　李建平在黑龙江开展抗战遗址考察,考察了位于牡丹江的侵华日军军事工事东宁要塞和位于哈尔滨的侵华日军第七三一部队遗址等。

8月　刘绍卫申报的《中国共产党在民族地区的文化建设的历史考察及经验研究》获2012年国家社科基金项目立项,项目编号:12BDJ025。

9月12日　广西抗战文化研究会召开五届二次理事会,会议就日本政府以所谓购买方式公然侵占我国领土钓鱼岛事件发表评论和抗议声明,并审议批准万玉琴等7人为新会员。

9月12日　广西抗战文化研究会主办"桂林抗战艺术史与广西当代文艺发展研讨会",围绕李建平等著《桂林抗战艺术史》(征求意见稿)探讨了桂林抗战艺术发展史实、过程、贡献和对当代文艺发展的作用,名誉会长黄铮、广西大学教授王建平、广西师范大学教授张利群、广西美术出版社编审苏旅作专题发言。

9月14日　广西抗战文化研究会名誉会长黄铮、副会长兼秘书长王建平、常务理事黄伟林参加"广西抗战研究与创作规划会"。三人分别就广西抗战历史研究和抗战文化遗产保护、抗战文艺题材创作等议题向自治区政府汇报情况和发表建议。

11月　广西抗战文化研究会和广西社会科学院文史研究所联合主办,李建平、张中良任主编的《抗战文化研究》第六辑由广西师范大学出版社出版。该辑收入论文和书评、史料文章共29篇。中国知网全文收录。

12月15日　李建平到广州考察抗战遗址,考察了十九路军淞沪抗日残护军人教养院遗址和十九路军淞沪抗日阵亡将士陵园。

12月　陈平主编《范长江在桂林——抗战时期红色新闻资料专辑》,内部资料,中共广西壮族自治区委员会党史研究室编印。

12月　在2012年举行的广西第十二次社会科学优秀成果奖评选中,广西抗战文化研究会会员共获得6项奖。黄伟林的《人:小说的聚焦——论新时期三种小说形态中的人》、李建平的《从桂林抗战文学研究看史料发掘和思路拓展》、黄晓娟的《论口传文学的精神生态与审美语境》、付广华的《民族生态学理论与方法研究》获二等奖；何成学的《从中国特色革命理论到中国特色社会主义研究》、陈丽琴的《文艺生态学视野下的黑衣壮民歌》获三等奖。

2013年

3月27日 由李建平、李江、覃国康、陆璎合作完成的《桂林抗战艺术史》项目获国家社科基金艺术学项目办公室结项。

6月 李建平的抗战文化研究论文结集编成《桂林抗战文艺论》，由台湾省台北市秀威资讯科技股份有限公司出版。该集收入李建平20世纪80年代以来关于抗战文化研究的论文共26篇，内容以桂林抗战文化研究论文为主。

7月30日 李建平、王建平参加由广西壮族自治区社科联举办主题为"广西社科奖评奖方案的修订"的2013年广西第二次社科专家学者活动日。

8月15—21日 广西抗战文化研究会副秘书长、接力出版社编辑陆璎赴上海考察淞沪抗战遗址，参观上海淞沪抗战纪念馆，重点了解桂军1937年参加淞沪会战的情况。

9月13—15日 中央电视台纪录频道（CCTV—9）在黄金时段20:00—20:30播放广西抗战文化研究会与广西电视台联合制作的纪录片《方舟——桂林抗战文化城记事》（3集）。该片反映抗日战争时期爱国进步文化人在桂林开展文化抗战，弘扬民族精神，保卫民族文化的斗争历史和感人事迹。

9月 文丰义、秦彬著的《桂林抗战文化城奇闻异事》由广西师范大学出版社出版，该书反映了抗战时期桂林的文化活动。

9月 唐凌参加中国社会科学院近代史所、美国哈佛大学、日本日中关系研究会、中国西南大学联合举办的"第二次世界大战背景下的中日战争国际共同研究第五次会议"，提交论文并在会上发言。

10月 魏华龄编著的《桂林文化城人物选辑》由桂林市政协文史资料委员会发行，内部印刷。

10月 魏华龄编著的《现代桂籍文化名人传略》由桂林市政协文史资料委员会发行，内部印刷。

11月13日 陆璎应广西大学艺术学院邀请，在该院举办题为"故乡——桂林抗战音乐研究"的讲座上介绍桂林抗战音乐事项。

11月19—20日 李建平、王建平参加广西壮族自治区社会科学界联合会第七次代表大会，李建平当选广西区社科联第七届委员会常委，王建平担任委员。

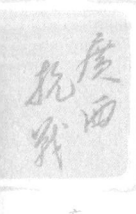

11月 广西抗战文化研究会和广西社会科学院文史研究所联合选编，李建平、张中良任主编的《抗战文化研究》第七辑由广西师范大学出版社出版发行。该辑收入论文和书评、史料文章共29篇。中国知网全文收录。

12月12日 王建平参加中国电影局和越南电影局在凭祥联合举办的首届中越电影文化论坛，作为三位专家之一，代表中方作主题发言。

12月14日 广西抗战文化研究会与广西桂林图书馆、桂林抗战文化研究会、八路军桂林办事处纪念馆等单位在桂林联合主办"纪念桂林抗战文化研究会成立20周年暨抗战时期桂林出版物和抗战史料保护利用研讨会"。来自南宁、桂林、柳州、自治区直属机关、科研院所和高等院校的专家学者共45人出席会议。李建平致开幕词。广西桂林图书馆、广西区图书馆和柳州市图书馆的代表就桂林、南宁、柳州等地现存抗战出版物的情况作了介绍。专家们还对抗战书刊、抗战文物等抗战史料的保护利用问题进行了探讨。

12月14日 广西抗战文化研究会在桂林召开五届三次理事会，李建平主持会议。会议总结2013年的工作，研究2014年工作计划，并对编辑"桂林抗战文化史料文库"和编撰"广西抗战文化研究丛书"进行了研究。理事会还审议通过了万忆等7人为新会员。

12月 袁斌业等著的《桂林抗战文化城译介活动研究》由广西师范大学出版社出版。

本年 唐凌担任《抗战时期大后方丛书·广西卷》主编。该套丛书由中国抗战大后方历史文化研究中心（重庆）组织编写。

2014年

3月21日 广西抗战文化研究会与广西社会科学院文化研究所联合举办"丘振声学术思想研讨会"。来自广西高校、各界专家以及广西社会科学院的领导和同事共22人出席会议。与会专家探讨了丘振声的学术思想，高度评价他的学术贡献。丘振声发表感言，表达了他对社会科学事业的追求，感激友人关怀。

4月 广西抗战文化研究会策划的《广西抗战文化系列研究》项目经广西壮族自治区社科联推荐，向中共广西区委宣传部申报广西文化精品项目获得立项。

6月 李建平领衔申报的《中国西部地区抗战遗址调查与保护利用研究》获2014年国家社科基金西部项目立项（批准号：14XZS023）。

6月 经中共中央宣传部批准，会员万忆获"全国文化名家"称号。

7月20日 李建平在广西师范大学文学院给广西桂学研究会桂学研究生班讲课，主讲《广西抗战文化研究》。

7月24日 广西抗战文化研究会在南宁召开五届四次理事会。李建平主持会议。会议研究2014年广西文化精品项目"广西抗战文化研究丛书"的编撰出版工作；对举行纪念中国人民抗日战争胜利70周年活动进行研究。理事会还审议通过了刘铁群等7人为新会员，增补覃振锋、万忆为理事。

7月24日上午 广西抗战文化研究会与广西社会科学院文化所在南宁联合主办"'广西抗战文化研究丛书'编撰出版学术研讨会"。来自南宁、桂林、柳州、区直单位的专家学者共30人出席会议。王建平主持会议。李建平介绍了"广西抗战文化研究丛书"获得自治区党委宣传部2014年广西文化精品项目立项的情况和编撰构想。与会专家研讨了"广西抗战文化研究丛书"的内容与构成，会议确定编撰《桂林抗战艺术史》《桂林抗战文化综论》《广西抗战文化史》《广西抗战文化大事记》《广西在抗日战争中的历史作用与贡献》《中共中央南方局与广西抗战文化》6部专著。广西抗战文化研究会与作者签订了约稿合同。

7月24日下午 广西抗战文化研究会在南宁召开"西部地区抗战遗址调查与抗战精神传承学术研讨会"。会议研讨做好抗战遗址保护、促进抗战精神传承等学术议题。广西社会科学院、各高校、区党校、区直文化部门和桂林市、柳州市文化单位的25位专家参加会议。王建平主持会议，李建平作主旨报告，对《中国西部地区抗战遗址调查与保护利用研究》课题做了说明，并提出工作要求。万忆、文丰义、王建平等专家对会议议题发表意见。会议还对开展西部地区抗战遗址考察工作作出部署和分工。

9月2日 广西抗战文化研究会在广西社会科学院举办"西部地区抗战遗址调查工作汇报图片展"。

9月3日 广西抗战文化研究会与广西社会科学院联合召开"中国人民抗日战争胜利纪念日（2014）座谈会"。广西社会科学院副院长黄天贵主持会议，副院长黄志勇发表讲话。李建平、理事覃振锋、副会长兼秘书长王建平等专家对如何开展纪念抗日战争胜利的活动和研究工作提出了建设性意见。会议还对明年将要开展纪念中国人民抗日战争胜利70周年的活动安排进行商议。

9月17日 李建平在广西电视台给广西桂学研究会桂学研究生班讲课，主讲《广西抗战文化研究》。

9月 广西抗战文化研究会和广西社会科学院文史研究所联合选编、李建平、张中良主编《抗战文化研究》第八辑由广西师范大学出版发行。该辑收入论文和书评、史料文章共32篇。中国知网全文收录。

10月 李建平、李江、覃国康、陆璎合著的《桂林抗战艺术史》由广西人民出版社出版。

10月 魏华龄著的《桂林抗战文化综论》由广西人民出版社出版。

11月24—28日 广西师范大学教授黄伟林带领研究生与广西桂学研究会考察团一道到湖南怀化芷江和衡阳考察抗战遗址。在怀化芷江考察了受降纪念坊和受降堂旧址、美国飞虎队纪念馆，在衡阳考察了抗战纪念城纪念碑和衡阳保卫战纪念馆。黄伟林一行还与怀化学院湖南省和平文化研究基地进行学术交流。

11月 文丰义著的《桂林抗战文物精品集萃》由广西师范大学出版社出版。

本年 李建平、王建平、文丰义、陆璎、黎学锐、刘乔叶、刘畅、陶志红等分赴四川、重庆、陕西、内蒙古、贵州、云南、青海、甘肃、新疆等地，以及在广西区内开展西部地区抗战遗址调查。

2015年

4月20—26日 李建平、王建平参加广西社会科学院访问团赴台湾进行学术交流。20日在与台湾"中央研究院"近代史研究所联合举办的"海峡两岸抗日史实研讨会"上作学术演讲。22日在台南与成功大学历史学系教授座谈抗日战争史论题。

7月18日 李建平应邀在徐州举行的江苏省第五届书展上作"中国西部抗战遗址概说"的演讲。

7月 文丰义主编的《寻找历史文化的力量：纪念"西南剧展"70周年学术研讨会论文集》由广西师范大学出版社出版。

8月21日 由广西壮族自治区社科联主办、广西抗战文化研究会协办的"广西社科界纪念中国人民抗日战争胜利暨世界反法西斯战争胜利70周年学术座谈会"在南宁召开，来自有关学会（协会、研究会）的专家学者以及自治区社科联机关干部等近100人与会。广西壮族自治区社科联主席沈德海作主题报告，广西抗战文化研究会专家黄伟林、李建平、盘福东等作学术发言，王建平主持大会的学术发言并作点评。会上举行了"纪念中国人民抗日战争暨世界反法西斯战争胜利70周年论文评奖"颁奖仪式。专家组对收到的127篇论文进行评审，评出获奖论文50篇。广西抗战文化研究会多名专家的论文获奖：黄伟林、李建平、盘福东的论文获一等奖；欧阳宜文、何成学、魏华龄的论文获二等奖，黄少雄、吴辰海的论文获三等奖。

8月27日 广西抗战文化研究会在南宁召开五届五次理事会。李建平主持会议。会议研究了为纪念中国人民抗日战争暨世界反法西斯战争胜利70周年开展一系列活动的筹备工作，审议通过了张明学等4人为新会员。

8月28日上午 广西抗战文化研究会在南宁举办"《抗战文化研究》编委工作会议"。来自北京、上海、山东、四川、重庆、广西的9位编委会委员，以及来自北京、成都、重庆、昆明和桂林、南宁的10余位专家出席会议。主编李建平介绍了

《抗战文化研究》9年来的工作情况；《抗战文化研究》编委会副主任、上海交通大学文学院教授张中良评议了《抗战文化研究》学术定位与走向，介绍了其相关社会影响。与会委员和有关专家评议了《抗战文化研究》9年来的工作，对今后进一步办好《抗战文化研究》提出了建设性意见。

8月28日下午　广西抗战文化研究会和广西人民出版社在南宁联合召开"广西抗战文化研究丛书"出版座谈会。该丛书（共6本）由李建平主编，魏华龄、李建平、何成学、万忆、刘绍卫、文丰义等撰写，广西人民出版社出版。

8月28—30日　广西抗战文化研究会在南宁召开中国西部地区抗战遗址调查研讨会，来自重庆、四川、云南、北京、上海、山东的学者与广西的抗战文史专家共20多人参加会议，对抗战遗址的史学价值和保护抗战遗址的政治意义、文化价值发表了意见，并到南宁昆仑关战役旧址、桂林保卫战战场遗址与八百壮士墓、美国空军"飞虎队"桂林机场遗址等地考察。

8月　广西抗战文化研究会和广西社会科学院文化研究所联合选编，李建平、张中良主编的《抗战文化研究》第九辑由广西师范大学出版社出版发行，收入论文36篇。中国知网全文收录。

8月　由潘琦主编、黄伟林任执行主编的《抗战桂林文化城史料汇编》印刷出书，内部发行。

8月　李建平、文丰义、王建平、陆璎等合著的《中国西部地区抗战遗址图说》由江苏大学出版社出版。

9月3日　广西抗战文化研究会会长、广西社科院研究员李建平出席中共广西壮族自治区委员会、广西壮族自治区政府召开的纪念中国人民抗日战争暨世界反法西斯战争胜利70周年座谈会。自治区党委书记、自治区人大常委会主任彭清华出席并讲话，自治区主席陈武主持会议，自治区政协主席陈际瓦出席会议。座谈会上，李建平代表社科界专家发言。

9月　黄绍清编著的《不屈的诗城　愤怒的战歌——抗战时期桂林文化城诗歌荟萃》由中国文史出版社出版。

11月　王建平在全国社科联第16次学会工作会议上被评为"2015年度全国社科联优秀学会工作者"。

11月　文丰义、唐军富、万玉琴合著的《南国抗战旗帜：中共南方局对南方抗日斗争的领导》由武汉大学出版社出版。

11月　李普文等著的《桂林抗日战争美术史》由广西美术出版社出版。

12月　经中共广西壮族自治区委员会宣传部批准，广西抗战文化研究会副会长王建平、黄晓娟，理事万忆、黄伟林、刘绍卫获首届广西文化名家暨"四个一批"人

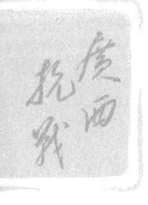

才称号。

本年 广西师范学院新闻传播学院教授徐健的国家社科基金项目《抗战时期桂林进步报人群体新闻活动研究》通过评审结项。

本年 李建平赴四川、青海、内蒙古，陆璎赴贵州、云南，王建平、陶志红赴陕西、甘肃，黎学锐赴重庆开展西部地区抗战遗址调查。

2016年

4月 陈洪波著的《抗战时期〈广西日报〉广告研究（1937—1945）》由厦门大学出版社出版。

6月 李建平主持的国家社科基金项目《中国西部地区抗战遗址调查和保护利用研究》获国家社科基金规划办评审以良好等级结项。该课题由李建平、文丰义、王建平、陆璎、黎学锐、陶志红、刘畅、刘乔叶、黄璐合作完成。

6月 韩继伟申报的《抗日战争期间西南边疆经略与交通变迁二维互动研究》获2016年度国家社科基金西部项目立项。

7月9日 广西抗战文化研究会和广西民革区直桃源支部联合主办纪念"七七"全面抗战爆发79周年抗战歌曲演唱会在南宁抗战遗址——桂南战役阵亡将士纪念亭前举行。广西抗战文化研究会理事容杰主持活动，广西抗战文化研究会会长李建平、广西民革区直桃源支部书记李茜玲分别发表讲话。4位年近百岁的抗战老兵来到现场，97岁的抗战老兵吴肯代表抗日老战士发表演讲。演唱会开始前，全体参会者起立向抗日阵亡将士默哀。各界人士组织的演唱团先后唱起《义勇军进行曲》《松花江上》《广西学生军军歌》《中国父母心》等抗战时期歌曲，抒发不忘国难、众志成城的爱国情怀。

10月28日 由广西抗战文化研究会主办的"2016年广西各地抗战文化活动学术研讨会"在柳州市举行，来自北京和南宁、桂林、柳州、玉林、贺州、河池等市和自治区直属科研单位、高校的专家学者共38人出席会议。会议开幕式由副会长唐凌主持，柳州市政协副主席温其辉发表讲话。学术研讨由副会长李乐年主持，柳州市博物馆馆长程州、中共桂林市委政策研究室凌世君、国家人力资源和社会保障部研究所哈晓斯分别作了题为《柳州抗战历史的发掘整理》《桂林抗战图影史料的发掘与利用》《桂林风雨社与哈庸凡在桂林的抗日新闻活动》的学术报告，中共玉林市委党史研究室赵彦行、河池市环江县党史研究室蒙祖升、贺州市教育局薛世安、广西区委党校何成学、广西师范大学唐凌、广西民族文化艺术研究院院长黄燕熙作专题发言。李建平作会议总结。

10月28日 广西抗战文化研究会召开五届六次理事会。黄燕熙主持会议。李建平介绍了本年工作情况和明年召开代表大会和换届工作的准备情况。理事们讨论了2017年的工作计划，初步商议了召开第六次代表大会和组成第六届理事会的有关事宜，审议批准了陈洪波等3人为新会员。

29日 广西各地抗战文化活动学术研讨会与会专家考察了柳州抗战遗址：战时农都——广西农事试验场和美国空军"飞虎队"柳州机场遗址。

10月 广西抗战文化研究会和广西社会科学院文化研究所联合编选，李建平、张中良主编的《抗战文化研究》第十辑由广西师范大学出版社出版发行，收入论文32篇。中国知网全文收录。

11月18日 广西抗战文化研究会获全国社科联第17次学会工作会议授予的"2016年度全国社科联先进学会"奖状。

本年 在广西第十四次社会科学优秀成果奖评选中，广西抗战文化研究会会员共获得7项奖：覃振锋的论文《新常态下广西文化产业发展新突破研究（之一至之七）》获二等奖；黎学锐等的著作《桂西北作家群的文化诗学研究》、李建平和盘福东的著作《广西抗战文化史》、付广华的著作《壮族地区生态文明建设研究——基于民族生态学视角》、何成学的著作《红军在广西活动的历史考察》、付广华的论文《在地方发现全球性：人类学视角——兼谈龙脊古壮寨生态重建案例》、李建平的论文《中国西部地区抗战遗址调查研究（之一至之三）》获三等奖。

本年 在广西壮族自治区人民政府举办的第七届广西文艺创作铜鼓奖评奖活动中，李建平、李江、覃国康、陆璎合著的《桂林抗战艺术史》和广西抗战文化研究会与广西电视台合作，李建平、王建平、文丰义、蒋延担任文字撰稿的电视纪录片《方舟——桂林抗战文化城记事》分别获奖。

本年 陆璎赴宁夏开展西部地区抗战遗址调查。

2017年

6月16—19日 李建平参加中国近现代史史料学学会与香港浸会大学当代中国研究所联合举办的"抗日战争历史研究交流会"，在会上作《中国抗战遗址概况》学术演讲。17—19日，考察了香港和平纪念碑、太平山抗日防御战遗址、港九独立大队元朗区山下村宿营地达仁书院遗址、香港圣公会圣约翰教堂及其英军烈士墓、护港战士奥斯本塑像等抗战和二战遗址、纪念设施。

6月 李建平、文丰义、李乐年、方建诠合著的《广西抗战文化遗产保护与旅游开发研究》由广西人民出版社出版。

7月7日 广西抗战文化研究会在桂林召开五届七次理事会。王建平主持会议。李建平汇报了召开第六次代表大会的筹备工作，会议商议了第六次代表大会的议程和新一届理事会人选，审批通过吴能贞等6人为新会员。

7月7日 广西抗战文化研究会与八路军桂林办事处纪念馆、广西社会科学院文化研究所联合主办"纪念中华民族全面抗战爆发80周年座谈会"，来自南宁、桂林、柳州等地的专家学者聚集在抗战遗址——八路军桂林办事处旧址举行座谈。王建平主持会议，李建平作主旨讲话。文丰义、黄燕熙、唐凌、黄伟林、钟琼、李乐年、刘铁群等专家对如何深入开展抗日战争史研究特别是抗日战争史教育活动提出了多项建设性意见。

8月11日 广西抗战文化研究会于在南宁市召开第六次会员代表大会。42名会员代表出席大会。李建平在大会上作了第五届理事会工作报告，王建平作了财务报告，黄燕熙作了修改章程的报告。大会通过了以上三个报告，并以无记名投票方式选举出第六届理事会理事23名。应邀出席大会的中共广西壮族自治区社科联党组副书记兼自治区社科联副主席庞卡和广西社会科学院副书记兼副院长谢林城分别在大会发表讲话。

8月11日下午 广西抗战文化研究会在南宁召开"广西抗战遗址保护暨《中国西部地区抗战遗址调查与保护利用》编撰研讨会"。来自南宁、桂林、柳州、百色等市和自治区直属科研单位、高校的专家学者共41人出席会议。研讨会由王建平主持。李建平代表《中国西部地区抗战遗址调查与保护利用》作者团队作主旨报告。多位专家学者作了学术发言。

8月11日晚上 广西抗战文化研究会召开六届一次理事会。会议选举王建平为会长，李建平等8人为副会长，李建平兼任秘书长，聘请魏华龄为名誉会长，聘请严颖为监事。

8月13—19日 李建平、王建平出席中国近现代史料学学会在新疆石河子和伊犁举办的"中国抗战历史研究暨中国近现代史料学学会第27届学术研讨会"，李建平在两地的研讨会和学术交流会上作学术演讲。

8月 李建平、文丰义、王建平、陆璎等合著的《中国西部地区抗战遗址图说》获中国近现代史史料学学会第八届（2014—2017）优秀成果一等奖。

8月 魏华龄的抗战文化研究文集《〈桂林文史资料〉第五十九辑》由桂林市政协文史和学习委员会印刷发行，内部资料。

8月 李建平、王建平、文丰义、陆璎等合著的《中国西部抗战遗址调查与保护利用》由广西师范大学出版社出版。

10月15日 广西抗战文化研究会与广西桂林图书馆联合主办"纪念秦似先生诞辰100周年座谈会及学术研讨会"，广西桂林图书馆馆长钟琼主持会议，李建平作学术发言。会议还举办了秦似家属向广西桂林图书馆捐赠秦似文献仪式和秦似诞辰

100周年纪念专题展览等活动。

10月16日 广西抗战文化研究会与桂林市李宗仁文物管理处联合主办"纪念广西部队暨李宗仁北上抗日80周年学术研讨会"。30多名来自南宁、桂林的专家学者和抗日将领后裔出席会议。研讨会由广西抗战文化研究会副会长李建平主持，谭肇毅、韦芳、庞铁坚等专家学者和抗日将领后裔何平等发表讲话。中共桂林市委副秘书长刘春燕出席会议并发表讲话。

本年 何成学的论文《关于"红军长征"中的"长征"一词的考析》获中国国际报告文学研究会"全国第二届长征精神学术论文评奖"一等奖。

2018年

1月 黄伟林著的《历史的静脉——桂林文化城的另一种温故》由广西师范大学出版社出版。

6月 广西抗战文化研究会和广西社会科学院文化研究所合编，李建平、张中良主编的《抗战文化研究》第十一辑由广西师范大学出版社出版发行，收入论文27篇。中国知网全文收录。

6月 广西师范大学教授张红的《抗战时期马克思主义在西南国民党统治区青年学生中的传播研究》获2018年度国家社科基金一般项目立项。

9月7—13日 由王建平任课题组长，广西抗战文化研究会、广西社会科学院文化研究所联合组成的"广西部队北上抗日史迹遗址调查（以淞沪会战为中心）"课题组，到上海、浙江、江苏考察抗战遗址。王建平领队，李建平、陆璎、韦芳、过竹、陶志红、辛华玲等参与调研。

9月12日 李建平参加中国田汉基金会在人民大会堂举办的纪念田汉诞辰120周年暨《田汉画册》出版座谈会。李建平、文丰义参与了《田汉画册》编撰和审定工作，担任编委和为部分图片说明撰稿。

9月 张明学主编的《抗战漫画》由河南大学出版社出版。

10月26日 王建平当选广西壮族自治区社会科学界联合会第八届委员会常委。

11月20—21日 文丰义参与主办纪念八路军桂林办事处建立80周年纪念活动暨学术研讨会并主持会议，王建平、李建平、何成学参加会议并在会上作学术发言。

11月28日 广西壮族自治区社科联主办、广西抗战文化研究会承办的"广西抗日战争研究专家座谈会"在南宁召开，来自南宁、桂林、柳州、百色市共22个研究院所、高等院校、文化单位、学术团体的59位专家学者与会，会议收到论文25篇。会议先后由王建平、李建平主持。广西壮族自治区社科联党组副书记、副主席庞卡在开幕式上致辞。王建平对会议进行总结。

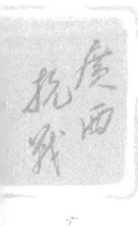

11月28日下午 广西抗战文化研究会召开六届二次理事会。理事会由李建平主持。王建平总结了2018年工作情况,提出2019年工作建议。理事们讨论了2019年的工作计划,审议通过了李萍等4人为新会员。

本年 广西区委党校研究员何成学的论文《关于"红军长征"中的"长征"一词的考析》获全国党校系统第十二届优秀科研成果奖三等奖;论文《伟大的长征与伟大的长征精神》获中国国际报告文学研究会(全国性的一级学术性社会团体)等举办的"全国第三届(2018)长征精神研讨会"论文一等奖。

本年 在广西第十五次社会科学优秀成果奖评选中,广西抗战文化研究会会员共获得二等奖1项:黎学锐论文《小人物身上的大时代痕迹》(第一作者);获三等奖5项:李建平等的《中国西部抗战遗址调查与保护利用》(第一作者),陈洪波的著作《抗战时期〈广西日报〉(桂林)广告研究(1937—1945)》(独著),刘绍卫等的《中国共产党在民族地区文化建设的历史考察与经验》(第一作者),王建平等论文《彩调剧生态研究》(第二作者),黎学锐论文《环境戏剧与旅游表演:山水实景演出的两个思想来源》(独著)。

本年 广西抗战文化研究会副会长、广西师范大学教授唐凌主持的2011年度国家社科基金项目《战时"农都"在外来旱地农作物引进及传播中的作用》通过鉴定结项。

2019年

1月 广西抗战文化研究会副会长、广西区委党校研究员何成学获国务院颁发的政府特殊津贴证书。

4月 百色学院韩继伟的专著《抗战的贵州》由贵州教育出版社出版。

5月19—26日 由王建平任课题组长,广西抗战文化研究会、广西社会科学院文化研究所联合组成的"广西部队北上抗日史迹遗址调查(以徐州会战为中心)"课题组,到安徽、江苏、山东考察抗战遗址。王建平领队,李建平、陆璎、韦芳、过竹、陶志红、刘乔叶、辛华玲等参与调研。

6月 黄伟林的《抗战时期桂林文化城文学编年史》获2019年度国家社科基金一般项目(序号2390)立项。

6月 唐凌的《抗战时期桂越国际交通线文献资料整理与研究》获2019年度国家社科基金西部项目(19XZS011)立项。

6月 广西抗战文化研究会和广西社会科学院文化研究所合编,李建平、张中良主编的《抗战文化研究》第十二辑由广西师范大学出版社出版发行,收入论文28篇。中国知网全文收录。

7月　广西师范大学教授刘铁群主持的2013年国家社科基金项目《抗战时期桂林文化城文艺期刊研究》获批结项。

8月20日上午　广西抗战文化研究会专家王建平、李建平、唐凌、文丰义、黄伟林、何成学、蒋宁华、凌世君、刘铁群、容杰、陆璎、曾强、卢芳明等出席由中共中央台湾工作办公室、中国抗日战争史学会和台湾中华民族抗日战争纪念协会共同主办的"第三届中华民族抗日战争史与抗战精神传承研讨会"，李建平作题为《广西在抗战中的贡献》的主题发言。

8月20日下午　广西壮族自治区社科联主办、广西抗战文化研究会承办的"新中国70年与广西抗战文化研究专家座谈会"在南宁召开，来自南宁、桂林、梧州、贺州、柳州和自治区直属机关的研究院所、高等院校、政府厅局、图书馆、博物（纪念）馆、学术团体的56位专家学者与会，共提交论文25篇。20多位专家发言，王建平会长对会议进行总结。

8月20日下午　广西抗战文化研究会召开六届三次理事会。王建平就做好《广西抗日战争志》资料收集和撰稿以及加强科普工作提出意见。会议审议通过了薛辉等5人为新会员，增补蒋宁华、曾强、韩继伟三人为理事。

8月30日　广西抗战文化研究会与中国田汉研究会、广西桂林图书馆、桂林抗战文化研究会在桂林联合主办"田汉在桂林学术研讨会"。副会长钟琼主持"为了前进的事业——田汉生平事迹展（桂林站）"揭幕仪式后举行研讨会，中国田汉研究会副会长兼秘书长郭超与广西抗战文化研究会副秘书长、桂林抗战文化研究会会长凌世君主持会议，李建平、文丰义、黄伟林、刘铁群在会上作主题发言。

11月15—17日　广西抗战文化研究会副秘书长、接力出版社副编审陆璎和理事韩继伟出席由西南大学、《抗日战争研究》编辑部联合在贵阳主办的"第四届中国抗战大后方研究高端论坛"。陆璎担任分会场主持人并作《贵州省抗战遗址调查》主题发言，韩继伟作《抗战时期国民政府过境印支运输外交磋商》主题发言。

11月23—24日　李建平、黄伟林出席由中国现代文学研究会、《文艺研究》杂志社和重庆师范大学在重庆联合主办的"2019年抗战文化与文学"研讨会。李建平作题为《抗战文化遗产的整理与社会效用》的主题发言并担任第一分会场主持人，黄伟林作题为《田汉在桂林的时间》的主题发言。

11月26日　广西抗战文化研究会召开六届四次理事会。理事会由王建平会长主持。王建平提出2020年工作建议，并对相关项目作出说明，李建平副会长传达了中共广西壮族自治区社科联社会组织委员会关于加快推进社会组织党组织建设的文件，介绍了本会筹建党支部的有关工作和工作步骤。理事会审议通过了增补陈梅云为理事。

11月26日 广西抗战文化研究会召开第一次党员大会。会议由李建平主持。李建平传达了中共广西壮族自治区社会科学界联合会组织委员会关于加快推进社会组织党组织建设的文件,介绍了近半年来本会筹建党支部的有关工作和支部委员候选人的基本情况。大会对经中共广西壮族自治区社会科学界联合会组织委员会批准的支部委员候选人进行了审议并进行投票。选举全票通过李建平、刘绍卫、宋泉三人担任支部委员,投票选举出李建平任支部书记。

12月9日 中共广西壮族自治区社会科学界联合会组织委员会下文,批准中共广西抗战文化研究会支部成立,批准李建平、刘绍卫、宋泉组成党支部委员会。

12月19日 王建平、何成学出席由民革中央、民革广西区委会、南宁市政府主办的"纪念南宁昆仑关大捷80周年座谈会",王建平作《昆仑关大捷研究开发的"深"与"活"》专题发言,何成学作《从大历史大思路研究昆仑关战役的历史作用与当代价值》专题发言。

本年 广西抗战文化研究会专家参与撰写《广西抗日战争志》。该项目为国家社科基金重大项目《中国抗日战争志》的子课题,由广西地方志办公室主持开展。广西抗战文化研究会专家王建平、李建平、文丰义、唐凌、薛辉等参与组稿或撰稿。

本年 王建平获全国社科联联席会议"2019年度全国社科联优秀社会组织工作者"表彰。

本年 唐凌获中国地方志指导小组办公室"全国地方志工作先进典型"表彰。

2020年

6月26日 广西抗战文化研究会召开六届五次理事(扩大)会议(线上会议)。出席会议理事27人,达到应出席人数的100%。王建平主持会议。会议讨论了遵照《自治区民政厅转发民政部关于在社会组织登记管理工作中贯彻落实〈中共中央关于加强党的政治建设的意见〉有关要求的通知》修改的广西抗战文化研究会章程"总则"部分。27人一致同意修订后的新章程,同意票达到发出票的100%。

8月29日 由广西区社科联和广西社会科学院联合主办、广西抗战文化研究会和广西社会科学院文化研究所承办的"民族战争的伟大胜利——纪念中国人民抗日战争胜利75周年专家座谈会"在南宁召开。广西社科机构、高校、党校和来自南宁、桂林、柳州、梧州、百色、贺州等市的专家学者59人出席会议。王建平主持会议。广西区社科联副主席杨东星和广西社会科学院副院长黄天贵发表讲话。会议收到论文和书面发言提纲27份。

8月29日 广西抗战文化研究会召开六届六次理事会。王建平主持会议,李建平汇报上一年度11月组建成立功能性党支部情况,提出下半年工作计划和2021年学术会议议题。会议讨论通过了2021年举办"中国共产党与广西抗战学术座谈会"的方案，讨论通过了彭子龙等7人为新会员。

9月3日 王建平和李建平在中共桂林市委党史研究室和桂林抗战文化研究会举办的"追忆桂林抗战往事 保护抗战遗址座谈会"上作演讲。

9月7—17日 由王建平任组长的"广西军队北上抗日（以武汉会战为中心）遗址遗迹调查"课题组到湖北、河南两省调研。调研组深入湖北省武汉市、老河口市、麻城市、武穴市和河南省信阳市、唐河县、商城县等地，实地考察了八路军武汉办事处旧址暨纪念馆、老河口第五战区李宗仁司令长官部旧址、信阳市鸡公山武汉会战历史陈列馆、唐河县钟毅将军殉难处旧址、商城县国民革命军第八十四军阵亡将士忠烈祠等抗战遗址和纪念设施。在武穴市，调研组与该市档案馆、史志办公室联合召开了调研座谈会。王建平领队，李建平、陆璎、过竹、刘乔叶、陶志红、韦芳等参加调研。

10月20日 李建平应中共梧州市委党史研究室邀请到梧州市公安局作《学习习近平抗日战争史观，准确认识广西抗日斗争和历史贡献》宣讲。

10月22日 李建平应中共南宁市江南区委员会组织部邀请作《广西的抗日斗争与历史贡献》宣讲。

10月28日 陆璎应桂林电子科技大学信息科技学院邀请作《浩歌声里请长缨——广西抗战文化纪事》专题讲座。11月14日应广西艺术学院邀请作同题讲座。

11月 广西抗战文化研究会主办，李建平、张中良主编的《抗战文化研究》第十三辑（2020年版）由广西师范大学出版社出版并在全国发行。中国知网全文收录。

2021年

7月2—12日 由王建平任组长的"广西军队北上抗日（以大别山为中心）遗址遗迹调查"课题组，深入安徽省金寨、六安、合肥、太湖、潜山、岳西等地，考察了潜山野人寨抗日阵亡将士公墓、安徽民众总动员委员会旧址、二十一集团军响山寺旧址、廖磊墓、国民革命军131师师部旧址、大别山烈士陵园等抗战遗址和纪念设施。调研组与安徽社会科学院有关专家联合召开了抗战史实调研座谈会。王建平领队，李建平、陆璎、过竹、黄璐、薛辉、陶志红等参加调研。

7月28日 由广西社会科学院主办、广西抗战文化研究会承办的"中国共产党与广西抗战"学术座谈会在南宁召开。来自南宁、桂林、柳州、梧州、百色和自治区直属机关、高校、科研单位的40多位专家学者出席会议。会议收到论文和发言提纲24份。广西社会科学院院长陈立生出席会议并作重要讲话。王建平、文丰义、李建平、何成学、凌世君、韦芳、万玉琴、曾强、黄少雄、谷昀凌、林艳红、李萍、

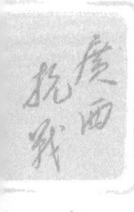

任旭彬、韦俊海、薛辉、侯巍等专家作了发言。

同日下午 举行六届七次理事会，王建平主持会议。会议商议了2022年工作计划，对2022年将举行的第七次会员代表大会和换届选举工作进行了研究，讨论通过了罗天等4人为新会员，讨论通过了增补李萍为理事。

9月3日 广西师范大学刘铁群申报的《桂林文化城文学名家作品版本流变研究》获2021年国家社科基金一般项目立项。北部湾大学李波申报的《抗战时期桂林版画文献整理的收集、整理与综合研究》获2021年国家社科基金西部项目立项。

12月23日 王建平代表广西抗战文化研究会在广西社科联学会工作会议上作了工作汇报和经验交流发言。介绍了广西抗战文化研究会工作亮点及成果经验。

2022年

4月 广西社会科学院成立"抗战历史文化研究创新团队"，王建平任负责人。该团队首批立项课题三项：《广西抗战文化名人研究》《广西军队北上抗日行踪遗址调查研究》《共产党军队广西籍将领抗日行踪遗址调查研究》，计划在2024年底前完成，2025年出版。

6月2日 广西抗战文化研究会举行六届八次理事会，王建平主持会议。会议对将于2022年秋季举行的第七次会员大会和换届选举工作进行了研究，推选成立了第七次会员大会和换届选举工作筹备组，由王建平任组长，讨论通过了王建平等11人组成的第七届会长、副会长、秘书长候选名单。会议还通过了增补帅民风、黄璐为理事，黄璐为副秘书长的决议，通过了一批新会员名单。

6月2日下午 中共广西抗战文化研究会支部举行支委会扩大会议。会议由李建平传达4月13日广西社科联召开的"2022年社会组织党建工作暨意识形态工作暨廉政建设工作会议"精神，强调了做好研究会微信群管理和在今年下半年将召开的学术座谈会的意识形态管理工作。王建平就10月份将召开的第七次会员大会和学术研讨会的筹备工作谈了筹备设想，提出由党支部抓好论文征集和初审工作，保证会议顺利召开。

8月8日 李建平完成《广西抗战文化研究概述》初稿，与广西人民出版社签订出版合同，计划2023年12月出版。

8月11—23日 由王建平任组长的"广西军队北上抗日（以随枣会战为中心）遗址遗迹专题调研"课题组前往湖北、河南两省开展抗战遗址调查活动。调查组深入湖北省罗田、随州、武汉和河南省潢川、信阳、南阳等地，考察了凤凰山战斗遗址、蒙蒙山抗日战争遗址、新唐战役胜利纪念碑、塔儿湾战斗遗址、潢川抗战教育工作宣讲团旧址、李宗仁汉中行营遗址等抗战遗址。王建平领队，李建平、陆璎、过竹、陶志红参加调研。

9月14—23日 由李建平任组长的"共产党军中广西籍将领抗日行踪遗址调查"课题组到陕西、山西两省开展八路军抗战遗址调查活动。调查组前往陕西西安、甘肃庆阳、山西太原、阳泉、大同、长治等市，考察了八路军西安办事处旧址、八路军太原办事处旧址、八路军三八五旅旅部旧址、平型关战役旧址、王家峪八路军总部旧址、八路军总部办事处故县旧址、神头岭战役遗址、关家垴战斗遗址、黄崖洞保卫战旧址、长乐村战斗遗址暨纪念碑、晋绥边区政府及军区司令部旧址、百团大战旧址暨纪念碑、八路军太行纪念馆等抗战遗址和纪念设施。李建平领队，陆璎、过竹、黄璐、岑贞霈参加调研。

9月30日 全国哲学社会科学工作办公室公布2022年国家社科基金西部项目立项名单，广西教育学院程志军的《桂林抗战文艺运动与延安经验的关联研究》、广西师范大学黄艺红的《抗战时期文化供应社的进步文学生产研究》获立项。

10月29日上午 广西抗战文化研究会在南宁举行第七次会员大会。出席会议会员48人。大会听取并通过了王建平作的第六届理事会工作报告、李建平作的财务报告、黄燕熙作的章程修改报告。大会选举严颖为监事。会员大会后举行七届一次理事会，王建平主持会议。会议选举出第七届理事会领导班子。会议决议聘请魏华龄、李建平为名誉会长。

同日下午 由广西社会科学界联合会主办、广西抗战文化研究会和广西社会科学院文化研究所联合承办的"抗战精神传承与传播"学术座谈会在南宁召开。来自南宁、桂林、柳州、梧州和自治区直属机关、高校、科研单位的40多位专家学者出席会议。李建平、何成学、文丰义、张明学、万玉琴、凌世君、李萍、陆璎、宋泉、曾强、谷昀凌等专家作了学术发言。王建平作会议总结。会议收到论文和发言提纲27份。

10月 《抗战文化研究》第十四辑由中共党史出版社出版。收入论文24篇。中国知网全文收录。

11月30日 王建平主持的广西社会科学院新型智库创新团队重大项目"广西抗战文化名人研究"完成阶段性成果：《广西抗战文化名人研究之一——文学家、艺术家研究》。

2023年

3月 广西抗战文化研究会和广西社会科学院文化研究所联合主办，李建平、张中良主编的《抗战文化研究》被评定为"'2022年度中国人文社会科学集刊AMI综合评价'入库集刊"。

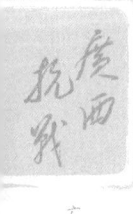

4月10—23日 由李建平任组长的"共产党军队广西籍将领抗日行踪遗址调查"课题组到安徽肥东、庐江、黄山岩寺、泾县、涡阳、江苏镇江、扬州、高邮、黄桥、启东、盐城、宿迁、泗洪等地，考察了新四军军部（岩寺）旧址、新四军军部（云岭）旧址、新四军江北指挥部旧址、皖南事变激战地暨标志物、项英和周子昆遇难处遗址暨墓地、韦岗伏击战战场遗址暨纪念碑、贺甲战斗旧址、黄桥保卫战纪念馆、黄桥保卫战前线指挥所旧址暨纪念碑、小焦庄战斗遗址、抗日军政大学第五分校旧址、抗日军政大学第九分校旧址、新四军军部重建旧址、新四军四师师部旧址、半塔集保卫战旧址暨烈士墓园、朱家岗保卫战旧址和烈士墓园、杜墩遭遇战遗址暨谢骙烈士墓、新四军第四师第十一旅涡北抗战殉国烈士纪念塔、新四军第四师九旅旅部旧址、八路军第五纵队第三支队与新四军合编成立旧址纪念亭、新四军第四支队东进抗日纪念馆、新四军纪念馆、三垛河口伏击战纪念碑、中国共产党合肥历史馆等30处抗战遗址、纪念设施。李建平领队，王建平、陆璎、杨军、岑贞需、陶志红、刘乔叶参加调研。

6月26—29日 由李建平任组长的"共产党军队广西籍将领抗日行踪遗址调查"课题组到陕西延安考察中央机关和陕甘宁边区政府桂籍将领活动遗址。共考察了中共中央宣传部旧址、中央军委二局旧址、中央军委三局旧址、中央党校旧址、中共"七大"旧址（中央大礼堂）、中央军委无线电通信学校旧址、陕甘宁边区高等法院旧址、鲁迅艺术文学院旧址、马列学院旧址、延安旧飞机场遗址、延安革命纪念馆等11处抗战遗址或纪念设施。李建平领队，陆璎、刘乔叶参加调研。

6月 宋泉著的《抗战时期桂林文化供应社研究（1939—1945）》由广西人民出版社出版。

6月 李建平获全国社科联第二十次学会工作会议"全国优秀社会组织工作者"表彰。

后 记

一本书的后记，一般要说明一下写作缘起。

2018年，为纪念广西抗战文化研究会成立30周年，我设想编印一本以图片为主的纪念册。我在微信群里向会员们征求广西抗战文化研究会早期活动资料和照片，尤其希望已百岁高龄的名誉会长魏华龄先生能提供1988年12月广西抗战文艺研究会成立大会的照片。魏华龄先生身体健硕，仍然在坚持写作，果然给我寄来了一些照片，可惜没有成立大会的照片。文丰义副会长和其他会员也寄来了一些照片和资料。总的来说，20世纪八九十年代的照片极度缺乏，令人十分遗憾。此项编纪念册的设想，主要是由于资料的缺乏和后来工作的繁忙，没有能做下去。它唯一的作用，是促成了我用文字记录广西抗战文化研究学术史的写作构想。

2021年，我的写作思路逐步成熟，资料收集工作也有较大进展。年底，我征求广西抗战文化研究会会长王建平教授的意见，将其列入广西抗战文化研究会2022年工作计划之中，报给了研究会的业务主管单位广西壮族自治区社会科学界联合会，并同时开始了初稿写作。至2022年6月26日，基本完成书稿，约20万字。8月，与广西人民出版社签订出版合同。2023年春夏之交，我又进行了一番加工修改，至6月底定稿。这就是本书的写作缘起。

我曾主持写过一本《广西文学50年》，受到广西文学界的重视和学界的一些好评。这次在写作中，我常常思考，能不能等几年再写《广西抗战文化研究50年》呢？现在写，只能写43年。我原设想书名为《广西抗战文化研究40年》，后来接受出版社编辑朋友的建议，定名为《广西抗战文化研究概述》。思来想去，还是决定："一万年太久，只争朝夕"，现在就写，不等七年后的"广西抗战文化研究50年"了。原因有三：

第一，广西抗战文化研究开展40多年来，取得了丰硕的学术成果，在广西社会科学领域创造了一个"特色学科（专题）"，为广西社科事业创造了一个学术品牌，在社会上和学术界取得较好的社会影响。这一成绩，是广西社科界众多学人的努力和奉献的结果。在广西抗战文化研究40年和广西抗战文化研究会成立30年的时候，我们是应该做一次很好的学术和工作总结的，那个时段没有做，就应该及时补救，不在于要不要再等五年、十年。做，是本质，是定项；何时做，是策略，是选项。做了，总没错。

第二，2022年是广西抗战文化研究会的换届年，当年6月2日召开的六届八次理事会研究决定2022年10月中旬召开第七次会员大会暨七届一次理事会，会议之后，我将按照章程规定不再担任研究会的工作，卸掉法人代表和副会长兼秘书长职务。而10月份也正是我70岁生日和退休的月份（我是延长退休人员，工作到70岁）。这意味着，我从1988年12月广西抗战文化研究会成立之时担任秘书长、2000年担任法人代表、2001年担任会长、2017年改任副会长兼秘书长，伴随我半个人生的工作责任，将转交年轻学人承担。这样的时间节点，不由得我不做学术总结——无论是研究会的总结还是我个人的总结。今后广西抗战文化研究会的历史，就由下一届新人书写了。因此，2022年这个时间节点很特殊，宜做总结。

第三，我在广西抗战文化研究的学术道路上，得到了众多前辈学人的关怀、扶植和指导，特别是秦似、林焕平、魏华龄三位经历过桂林文化城抗日文化生活的文化名人。秦似是我的大学老师，指导并批阅了我的大学毕业论文《论桂林文化城在国统区抗日文艺运动中的地位和作用》初稿。林焕平也是我从小就认识的学术导师，他细读了我的小书《桂林抗战文艺概观》初稿，热情撰写序言评介。魏华龄常常来信指导研究工作，并慷慨地邀请我合作编撰《抗战时期文化名人在桂林》，同任主编，等等。这些情景，使我时常涌起温润的感激之情。如今，秦似、林焕平两位老师已离开了我们，他们对深入开展桂林抗战文化研究的期望："我们更期待着有更多的人关心、重视对桂林文化城历史资料的抢救工作，并开展更为系统、更为全面、更为深入的研究"（秦似：《桂林文化城史话·序》），"抗战时期桂林文化城是一份珍贵的文化遗产，继承和发扬它，历史地落在我们这一代人的肩上。如果我们放弃责任，既对不起创造文化城的前辈，也为后代子孙所讥评"（林焕平：《桂林文化城大全·总序》），我们应该承担和努力践行。总结广西抗战文化研究40多年的学术史，写出一本《广西抗战文化研究概述》的专书，是传承抗战精神的具体行动，是告慰先人的虔诚行为。魏华龄先生今年105岁了，他一生挚爱和投身于桂林抗战文化研究，发起成立广西抗战文化研究会和桂林抗战文化研究会，百岁高龄时还给《抗战文化研究》投稿（我编发于《抗战文化研究》第十四辑），如果能及时将这本总结40多年学术史的著作送到他的手上，让这本书伴随他晚年的回忆和精神生活，我想，这对他是一种多么愉悦的阅读享受和精神慰藉啊！也是我能给予他多年来关怀、指导和支持我开展抗战文化研究的一种回报。因此，得现在写！得赶快做！

写作是一种回忆，写作是一番感思。回顾几十年的研究历程，我十分感谢多年来一道在抗战文化研究上合作共研的各位朋友，感谢一直在关心、指导、帮助我的各位领导。在写到秦似、林焕平、魏华龄三位老人时，我还想到三位对我也是对广西抗战文化研究尤为关怀、给予极大帮助的老师。首先是许觉民（洁泯）。抗日战争中期，19岁的他来到桂林，在这座抗战"文化城"里受到强烈的爱国主义思潮的影响和进步文化的熏陶，也投身到抗战文艺运动中，在《救亡日报》等报刊发表一批诗作，并参加了抗日进步出版活动。20世纪80年代，他担任中国社会科学院文学研究所所长期间，大力支持广西社会科学院《桂林抗战文学史》课题申报国家社科基金，终获立项，并热情为该书写序，促进了广西抗战文化研究的深入。在随后的十几年里，他一直热情支持桂林抗战文化研究，与我和魏华龄多次通信交流和指导，又给魏华龄的桂林文化城研究著作和我的文艺评论集写序，对桂林抗战文化研究提出"（桂林）是一个独特的历史现象，然而这现象却记载着中国现代文化史上十分灿烂的一页"[①]的建设性指导。这些言行，对桂林抗战文化研究真是恩惠多多。第二位是四川省社会科学院研究员文天行，他在20世纪80年代的十年时间里，担任《抗战文艺研究》期刊主编，十分重视和关心桂林抗战文艺及其研究。我从1982年底第一次给他投稿起，在将近十年时间里，给他投去六七篇文稿，都被接纳刊用了。魏华龄、杨益群的几篇论文，也都得他接纳，在《抗战文艺研究》上相继刊出。这使得桂林抗战文化研究成果，得以在全国性学术平台上大量展示。这无疑是对广西抗战文化研究的一种支持，一个贡献，令人感动。第三位是吴福辉。他长期担任中国现代文学馆常务副馆长、中国现代文学研究会副会长，同时在大学担任博士生导师。20世纪80年代初期，他就给予我学术上的指导和论文发表的关怀。1983年，我研究茅盾在桂林的一篇长文，就是在他的指导和关照下在全国首届茅盾研究学术研讨会论文集《茅盾研究论文选集》发表了。他十分重视桂林抗战文艺的实绩和研究概况，在他的代表性著作《插图本中国现代文学发展史》里，看得到他对桂林抗战文艺的重视和对其研究成果的吸纳运用。他还嘱咐他的广西籍博士生，要重视桂林抗战文艺史，毕业后要继续研究。对于这几位于我有大量学术关怀和积极影响，于广西抗战文化研究有推动之功的老师，我时常怀念，充满感激。如今，秦似、林焕平、许觉民、吴福辉老师已离开我们了，但他们的著作、言论和人格精神仍留存于世，影响后人。我们永远记着他们的学术贡献。如今，魏华龄已百岁高龄，文天行也年近八旬。两位前辈，身体依然健硕，仍在研读资料，分析信息，凝

[①] 洁泯：《桂林抗战文学史·序》，载蔡定国、杨益群、李建平《桂林抗战文学史》，广西教育出版社1994年版，第1页。

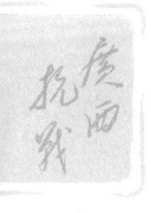

聚思想观点，写作论文，令人可喜可敬。祝愿他们健康长寿，安享晚年！秦似、林焕平、魏华龄、许觉民、文天行、吴福辉六位老师对我的关切、指导和交往情谊，许多细节和情思，我已写入由广西人民出版社出版的《时光书迹——来自签名本的温暖》一书中，伴我一生。

除了上面谈到的六位前辈老师，我还要感激几十年来在抗战文化研究道路上长期关心、指导、帮助我的各位领导和学界朋友，他们是：潘琦、李俊康、朱荣、黄铮、丘振声、吕余生、陈立生、黄天贵、黄志勇、万一知、杨益群、蔡定国、文丰义、王建平、盘福东、黄伟林、唐凌、李江、何成学、李乐年、凌世君、钟琼、黄燕熙、陆璎、王绍辉、黎学锐、刘绍卫、覃国康、覃静，等等，还有一同合办《抗战文化研究》集刊的各位编委专家：张中良、杨义、章绍嗣、钱理群、张泉、李光荣、陈青生、张凤琦、郝明工、邓正兵、王培元、黄万华、刘增杰、逄增玉、傅光明、罗存康、苏宁、杨绍军等。这本书里，记载了我与他们一道开展课题调研、举办会议、合作撰文、编刊出书等活动，也记载了许多专家学者的学术成果与智慧奉献。遗憾的是，朱荣、丘振声、万一知、李江、覃静、杨义、章绍嗣、刘增杰8位专家，不幸与世长辞，我们常怀哀思，对他们所做的贡献，致以崇高敬意！我希望，这本小书能成为记载社科事业中学科建设的学术史著作，也成为反映行走其间的奋斗者们治学身影的学术笔记，给后来者以学术启迪和治学联想。

同时还需要说明一点的是，这本书重点写的是广西学者的抗战文化研究实绩，实际上，全国各地还有不少专家学者在关心和研究广西抗战文化，写作和出版了许多研究成果。这方面还没有得到全面整理记录，但我在写作中注意到了，也将部分写入了书中。如贵州学者黄泽佩专注于青年诗人严杰人研究，写了多篇研究论文。我还在"桂林抗战文化比较研究"里，记录了重庆、武汉等地学者的论文。广东学者杨益群，原来在广西社会科学院工作，在广西就做出了很大的学术成绩，到广东后仍然坚持在这块学术领地里耕耘，我是将他视同于广西学者来写的。还有重庆的苏光文，湖南的唐正芒，武汉的钟兴锦，北京的刘平、哈晓斯、赵晓恩、黄相宜，广东的佘爱春等学者，都关注广西抗战文化，写了有关研究广西抗战文化的学术论文。这些，在书中写得还不够，更谈不上全面。由于上述说到的要"赶快做"等原因，此次写作，就无法细细梳理，加以弥补了。还请海涵原谅。希望今后在写作《广西抗战文化研究50年》时，能够补上这一内容。

谢谢一切关心和帮助拙著写作和出版的朋友。我尤其要感谢我的妻子刘乔叶支持我安心并愉快地写作本书。她1980年在北京读大学时就帮助我到北京图书馆（今国家图书馆）抄录抗战时期桂林期刊目录，是关心和支持我从事抗战文化研究的第一人！婚后几十年，她一直以各种方式支持我的研究工作，使我能在学术之路上顺利走到了今天，现在，又完成了这本学术史著作。

我十分感谢广西人民出版社接纳本书的出版。感谢出版社领导对抗战文化研究的关心和大力扶植，感谢编辑们的专业编辑和辛勤编校。

我还要特别感谢为本书写序的百岁老人魏华龄先生。2022年6月26日，我完成《广西抗战文化研究概述》初稿后，我第一个想到要向魏华龄老人报告。这时，突然冒出奇想，请这位百岁老人、广西（桂林）抗战文化研究的开拓者为本书写序！我知道魏老身体很好，但毕竟105岁了，近来身体状况如何？能否顺利写作？能做到怎样的程度？我心中无底。近几年来，与魏老联系是通过他女儿魏小曼的微信进行的，我还是大胆地提出了请魏老写序的请求，并附去了本书的目录、代前言和后记。几天后，魏小曼发来了魏老给我写的信，魏老给我的信中说：

建平同志：您好！

序言遵嘱写了，有不当之处，请不要客气，加以修改。

我同意您的想法，到50周年时，再进行一次总结。

岗位工作可以退休，学术研究，没有止境。不忘初心，"坚持把抗战文化研究做下去"。起码再干20年。老年人，适当用脑，干点研究工作，把自己知道的传下去，对社会有益，对健康无碍。祝健！

魏华龄
2022年7月1日

这真令我大喜过望，也大为惊叹！这本小书能得到亲历桂林文化城的抗战文化人作序，这太难得了，也太荣幸了！

我在等待中终于盼到了这个"奇迹"的出现。7月2日，魏老的《序言》发来了。文章约1000字，不长，但要点明晰、重要，强调了要注意广西抗战文化的起点是哲学社会科学的传播、马克思主义和毛泽东思想在当时的桂林已有广泛传播和出版繁荣等历史内容，并指出以往的研究，有关"马克思主义史料的挖掘整理和研究工作，还赶不上客观形势的要求"，要注意发掘其中的红色文化要素。他还与我们一样，期待在几年后再见到《广西抗战文化研究50年》的诞生。百岁老人能保持如此高远的思想、敏锐的思维和积极的学术期待，真是令人钦佩和感慨！这是广西抗战文化研究之福！

2012年春节前夕，魏华龄先生给我寄来贺年片，其中盼咐道："抗战文化研究的大旗，希望继续高举下去。"为着这份嘱托，我们还将继续前行。希望再过五六年，我能与青年伙伴们修订目前这本还不够完善的小书，写出一本《纪念桂林抗战

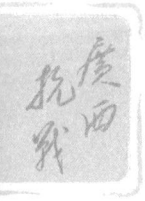

"文化城"创立九十周年暨广西抗战文化研究50年》的新书来!

  谨以此书献给80年前为挽救民族危亡投身文化抗战创造桂林文化城光辉业绩的前辈文化人!献给40多年来为承继抗战精神投身广西抗战文化研究的睿智学者和莘莘学子!

李建平

2023年6月30日